Elisabeth Brugger
Anita Schmid

Redaktion
Walter Bucher

1000 Spiel- und Übungsformen zum Aufwärmen

Bibliografische Information der Deutschen Nationalbibliothek
Die Deutsche Nationalbibliothek verzeichnet diese Publikation in der Deutschen Nationalbibliografie; detaillierte bibliografische Daten sind im Internet über http://dnb.d-nb.de abrufbar.

Bestellnummer 6413

© 1989 by Hofmann-Verlag, 73614 Schorndorf
13. Auflage 2011
letzte unveränderte Auflage: 12., überarbeitete Auflage 2007
www.hofmann-verlag.de

Alle Rechte vorbehalten. Ohne ausdrückliche Genehmigung des Verlags ist es nicht gestattet, die Schrift oder Teile daraus auf fototechnischem Wege zu vervielfältigen. Dieses Verbot – ausgenommen die in § 53, 54 URG genannten Sonderfälle – erstreckt sich auch auf die Vervielfältigung für Zwecke der Unterrichtsgestaltung. Dies gilt insbesondere für Übersetzungen, Vervielfältigungen, Mikroverfilmungen und die Einspeicherung und Verarbeitung in elektronischen Systemen.

Titelbild: Andreas Ramsler, Päd. Hochschule St. Gallen PHS
Karikaturen und Kinderalphabet: Daniel Lienhard, Zürich
Skizzen: Anita Schmid

Redaktion: Walter Bucher

Gesamtherstellung: Druckerei Djurcic, Schorndorf
Printed in Germany · ISBN 978-3-7780-6413-9

Inhaltsverzeichnis

Vorwort	4
Einleitung	5
Benutzungshinweise für diese Übungssammlung	7
1. Laufen	11
2. Werfen	67
3. Springen	101
4. Kräftigen	119
5. Dehnen	179
6. Koordinieren	203
7. Kooperieren	235
8. Organisationsformen zum Aufwärmen, einmal anders	257
9. (Meine) Top-Aufwärmprogramme (Muster-Raster)	267
10. Kleines ABC des Aufwärmens	271
Verwendete und weiterführende Literatur	296

Vorwort

Das Warmlaufen und Einbewegen ist, unabhängig von der Sportart, zwingend für den Beginn der Sportstunde. Die Notwendigkeit und die Bedeutungsaspekte der Lektionseinleitung sind unumstritten. Die Inhalte der einzelnen Übungen sind den Rahmenbedingungen entsprechend auszuwählen.

Gerade diese Arbeit wird durch eine leicht zu handhabende und übersichtliche Aufmachung wesentlich vereinfacht. Die von den beiden Autorinnen Elisabeth Brugger und Anita Schmid gewählten Einteilungskriterien wie z. B. Zielsetzungen und Materialauswahl erlauben dem Benutzer, differenzierte und somit wirkungsvolle Aufwärmprogramme für den Unterricht zu entnehmen.

Gute Hinweise und Anregungen zur praktischen Realisierung sind in dem sowohl originellen wie auch didaktisch gut aufgearbeiteten „ABC des Aufwärmens" enthalten.

In der Tat haben sich seit der 1. Herausgabe dieses Bandes im Jahre 1988 einige neue Erkenntnisse und Erfahrungen aus der Theorie und der Praxis ergeben. Doch weitgehend ist aus dem klassischen „Aufwärmen" lediglich ein modernes „Warm-up" geworden.

Zum Schluss dieses Vorwortes gilt es dem verantwortlichen Herausgeber zu danken und zu gratulieren. Walter Bucher hat mit dem ihm eigenen Elan seine Mitarbeiterinnen und Mitarbeiter für seine Grundidee, Bewegung, Spiel und Sport auf spielerische Art und Weise zu vermitteln, begeistern können. Seine Impulse sind verstanden und aufgenommen worden. Die Anzahl der Bücher dieser Schriftenreihe (mittlerweile sind es 29 Bände), die Mehrfachauflagen der meisten Titel sowie die Übersetzung einiger Bände in andere Sprachen, sprechen für sich, respektive für ihn.

Zug, im Sommer 2007   Prof. Dr. Kurt Murer

Einleitung

Aufwärmen – ein eigenständiger Band
In der Reihe 1000 Spiel- und Übungsformen sind in den meisten Bänden spezifische Beispiele zum Aufwärmen für die jeweiligen Sportarten aufgelistet. Trotzdem besteht ein großes Interesse nach einer eigenständigen Sammlung von Spiel- und Übungsformen für das Einlaufen und Aufwärmen.

Die beiden Sportlehrerinnen Elisabeth Brugger und Anita Schmid unterbreiteten mir im Jahr 1987 eine Übungssammlung für das Aufwärmen. Diese Sammlung war Teil ihrer Diplomarbeit zur Erlangung des Eidg. Turn- und Sportlehrerdiploms II an der ETH in Zürich (Referent Prof. Dr. K. Murer). Ich entschied mich, diese vorliegende Sammlung zu redigieren und mit den beiden Autorinnen als eigenständigen Band „1000 Spiel- und Übungsformen zum Aufwärmen" der ganzen Reihe voranzustellen.

Aufwärmen – wozu?
Grundsätzlich ist die Zielsetzung des Aufwärmens für alle Alters- und Könnenstufen dieselbe, nämlich den Körper auf die bevorstehende Belastung vorzubereiten. Die Art und Weise, die Übungsauswahl und die Dosierung eines guten Aufwärmprogramms, sollten der entsprechenden Zielgruppe angepasst werden.

Aufwärmen – aber wie?
Wie, wann und warum sollen Akzente gesetzt werden? Gleich einem Puzzle geht es in der Vorbereitung einer Sportlektion – insbesondere auch für das Aufwärmen – immer wieder darum, für die jeweiligen Zielgruppen die entsprechenden Mosaiksteine herauszupicken und zu einem gewünschten, harmonischen Bild zusammenzusetzen. In Form eines kleinen „Didaktischen ABC des Aufwärmens" haben wir versucht, einige wichtige Überlegungen und Argumente aufzulisten, diese kurz zu erläutern und dadurch für eine gezielte Auswahl von Spiel- und Übungsformen eine Orientierungshilfe anzubieten.

Das Aufwärmen ist nicht nur ein physischer, sondern auch ein psychischer Prozess. Wenn es gelingt, durch eine geschickt ausgewählte Folge von Spiel- und Übungsformen eine Sportgruppe zu motivieren, sie „anzuheizen", dann ist dies schon eine wichtige Basis für eine gut gelungene Sportstunde. Das vorliegende Buch ist dazu eine wahre Fundgrube!

Die 12. Auflage – inhaltlich überarbeitet und formal neu gestaltet
Seit der Herausgabe der 1. Auflage „1000 Spiel- und Übungsformen zum Aufwärmen" hat sich in der Sportwissenschaft und in der Sportpraxis vieles „bewegt". Neue Inhalte wurden durch alte ersetzt, neue Trends kamen, doch viele sind schon wieder vergessen. Bewährte Grundsätze und Prinzipien – auch was das Aufwärmen betrifft – haben jedoch an Aktualität nichts eingebüßt.

Die nun vorliegende 12. Auflage wurde von Anita Schmid inhaltlich und vom Hofmann-Verlag formal total überarbeitet. Ich freue mich über das gelungene Werk!

Freidorf, im Sommer 2007   W<small>ALTER</small> B<small>UCHER</small>, Pädagogische Hochschule Luzern

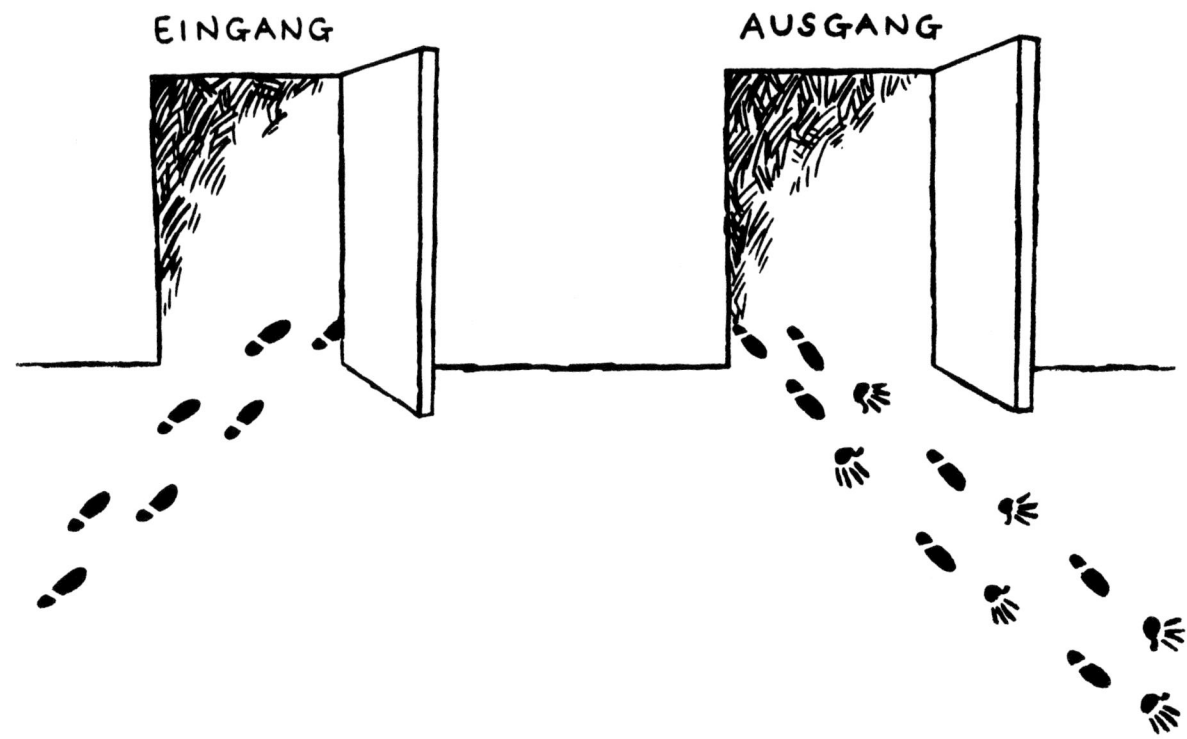

Ohne Fleiß .... kein „Preis"!

Benutzungshinweise für diese Übungssammlung

WO finde ich WAS?

Die Übungen sind nach Bewegungsthemen sortiert: **Laufen, Werfen, Springen, Kräftigen, Dehnen, Koordinieren, Kooperieren.** Innerhalb dieser Themen wird jeweils nach Material oder evtl. nach Unterthemen unterteilt: **ohne Material, Bälle, Springseil, Gymnastikreifen, Gymnastikstab, Spielband, Langbank, Geräte, etc.**

Habe ich als Lehrperson den Hauptteil mit einem bestimmten Ziel vorbereitet, kann ich nach dem entsprechenden Thema oder in verschiedenen Themen nach dem Material suchen, das ich schon für den Hauptteil verwenden möchte. Innerhalb dieser Übungen kann ich mit Hilfe von **INHALT** und **VERHALTEN** noch feiner abstufen und spezifische Ziele (z. B. Kräftigen, Dehnen) verfolgen oder eben dieselben wie im Hauptteil.

Beispiel:
Hauptteil; Einführung Handball (Basketball, Volleyball) und Koordination mit dem Ball.
Nun suche ich im Bewegungsthema **Werfen** (Kapitel 2), **Werfen-Laufen-Fangen** (Kapitel 2.1.6) und im **INHALT** Koordination.
Evtl. nehme ich noch ein Spiel dazu (Kapitel 2.1.1. Schnappballformen) mit dem **VERHALTEN** Taktik.
Je nach Alter der Spieler nehme ich das Spiel an den Anfang (Kinder) oder nach den Übungen (ältere Schüler oder Erwachsene).
Ich verwende die gleichen Bälle, die ich auch für den Hauptteil brauche, so spare ich mir ein zusätzliches Materialverschieben.

Um die Übungen möglichst einfach zu halten, haben wir ein Schema gewählt, aus dem die wichtigsten Punkte einer Form rasch herausgelesen werden können. Oft reicht schon ein Blick auf die Zeichnung, um zu erkennen, um welche Idee es sich handelt. Und um die Beschreibung möglichst kurz zu halten wurde nur die männliche Form verwendet.

Nr.	Name der Spielform Ziele/Akzente	Idee/Beschreibung	Hinweise/Organisation
51	Name der Spielform		
	Inhalt Was soll geübt, trainiert werden (Kapitelthema wird nicht mehr genannt)	Kurze z. T. stichwortartige Beschreibung der Übung	Oft genügt die Bewegungsskizze, um eine Übung zu erkennen
	Ver-halten Welches ist das beabsichtigte Verhalten. Was soll (nicht) geschehen		

Name der Spielform: Dient als Gedächtnisstütze. Kenne ich die Übung, so kann ich für die Vorbereitung nur noch den Namen verwenden. Ich kann auch neue, spannende Namen erfinden, das erhöht (vor allem bei Kindern) die Motivation.

Zeichenerklärung:

△ ▲ △	Spieler	⁝	Sprossenwand
△•	Spieler mit Ball	∝	Spielband
◁▷	Handfassung, Spielverbindung	[	Tor
→	Laufweg, Bewegungsrichtung	○• ○	Bälle
--→	Ballweg, Flugbahn	⊥ ×	Malstab
⇒	Korbwurf, Torschuss, Zieleinwurf	⬭	Bock
➡	Muskelspannung	▭	Langbank
→⁾⁾	Atmung		Barren
			Kasten

Kapitel 1
Laufen

1.1	**Ohne Material**	12
1.1.1	Fangspiele	12
1.1.2	Verfolgungsläufe	20
1.1.3	Andere Formen zum Thema Laufen	24
1.2	**Bälle**	30
1.2.1	Kleine Spiele	30
1.2.2	Andere Formen	37
1.3	**Springseil**	42
1.4	**Gymnastikreifen**	44
1.5	**Gymnastikstab**	46
1.6	**Spielband**	48
1.7	**Langbank**	50
1.8	**Sprossenwand**	53
1.9	**Geräte**	54
1.10	**Zauberschnur**	61
1.11	**Malstab**	62
1.12	**Kleinmaterialien**	64

1 Laufen 1.1.1 Ohne Material (Fangspiele)

Nr.	Name der Spielform Ziele/Akzente	Idee/Beschreibung	Hinweise/Organisation

Fangspiele
Bemerkungen: Fangspiele sind eine beliebte Form, um ein Einlaufen lustbetont zu eröffnen. Wir meinen, dass es nicht grundsätzlich falsch ist, die Stunde mit einem Fangspiel zu beginnen, denken aber, dass etliche Formen zu intensiv (Schnelligkeit, „Stehvermögen") sind, um für den Stundenanfang geeignet zu sein. Wir erinnern daran: Je älter die Schüler sind, desto dosierter soll das Einturnen beginnen.
Andererseits könnten viele Fangspiele durch kleine Veränderungen spannender und intensiver gestaltet werden: Z. B. ist die Anzahl Fänger ganz entscheidend, ob das Spiel läuft oder ob die halbe Klasse herumsteht. Auch leichte Veränderungen der Gangart können altbekannten Formen wieder neuen Reiz geben (z. B. nur noch rückwärts laufen ...).
Besonders gut geeignet scheinen uns Fangspiele am Ende des Einturnens zu sein. Nach ruhigen Übungen kann die Gruppe mit einem intensiven Fangen wieder „in Stimmung" gebracht werden.

Gute Organisation und klare Spielregeln sind für ein gutes Gelingen von Fangspielen wichtig!

1 Reaktions-Fangen

Inhalt Schnelligkeit (Aktion/Reaktion)

Verhalten Fairness

Zu zweit: A und B laufen dicht hintereinander her (als Erschwerung mit den Händen über dem Kopf verschränkt, mit verschränkten Armen ...). Auf Pfiff hat B 5 (10) Sek. Zeit, A zu fangen, ansonsten bleibt B Fänger.
• Nach dem Pfiff führen beide eine halbe Drehung aus, berühren den Boden und A verfolgt B.
• Nach jedem Pfiff kann A irgendeine Körperstellung einnehmen, die von B ebenfalls eingenommen werden muss, bevor B weiterverfolgen darf.

1.1.1 Ohne Material (Fangspiele)

1 Laufen

Nr.	Name der Spielform / Ziele/Akzente	Idee/Beschreibung	Hinweise/Organisation
2	**Zweierfangen**	Zu zweit, Nr. 1 und Nr. 2: Die Paare laufen frei umher. Auf Zuruf der betreffenden Zahl (1 oder 2) muss der Aufgerufene versuchen, den anderen innerhalb 10 Sek. zu fangen, der andere läuft weg. (Nach 10 Sek. erfolgt wieder ein Pfiff). Jeder gelungene Fang ergibt einen Punkt. Wer von beiden hat nach x Durchgängen mehr Punkte? (Möglichst gleich starke Läufer zusammen). • Anstelle von Zahlen z. B. Tiernamen (Namen ständig wechseln).	
Inhalt	Reaktion Konzentration		
Verhalten	Bildet gleichstarke 2er-Gruppen		
3	**Intervall-Zweierfangen**	Zu zweit: A beginnt mit Fangen. Sobald B gefangen ist, wird B zum Fänger, z. B. 3 x 30 Sek. Dasselbe, jedoch nur auf einem Bein hüpfend. • Der Verfolger darf die Gangart bestimmen.	
Inhalt	Schnelligkeit Kraftausdauer		
Verhalten	Rücksicht auf den Partner nehmen!		
4	**Melodien-Fangen**	Klasse in Zweiergruppen aufgeteilt; für Spieler A jeden Paares gilt die „Erkennungsmelodie 1", für alle B gilt Melodie 2. Wird Melodie 1 gespielt, ist A Fänger (und verfolgt seinen Partner B), bei der zweiten Musik ist B Fänger. Rasche Musikwechsel. • Zwei Melodien selbst auf dem Klavier spielen. • 2 verschiedene Rhythmen. • Musikstück entsprechend mit 2 Melodien aufnehmen.	Melodie 1
Inhalt	Schnelligkeit Konzentration		
Verhalten	Zur Mitarbeit animieren		
5	**Intervall-Dreierfangen**	3er-Gruppen mit möglichst gleich starken Läufern: A fängt B, C hat solange Pause. Dann fängt B C, und A erholt sich, bis C A fangen kann. Spätestens nach 30 Sek. erfolgt ein Wechsel, auch wenn der Fänger seinen Partner nicht erwischen konnte (Strafpunkte). Wer hat nach x Minuten am wenigsten Strafpunkte?	
Inhalt	Schnelligkeit		
Verhalten	Ehrlich selber die Fangpunkte zählen		
6	**Verzaubern**	3 bis 5 Fänger. Wer gefangen wird, muss eine Stellung wie eine Statue einnehmen (starr und gespannt) und kann erlöst werden, indem ein freier Spieler diese Stellung kurz nachahmt. • Der gefangene Körperteil muss in der Stellung den Boden berühren • Es dürfen nur noch „offene" oder „geschlossene" Stellungen eingenommen werden.	
Inhalt	Schnelligkeit		
Verhalten	Helfen		

1 Laufen 1.1.1 Ohne Material (Fangspiele)

Nr.	Name der Spielform / Ziele/Akzente	Idee/Beschreibung	Hinweise/Organisation
7	**Fangen mit Erlösen**	Gewöhnliches Fangen mit viel Platz; wer gefangen ist, wird zum Fänger (oder hilft dem Fänger). Kann der Verfolger einem Kameraden die Hand reichen, so muss der Fänger von ihm lassen und ein neues „Opfer" suchen. Man kann dem Verfolger zu Hilfe eilen.	
	Inhalt: Schnelligkeits-Ausdauer		
	Verhalten: Taktik Helfen		
8	**Handstandfangen**	Gewöhnliches Fangen mit 3 bis 5 Fängern. Der Verfolgte kann sich retten, wen er einen Handstand an der Wand 5 Sek. steht (ohne Wand 3 Sek.). Der Fänger darf warten und schauen, ob das Vorhaben gelingt, andernfalls wird der Verfolgte zum Fänger. • Mit anderen „Rettungsaktionen": Hecht vw, Verteidigungsrolle sw, 2x Froschhüpfen, Liegestützstellung einnehmen etc. Spez. Hinweis: Sportartspez. Gesten in Drucksituationen.	
	Inhalt: Schnelligkeit		
	Verhalten: Fairness, auch als Fänger!		
9	**Schattenfangen**	Im Freien bei Sonnenschein: Der Fänger versucht, auf den Schatten des Flüchtenden zu stehen (evtl. nur auf den Kopf). Gefangene werden zu Fängern oder helfen beim Fangen. Eigene Schatten-Spielformen suchen.	
	Inhalt: Schnelligkeit Koordination		
	Verhalten: Ehrlichkeit		
10	**Parteifangen in zwei Feldern**	Zwei Parteien befinden sich in je einer Spielfeldhälfte. Die Spieler beider Parteien versuchen, das gegnerische Freimal zu erreichen und gleichzeitig die eindringenden Gegner zu fangen (und somit zu verhindern, dass diese das Freimal erreichen). Als Freimal dient z. B. die ganze Hallenbreite. Auf dem Rückweg in die eigene Hälfte kann man noch (oder nicht mehr) gefangen werden. Gefangene Spieler müssen in ihr Feld zurück, um einen neuen Versuch zu starten.	
	Inhalt: Schnelligkeit		
	Verhalten: Taktik		
11	**Spital-Transport-Fangen**	1–3 Fänger. Wer gefangen wird, legt sich „verletzt" auf den Boden. 4 freie Läufer können den Verletzten an Armen und Beinen gehalten ins Spital tragen (markiertes kl. Feld). Solange 4 Träger am Werk sind, sind diese immun. Sind es aber erst 1–3, sind sie nicht immun und können gefangen werden. Die Verletzten werden im Spital gesund und können wieder mitspielen. Gelingt es den Fängern alle Freien zu „verletzen"?	
	Inhalt: Schnelligkeit		
	Verhalten: Umsichtig helfen		

1.1.1 Ohne Material (Fangspiele) — 1 Laufen

Nr.	Name der Spielform / Ziele/Akzente	Idee/Beschreibung	Hinweise/Organisation
12	**Verkehrt-Fangen**	Gewöhnliches Fangen, aber jeweils zwei Spieler haken sich je den rechten Arm ein, so dass sie in die entgegengesetzte Richtung schauen. Auch die Fänger sind solche „verkehrte Paare". • Spielfeld nicht zu groß wählen!	
Inhalt	Koordination		
Verhalten	Kooperation		
13	**Geher-Fangen**	Normales Fangen, aber Fortbewegung nur wie Geher, d. h.: ein Fuß muss immer in Bodenkontakt sein. Fangen nur mit dem Oberkörper erlaubt (ohne Arme und Hände). • Kleines Spielfeld!	
Inhalt	Koordination		
Verhalten	Bewegungserfahrung		
14	**Kettenfangen auf Zeit**	Zwei Gruppen, Gr. A = Fänger, Gr. B = Gejagte: Die Fängergruppe bildet eine Kette und versucht, innerhalb möglichst kurzer Zeit 10 Fänge zu machen, wobei nur die beiden äußersten Kettenglieder fangen dürfen. Fänge werden laut gezählt. Welcher Gruppe ist es nach Rollenwechsel gelungen, in kürzerer Zeit die 10 Fänge zu machen? • Fänger-Gruppe ist in Paare aufgeteilt.	
Inhalt	Schnelligkeitsausdauer		
Verhalten	Kooperation Taktik		
15	**Einmauern**	Ein Spieler wird innerhalb der Gruppe (5 bis 8 Spieler) bestimmt, der durch geschicktes Laufen vor den anderen flüchtet. Die Verfolger haben die Aufgabe, den flüchtenden Spieler mit ihrem Körper (ohne Arme) so zu umzingeln, dass sein Bewegungsfreiraum immer mehr eingeengt wird, bis er eingeschlossen ist. • Der Spielleiter kann mitten im Spiel laufend neue „Flüchtende" bestimmen.	
Inhalt	Geschicklichkeit Gewandtheit		
Verhalten	Kooperation Taktik		
16	**Das geteilte Paar**	Freies Laufen in der Halle. Das „geteilte Paar" (A und B) steht einzeln in entgegengesetzten Ecken. Auf Zeichen versuchen diese beiden, sich zu vereinigen (Handfassung). Die Anderen versuchen dies durch Sperren (ohne Körperkontakt) oder Kettenbildung zu verhindern. Gelingt dem „geteilten Paar" die Vereinigung, so versuchen sie als Paar, zwei Spieler zu fangen, diese bilden dann das nächst Paar.	
Inhalt	Körpertäuschung		
Verhalten	Kooperation Taktik		

1 Laufen   1.1.1 Ohne Material (Fangspiele)

Nr.	Name der Spielform / Ziele/Akzente		Idee/Beschreibung	Hinweise/Organisation
17	**Leibchenfangen**		Auf Zuruf „rot!" müssen alle Schüler, welche ein rotes Leibchen tragen, einen beliebigen anderen Spieler (außer einem roten) fangen. Der Lehrer wechselt sie Farben und damit die Fänger „in bunter Folge", er kann auch zwei oder mehr Farben auf einmal rufen. Spätestens nach 30 Sek. darf der Fangversuch abgebrochen werden. • Wer niemanden fangen konnte, erhält einen Strafpunkt.	
	Inhalt	Schnelligkeit Reaktion		
	Ver-halten	Konzentration		
18	**3-Mann-hoch mit einhaken**		Die Spieler stehen paarweise frei in der Halle verteilt, die Paare haken einander ein und stützen den anderen Arm in die Hüfte. 1 bis 4 Fänger verfolgen zudem ebenso viele Gejagte. Sobald ein Verfolger bei einem Paar z. B. links einhängt, muss der Partner rechts fliehen. • Sobald ein Verfolger z. B. links bei einem Paar eingehängt hat, wird der Spieler rechts zum Fänger, der bisherige Fänger zum Gejagten.	
	Inhalt	Schnelligkeit		
	Ver-halten	Konzentration		
19	**3-Mann-hoch mit untertauchen**		Die Spieler stehen sich paarweise mit Handfassung frei in der Halle gegenüber. Will ein Verfolgter sich retten, taucht er zwischen ein Paar. Jetzt muss der Spieler fliehen, dem er den Rücken zuwendet. (Oder dieser wird zum neuen Fänger und der Fänger zum Gejagten). • Alle Paare sind dauernd in Bewegung. • Mehrere Fänger!	
	Inhalt	Schnelligkeit		
	Ver-halten	Konzentration		
20	**Grenzwächter und Schmuggler**		Ein bis zwei Grenzwächter befinden sich in der Grenzzone. Die Schmuggler versuchen, möglichst viele Läufe durch die Grenzzone zu machen, ohne gefangen zu werden. Wer erzielt in 5 Min. am meisten Läufe? Gefangene müssen zur Grundlinie zurück und erhalten einen Minuspunkt. Welche Grenzwächter hatten die Schmuggler am besten unter Kontrolle (am meisten Fänge)?	
	Inhalt	Ausdauer		
	Ver-halten	Taktik		
21	**Paarfangen**		2 Fänger mit gefassten Händen beginnen mit Fangen. Sobald einer erwischt wird, schließt der sich dem Paar an. Wird ein weiterer Spieler gefangen, bilden sich zwei Paare usw., bis alle gefangen sind. • Die Paare halten sich so, dass jeder in die entgegengesetzte Richtung schaut (siehe Verkehrt-Fangen). • Mit ungewöhnlichen Gangarten.	
	Inhalt	Schnelligkeit		
	Ver-halten	Kooperation		

1.1.1 Ohne Material (Fangspiele)

1 Laufen

Nr.	Name der Spielform Ziele/Akzente	Idee/Beschreibung	Hinweise/Organisation
22	**Hin-und-her-Fangen**	Die Spieler laufen zwischen zwei Linien hin und her. Im Zwischenfeld fangen anfänglich 2 markierte Fänger. Wer gefangen wird holt ein Spielband und hilft beim Fangen. Wer erzielt am meisten Läufe?	
Inhalt	Schnelligkeit		
Verhalten	Taktik		
23	**Hase im Kohl**	Ein Jäger (Fänger), ein Hase. Die Anderen kauern sich verteilt im Feld hin (Kohl im Feld). Der Jäger verfolgt den Hasen. Der kann sich retten, indem er sich neben einen Kohl kauert. Der Kohl steht auf und wird zum Jäger, der vorherige Jäger wird zum Hasen. Fängt der Jäger den Hasen, werden die Rollen sofort vertauscht. (Evtl. 2 Hasen und 2 Jäger). • Der Kohl liegt bäuchlings, rücklings, sw. etc.	
Inhalt	Schnelligkeit		
Verhalten	Helfen		
24	**Virusfangen**	3 bis 4 Fänger verfolgen die übrigen Spieler. Gefangene bleiben am Ort, stehen und halten die Arme in Hochhalte. Sie können erlöst werden, indem zwei freie Spieler sich vor und hinter den Gefangenen stellen und sich beide Hände reichen. • Können die Fänger alle anderen verzaubern? • Welche Fängergruppe schafft es in kürzester Zeit, alle zu verzaubern?	
Inhalt	Schnelligkeit		
Verhalten	Helfen		
25	**Versteinern**	A versucht B zu fangen. Wenn B in Not gerät, kann er irgendeine Stellung einnehmen. Nun muss A zuerst auch dieselbe Stellung von B einnehmen, bevor er B weiterverfolgen, bzw. fangen kann. Rollenwechsel.	
Inhalt	Reaktionsschnelligkeit		
Verhalten	Fairness		
26	**Gruppenfangen**	Die Klasse wird in 4 Gruppen aufgeteilt. Jede Gruppe (mit Spielbändern gekennzeichnet) ist während 1 Min. Fänger. Jeder Fänger zählt, wie viele Schüler der anderen drei Gruppen er während dieser Minute berührt. Nach 1 Min. wird die Anzahl Berührungen zusammengezählt. Welche Gruppe sammelt am meisten Punkte.	
Inhalt	Schnelligkeitsausdauer		
Verhalten	Fairness Ehrlichkeit		

1 Laufen

1.1.1 Ohne Material (Fangspiele)

Nr.	Name der Spielform / Ziele/Akzente	Idee/Beschreibung	Hinweise/Organisation
27	**Krakenfangen**	3 Spieler halten je mit einer Hand an einem Spielband fest, das nicht losgelassen werden darf. So versuchen sie die anderen Spieler zu fangen. Wer jemanden fängt, darf mit diesem die Rolle tauschen. Je nach Gruppengröße gibt es mehrere solcher Kraken. • Egal wer fängt, es wird der Reihe nach ausgewechselt.	
	Inhalt: Schnelligkeit		
	Verhalten: Kooperation		
28	**Die Affen sind los**	2 Affen als Fänger auf einer Hallenseite auf allen Vieren. Die Anderen sind Touristen, die die Affen fotografieren und sich nahe heranwagen, die Affen sogar streicheln. Auf Zuruf „die Affen sind los", stehen die Affen auf und verfolgen die Touristen bis zur anderen Hallenhälfte (Linie). Wer gefangen wird, wird beim nächsten Durchgang zum Affen. Die letzten beiden Touristen werden fürs nächste Spiel zu den ersten Fängern (Affen).	
	Inhalt: Reaktion, Schnelligkeit		
	Verhalten: Spaß		
29	**Peter Pan**	3–6 Spieler sind Fänger. Von den anderen wird (insgeheim) ein Peter Pan ausgewählt. Es wird normales Fangen gespielt. Wer gefangen wird, muss steif stehen bleiben. Peter Pan hat magische Kräfte und kann gefangene Spieler durch Berührung befreien. Dies sollte er möglichst unbemerkt tun, damit er nicht gefangen wird, denn dann ist das Spiel bald fertig.	
	Inhalt: Schnelligkeit		
	Verhalten: Taktik		
30	**Der Bulle von Sambesi**	Wie schwarzer Mann. Der Fänger startet das Spiel mit dem Ruf: „Der Bulle von Sambesi"! Und versucht einen anderen Spieler zu fangen. Diese versuchen, am Bullen vorbei, sich auf die gegenüberliegende Seite zu retten. Wenn der Bulle einen Spieler gefangen hat, muss er ihn hochheben und rufen: „Der Bulle von Sambesi." Erst so macht er ihn zum Mitfänger für die nächste Runde. Für einmal sind die leichten Spieler im Nachteil, da es für schwerere Spieler mehrere Fänger braucht um sie hochzuheben.	
	Inhalt: Schnelligkeit		
	Verhalten: Begegnung		
31	**Gespenster-Fangen**	1–4 Gespenster sind Fänger und versuchen laut stampfend und brüllend freie Spieler zu fangen, die vor Angst kreischend fliehen. Fängt ein Monster einen Spieler, werden die Rollen getauscht. Verteilt auf dem Feld gibt es einige Rettungsinseln (Paare, die sich an der Hand halten). Auf der Flucht kann man sich auf eine Rettungsinsel retten, indem man eine freie Hand des Paares festhält. Nun muss aber die andere Seite der Rettungsinsel fliehen.	
	Inhalt: Schnelligkeit		
	Verhalten: Spaß, laut sein dürfen		

1.1.1 Ohne Material (Fangspiele)

1 Laufen

Nr.	Name der Spielform Ziele/Akzente	Idee/Beschreibung	Hinweise/Organisation
32	**Crocodile Dundee**	Ein Spieler wird – ohne Wissen des Krokodiljägers zum „Schwachen Krokodil" bestimmt. Der Krokodiljäger jagt nun die Krokodile. Gefangene Krokodile scheiden aus oder machen eine Zusatzaufgabe neben dem Feld (z. B. Seil hüpfen, Kraftübungen, Dehnübungen, etc.). Die Krokodile können das Spiel gewinnen, wenn das „Schwache Krokodil" zuletzt gefangen wird. Ablenken und sich opfern kann zum Sieg führen.	
Inhalt	Ausdauer		
Ver-halten	Sich für andere opfern		
33	**Fischer**	Variante von „Schwarzer Mann". Die Gruppe fragt: „Fischer, wie tief ist das Wasser?" Fischer: „Zehn Meter!" Gruppe: „Wie kommen wir rüber?" Fischer: „Rückwärts!" (Auf einem Bein, Vierfüßlergang, einbeinig, beidbeinig hüpfend, etc.) • Der Fischer darf normal laufen/muss die gleiche Gangart benutzen.	
Inhalt	Schnelligkeit		
Ver-halten	Fairness		
34	**Hasenjagd**	Die Hälfte der Spieler bildet Pärchen, sie sind die Füchse. Der Rest läuft einzeln, sie sind die zu fangenden Hasen. Wer als Hase von einem Pärchen gefangen wird, wird zum Fuchs und tauscht die Rolle. Beim ersten Fang wird der erfolgreiche Fänger ausgetauscht, nachher der „älteste" Fuchs. Wer nach 3 Min. Hase ist, gewinnt. Mehrere Durchgänge mit verschiedenen Zeitvorgaben. Wer hat nach x Durchgängen am meisten Siegpunkte = Hasensieger.	
Inhalt	Schnelligkeit		
Ver-halten	Kooperation Taktik		
35	**Kammerjäger**	Die Spieler stehen in vier Vierer-Reihen, mit seitl. ausgestreckten Armen. Eine Ratte wird vom Kammerjäger verfolgt. Um sich zu retten kann die Ratte rufen „Wechsel!", worauf sich die stehenden Spieler um 90° drehen und die Gänge im Haus verändern. • Der Zuruf erfolgt vom Spielleiter, dem Kammerjäger, von einem Spieler. • Es gibt mehrere Verfolgungspaare (Zuruf von einem stehenden Spieler).	
Inhalt	Schnelligkeit		
Ver-halten	Reaktion		
36	**Kreuz-Fangen**	Pro Gruppe 1 Fänger. Wer verfolgt wird kann gerettet werden, indem ein anderer Spieler den Weg zwischen Verfolger und Gejagtem kreuzt. Sofort muss der Fänger den kreuzenden Läufer verfolgen und vom anderen Opfer ablassen. Wer wagt es, sich für einen anderen zu opfern? Wer gefangen wird, wird zum Fänger oder nach 2–3 Min. wird automatisch gewechselt. • Mehr als ein Fänger (je nach Gruppengröße).	
Inhalt	Schnelligkeit		
Ver-halten	Helfen		

1 Laufen 1.1.2 Ohne Material (Verfolgungsläufe)

Nr.	Name der Spielform Ziele/Akzente	Idee/Beschreibung	Hinweise/Organisation
		Verfolgungsläufe Bemerkungen: Siehe auch unter Fangspiele! Je älter die Teilnehmer, desto langsamere Formen eignen sich für den Stundenbeginn (Verletzungsgefahr!).	Klare Anweisungen sind das A und O einer Spielform!
37	**Schere – Stein – Papier**	Je zu zweit an der Mittellinie gegenüber. Auf Kommando („Schere – Stein – Paper!") hält jeder eines der drei Handzeichen auf. Das stärkere Zeichen verfolgt das schwächere. Bei gleichem Zeichen beider erfolgt Wiederholung. • Schere schneidet Papier. • Papier umwickelt Stein. • Stein macht Schere stumpf. • Zwei Gruppen kämpfen gegeneinander.	
	Inhalt Schnelligkeit		
	Verhalten Konzentration		
38	**Erst nachahmen dann fangen!**	Zu zweit: B läuft hinter A her. A ruft plötzlich irgendeine Tätigkeit, welche beide ausführen müssen, bevor B A verfolgen kann. (A erhält durch den Wissensvorsprung einen Zeitvorsprung).	
	Inhalt Schnelligkeit Reaktion		
	Verhalten Fairness		
39	**Neck-Fangen**	A und B stehen hintereinander. A streckt die Hand nach vorn (oder nach hinten, je nach Aufstellung), B schlägt in unregelmäßiger Folge dreimal darauf. Der dritte Schlag gilt für beide als Startzeichen: A flieht, B verfolgt. • Aus verschiedenen Startpositionen.	
	Inhalt Reaktionsschnelligkeit		
	Verhalten Konzentration		
40	**Start-Fangen**	A steht vor B und hält einen Fuß rw hoch. B schlägt irgendwann auf diesen Fuß. Dies gilt für beide als Startzeichen zur Verfolgungsjagd. • B stößt A irgendwann mit einem Fuß leicht in den Hintern. Dies gilt für beide als Startzeichen. • B hält ein Bein nach vorn in die Luft. A schlägt irgendwann darauf, dreht sich und flieht.	
	Inhalt Schnelligkeit Reaktion		
	Verhalten Gegenseitige Rücksichtnahme		

1.1.2 Ohne Material (Verfolgungsläufe) 1 Laufen

Nr.	Name der Spielform Ziele/Akzente	Idee/Beschreibung	Hinweise/Organisation
41	**Verfolgung**	B steht hinter A, A in Tiefstellung. B überspurtet A (und gibt evtl. A einen Schlag auf den Rücken), A versucht, B noch einzuholen. • Diverse Verfolgungsläufe aus verschiedenen Positionen, z. B. Rückenlage, Bauchlage, Schneidersitz, Hürdensitz, Liegestütz ... • Auch im Sitzen, Liegen ... gegenüber. Der Fänger muss vor dem Verfolgen eine halbe Drehung ausführen.	
Inhalt	Reaktion Tiefstart		
Verhalten	Zu eigenen Formen anregen		
42	**Koordinationsstart**	Paarweise hintereinander mit ca. 2 m Abstand. • Hüpfen am Ort und auf Signal verfolgen bzw. fliehen. • Wechselhüpfen am Ort (auch Hampelmann) und wegsprinten. • Hüpfen am Ort, auf Signal eine ganze Drehung und wegsprinten. • Wechselhüpfen in Liegestützstellung und auf Signal wegspringen. • 2–4 Aufgaben bevor die Verfolgung beginnt.	
Inhalt	Reaktion Koordination		
Verhalten	Spielregeln einhalten		
43	**Turnschuhraub**	Die Läufer stehen sich paarweise gegenüber. Zwischen ihnen liegt ein Turnschuh (oder sonst ein Gegenstand, z. B. Spielband). Wem gelingt es, den Schuh zu ergreifen und damit bis zur Grundlinie zu fliehen, ohne vom anderen gefangen zu werden? (Evtl. muss eine Hand auf dem Rücken gehalten werden).	
Inhalt	Schnelligkeit		
Verhalten	Taktik		
44	**Turnschuhraub mit Spiegelbild**	Aufstellung wie in Turnschuhraub. B ist das Spiegelbild von A und muss alle Stellungen und Bewegungen, die A ausführt, sofort nachahmen. In einem günstigen Augenblick packt A den Schuh, macht kehrt und versucht, ohne von B gefangen zu werden, seine Linie zu erreichen.	
Inhalt	Schnelligkeit		
Verhalten	Taktik		
45	**Überlaufen**	A und B stehen sich gegenüber mit 1 bis 2 m Abstand. A läuft vorwärts, B rückwärts. A versucht, durch Täuschungen und Starts an B vorbeizukommen und diesen zu überlaufen. Gelingt dies, versucht B A noch vor der Linie zu fangen.	
Inhalt	Schnelligkeit		
Verhalten	Taktik		

1 Laufen 1.1.2 Ohne Material (Verfolgungsläufe)

Nr.	Name der Spielform / Ziele/Akzente		Idee/Beschreibung	Hinweise/Organisation
46	**Ausreißen**		3er-Gruppen traben langsam hintereinander. Der Mittlere versucht plötzlich auszureißen und die Grenzlinie zu erreichen, bevor die anderen beiden ihn „stellen" (berühren) können.	
	Inhalt	Schnelligkeit		
	Verhalten	Taktik		
47	**Kreis gegen Kreis**		Zwei Kreise laufen (ineinander) in entgegengesetzter Richtung. Auf Pfiff flieht der äußere Kreis zum Freimal (z. B. Grundlinien), der innere versucht, sie vorher zu fangen. Nach jedem Durchgang Rollenwechsel. Welcher Kreis hat nach x Durchgängen mehr Fänge? • Gefangene wechseln den Kreis. Wer überlebt am längsten?	
	Inhalt	Schnelligkeit Reaktion		
	Verhalten	Erst auf Signal „reagieren"		
48	**Beißende Schlange**		Eine „Schlange" liegt in der Mitte des Feldes auf dem Bauch, alle anderen Spieler berühren sie mit einer Hand (necken). Wenn der Lehrer ruft „Schlange!", versucht die Schlange, möglichst viele Flüchtende zu beißen (berühren). Gebissene werden ebenfalls zu Schlangen und hängen sich beim nächsten Durchgang an die Schlange an. Wer überlebt am längsten?	
	Inhalt	Reaktion Start		
	Verhalten	Begegnung		
49	**Zwillingsjagd**		A und B laufen locker nebeneinander. Der Lehrer ruft z. B. „Bauchlage!". Beide versuchen, so schnell wie möglich zu reagieren. Wer ist <u>nach</u> der Ausführung zuerst beim vorherbestimmten Mal (Hallenwand, Linie …)?	
	Inhalt	Reaktion Start		
	Verhalten	Exakte Ausführung ist Ehrensache!		
50	**Aufholjagd**		Zu zweit: A läuft in zügigem Tempo dem Ziel entgegen. B wartet so lange, bis er glaubt, A mit einem Sprint gerade noch vor dem Ziel fangen zu können. • Die Gangart von A wird von beiden Läufern bestimmt, B muss sprinten.	
	Inhalt	Schnelligkeit		
	Verhalten	Selbsteinschätzung		

1.1.2 Ohne Material (Verfolgungsläufe)   1 Laufen

Nr.	Name der Spielform Ziele/Akzente	Idee/Beschreibung	Hinweise/Organisation
51	**Steher-Rennen**	A und B traben auf einer festgelegten Strecke (Rundbahn) nebeneinander. Jeder kann das Tempo beliebig verschärfen oder gar Stillstandsversuche unternehmen. Plötzlich ergreift einer von ihnen die Initiative und zieht den Endspurt an. Wer von beiden erreicht das Ziel als Erster?	
Inhalt	Schnelligkeit und Schnelligkeitsausdauer		
Verhalten	Selbsteinschätzung Taktik		
52	**Linienlauf**	Nur auf den Linien der Halle laufen. Beim Kreuzen übereinanderklettern, untereinander durchkriechen, umeinander herumsteigen ..., ohne die Linie zu verlassen. • Rw laufen, kriechen, robben ... • Jede Linienfarbe bedeutet eine andere Gangart, z. B. auf den roten Linien nur hüpfen, auf den weißen nur rückwärtslaufen ...	
Inhalt	Koordination		
Verhalten	Kooperation Konzentration		
53	**Linienlauf ohne Treffen**	Alle bewegen sich nur auf den Spielfeldlinien des Hallenbodens und versuchen, möglichst lange zu laufen, ohne jemanden zu kreuzen. Treffen sich trotzdem zwei, hängen sie zusammen und versuchen jetzt, möglichst schnell möglichst viele Glieder (durch Kreuzen) zu bekommen.	
Inhalt	Koordination		
Verhalten	Taktik		
54	**Schlange bilden**	Freies Laufen im Raum (evtl. auch um und über Hindernisse). Schaffen wir es, <u>eine</u> Schlange zu bilden, ohne abzumachen, wer die Spitze ist? (Einer hängt beim anderen an, bis schließlich alle in einer Kolonne laufen).	
Inhalt	Ausdauer		
Verhalten	Kooperation		
55	**Ja-Nein Verfolger**	2er Gruppe (A = Ja, B = Nein). Die Spieler laufen frei in der Halle. Der Spielleiter stellt eine Frage, die man mit ja oder nein beantworten kann (z. B. ist die Banane blau? = NEIN). B versucht also seinen Partner zu fangen (in 30 Sek.). Gelingt es, erhält er einen Punkt. Wer hat am Schluss am meisten Punkte. Paare immer wieder tauschen. • Jeder Spieler darf eine Frage stellen.	
Inhalt	Reaktion Schnelligkeit		
Verhalten	Konzentration		

1 Laufen 1.1.3 Ohne Material (andere Formen)

Nr.	Name der Spielform Ziele/Akzente	Idee/Beschreibung	Hinweise/Organisation
56	**Rettungsdienst**	2 Gruppen; die Hälfte jeder Gruppe liegt als „zu Rettende" in der Mitte am Boden. Die „zu Rettenden" können nicht mehr laufen und müssen abgeschleppt werden. Die Retter beider Gruppen stehen an den Stirnseiten gegenüber, laufen auf Signal zur Mitte und tragen die „zu Rettenden" zu ihrer Grundlinie zurück. Welche Gruppe ist zuerst fertig mit dem Rettungsdienst? • Auch mit verschiedenen Trag- und Laufarten.	
	Inhalt: Schnelligkeit, Kraft		
	Verhalten: Kooperation		
57	**Heiratsvermittler**	A und B stehen Rücken an Rücken und beginnen, wie Roboter auseinander zu marschieren. Ein Heiratsvermittler tippt den einen oder anderen jeweils an der rechten oder linken Schulter an, was bedeutet: ¼-Drehung zur entsprechenden Seite ausführen! Welcher Heiratsvermittler kann sein Paar so dirigieren, dass A und B frontal aufeinander zulaufen und sich treffen?	
	Inhalt: Taktik		
	Verhalten: Erlebnis		
58	**„Pöperle" mit Laufen**	Einer übernimmt das Kommando. „Kommando Laufen!" = Laufen. „Kommando Flach!" = Bauchlage gespannt. „Kommando Bock!" = Bockstellung. „Kommando Fass!" = Rückenlage, Arme und Beine in die Luft. „Kommando Alle Vögel fliegen aus!" = Armschwünge. „Kommando Doppelbock, Doppelflach, etc.!" = Stellung nebeneinander. Wer eine Übung ausführt, ohne dass der „Kommandant" „Kommando …!" gesagt hat (also z. B. nur „Bock!") oder, wer sich verführen lässt und eine falsche Übung nachmacht (z. B. statt einem Bock ein Fass nachahmt), wird zum neuen „Kommandanten". Je rascher die Kommandos erfolgen, umso eher fallen die anderen darauf herein. Zwischen den Kommandos wird frei in der Halle gelaufen.	
	Inhalt: Taktik		
	Verhalten: Konzentration		
59	**Variation Kreuzstafette**	3 bis 4 Gruppen bilden je liegend einen Kreis (evtl. müssen die Füße auf einer markierten Kreislinie liegen). Auf Pfiff laufen die Startläufer über alle Gruppenmitglieder hinweg bis zu ihrem Startplatz zurück und berühren den vor ihnen liegenden Mitspieler, der nun im Kreis herumläuft. Bei welcher Gruppe ist zuerst jeder 1x, 2x gelaufen?	
	Inhalt: Schnelligkeit, Koordination		
	Verhalten: Rücksicht trotz Wettbewerb!		

1.1.3　Ohne Material (andere Formen)　　　　　　　　　　　　　　　　1　Laufen

Nr.	Name der Spielform Ziele/Akzente	Idee/Beschreibung	Hinweise/Organisation
60	**Sternschnuppe**	Die Schüler bilden einen Kreis, und die Sternschnuppe saust ringsherum. Schlägt sie zwischen zwei Spielern ein, gibt es eine Explosion: Einer saust links-, der andere rechtsherum. Wer zuletzt am Ausgangsort eintrifft, wird neue Sternschnuppe. • Dieses Spiel wird intensiver, wenn mehrere kleine Kreise gebildet werden.	
Inhalt	Reaktion auf spezielles Signal		
Ver-halten	Begegnung Erlebnis		
61	**Platzraub**	Die Spieler sitzen in einem möglichst großen Kreis zu zweit hintereinander. In der Mitte des Kreises sitzen Rücken an Rücken zwei weitere Spieler. Auf Zeichen laufen alle inneren Kreisspieler sowie die beiden Mittelspieler los und suchen einen Platz hinter einem Außenspieler. Die beiden, die keinen Platz mehr gefunden haben, müssen als Nächste in die Mitte sitzen.	versch. Startpositionen: - Schneidersitz - Liegestütz - Tiefstartstellung etc.
Inhalt	Reaktion auf akustisches Signal		
Ver-halten	Begegnung		
62	**Wettlauf**	Zu zweit: A läuft zur Wand, wendet, springt über B, welcher in Bockstellung dasteht, wendet hinter B und läuft wieder zur Wand, etc. Wer macht in 1 Min. mehr Läufe? Welches Paar erzielt in 2 Min. mehr Läufe?	
Inhalt	Schnelligkeits-ausdauer		
Ver-halten	Begegnung		
63	**Bummeln**	Zu zweit auf einer Rundstrecke von 100 bis 200 m: A beginnt mit laufen, B mit spazieren (bummeln). A läuft auf der Runde, bis er B wieder eingeholt hat und spaziert dann weiter, während nun B läuft, biss er A eingeholt hat, etc. Jeder soll 4x laufen, 4x spazieren.	
Inhalt	Ausdauer (Intervall)		
Ver-halten	Tempogefühl		
64	**Gruppenlauf**	Mehrere Gruppen marschieren oder traben auf der Rundstrecke verteilt. Gr. 1 läuft zügig zu Gr. 2 (und spaziert dann weiter). Gr. 2 läuft zu Gr. 3, Gr. 3 zu Gr. 4 und 4 zu 1. Mehrere Durchgänge. Verschiedene Distanzen zwischen den einzelnen Gruppen. Verschiedene Tempi (zügiges Laufen bis Sprint).	
Inhalt	Ausdauer (Intervall)		
Ver-halten	Tempogefühl schulen		

1 Laufen

1.1.3 Ohne Material (andere Formen)

Nr.	Name der Spielform / Ziele/Akzente	Idee/Beschreibung	Hinweise/Organisation
65	**Autorennen mit Boxenstopp**	So lange wie möglich auf seinem Rundkurs laufen. Jeder bestimmt sein Tempo selbst. Wer das eigene Tempo nicht mehr durchhält, macht einen Boxenstopp, bis der „Tank" wieder voll ist (und weiterlaufen kann).	
	Inhalt: Ausdauer		
	Verhalten: Selbsteinschätzung		
66	**Mitnahme-Lauf**	Pro Gruppe 3 bis 5 Schüler. Gangart: Laufen, Hüpfen, Kriechen ... A läuft zuerst alleine eine bestimmte Strecke. Beim 2. Durchgang nimmt er B mit. Auf der 3. Runde wird C mitgenommen und A steigt aus, usw. Z. B. welche Gruppe macht in 10 Min. am meisten Läufe? • Auch mit anhängen, bis die ganze Gruppe gemeinsam läuft und dann wieder abbauen.	
	Inhalt: Ausdauer		
	Verhalten: Begegnung, Taktik		
67	**Zeitschätzlauf (langsam)**	Eine bestimmte Rundstrecke (oder auch frei im Wald, Gelände) soll zu zweit in einer vorher bestimmten Zeit gelaufen werden, z. B. möglichst genau in 5 Min. Wer ist am pünktlichsten auf die vorgegebene Zeit wieder bei der Uhr?	
	Inhalt: Ausdauer		
	Verhalten: Zeiterfahrung		
68	**Zeitschätzlauf (schnell)**	Versucht, genau 1 (2) Minute(n) zu laufen und euch dann in der Reihenfolge der Ankunft nebeneinanderzusetzen. (Der Lehrer gibt an, ob zu früh oder zu spät gesetzt).	
	Inhalt: Ausdauer		
	Verhalten: Zeiterfahrung		
69	**Musik-Stopp**	Frei laufen zur Musik. Bei Musikstopp: • In der entsprechenden Stellung, in der man gerade ist, 3 Sek. „bock-steif" (gespannt bis zu den Fingerspitzen) verharren. • „Moleküle" bilden (2er-, 3er-Gruppen). • Einem Mitschüler in den Huckepack springen. • Ein Rad, einen Handstand etc. ausführen, usw.	
	Inhalt: Körperspannung		
	Verhalten: Begegnung, Konzentration		

1.1.3 Ohne Material (andere Formen) — 1 Laufen

Nr.	Name der Spielform / Ziele/Akzente	Idee/Beschreibung	Hinweise/Organisation
70	**Sport-Geometrie**	Im Laufen verschiedene geometrische Figuren beschreiben und diese in ihren Größen variieren. Z. B. ein Trapez in allen Größen laufen. • Alleine oder als Gruppe. • A läuft voraus, B hintendrein. B muss herausfinden, was A für eine Figur (Buchstaben, Zahl …) gelaufen ist.	
	Inhalt: Raumgefühl		
	Verhalten: Gestalten, Raumerfahrung		
71	**Imaginäres Spinnennetz**	Jeder spannt in die Halle eine imaginäres Spinnennetz. • Vorsicht! Der Spinnfaden ist sehr dünn (vorsichtig laufen und ausspannen). • Jetzt wird aus dem Spinnennetz ein dicker Gummischlauch (mit viel Kraft und Vorlage den „Schlauch" spannen). • Mitten im Schlauch ist ein Knoten (plötzlich stoppen, etwas rw laufen zum Knoten). Etc.	
	Inhalt: Raum- und Distanzgefühl		
	Verhalten: Gestalten, Fantasie		
72	**Lebendiges Wendemal**	Gruppen zu 5 bis 10 Teilnehmer: Der erste jeder Gruppe läuft bis zu einer Marke (Linie o. Ä.) und stellt das Wendemal herum und mit ihm zurück zur Grundlinie. Welche Gruppe sitzt zuerst? • Jeder der Gruppe ist einmal Wendemal. • Wendemal in Bockstellung: Alle müssen darüberspringen.	
	Inhalt: Schnelligkeit		
	Verhalten: Begegnung, Ehrlichkeit		
73	**Japanteststafette**	3er- oder 4er- Gruppen (oder als Einzellauf): Die Läufer starten an der Grundlinie, laufen zur ersten Linie, berühren sie und kehren zur Grundlinie zurück. Nacheinander werden so alle Querlinien der Halle angelaufen, wobei immer zur zuletzt berührten Linie zurückgekehrt werden muss. Wer ist zuerst fertig? • Auch mit Blick immer zur gleichen Wand laufen. • Als Ablöse- oder Abholstafette.	
	Inhalt: Schnelligkeit, Ausdauer		
	Verhalten: Ehrlichkeit ohne Kontrolle		
74	**Zweierkombinationen**	Zu zweit (oder in der Kolonne) hintereinander: B läuft hinter A. • Auf Pfiff bleibt A im Grätschstand stehen, B kriecht zwischen den Beinen durch. • A geht in die Bauchlage (Bankstellung), B überspringt ihn. • B überholt A schnell, dann überholt A B etc. • A führt eine Bewegung aus, z. B. Hinken, Bockhüpfen, Laufvariationen … B nimmt diese Form auf.	
	Inhalt: Koordination		
	Verhalten: Konzentration, Fantasie		

1 Laufen

1.1.3 Ohne Material (andere Formen)

Nr.	Name der Spielform / Ziele/Akzente	Idee/Beschreibung	Hinweise/Organisation
75	**Die menschliche Stoppuhr** Inhalt: Schnelligkeit Verhalten: Laufen unter Druck	Wie weit kann A sprinten, während B eine bestimmte Übung ausführt? • 5x Liegestütz • 5x Froschhüpfen • 20x Seilspringen • 10x Ball an die Wand werfen. • 1x die Kletterstange hochklettern. (Evtl. merkt sich ein Dritter die Marke, wo A beim Übungsstopp von B war).	
76	**Muh-Spiel** Inhalt: Schnelligkeitsausdauer Verhalten: Erlebnis	Wie weit kann A (oder Gruppe A) sprinten, während B (oder einer aus Gruppe A) in einem Atemzug „Muh" rufen kann? Welches Paar (A und B) oder welche Gruppe kommt weiter mit Laufen? • Es darf so lange gesprintet werden, wie ein Gruppenmitglied einen Ton aus dem Alphorn (oder einem anderen Blasinstrument) in einem Atemzug herausbringt.	
77	**Vorgabelauf** Inhalt: Schnelligkeit Verhalten: Gegenseitige Absprachen	Eine Läufergruppe beginnt eine bestimmte Strecke (zwischen 100 m und 1 km) zu laufen. Ein starker Läufer (oder einige Läufer zusammen) erhalten ein Handicap und dürfen erst etwas später starten. Gelingt es den Erstgestarteten, sich den Verfolgern bis ins Ziel zu entziehen? Wo kann der Läufer die Gruppe einholen? • Auch zu zweit: Der schwächere Läufer erhält eine Vorgabe.	
78	**Distanzlauf** Inhalt: Schnelligkeitsausdauer Verhalten: Begegnung	Welche Mannschaft legt eine 20 m lange Laufstrecke während 3 Min. am häufigsten zurück? Evtl. Rekordliste führen! • Als Gruppenlauf. • Als Pendelstafette.	
79	**Begegnungsstafette** Inhalt: Schnelligkeit Verhalten: Ehrlich sein, auch ohne Kontrolle	Die Hälfte jeder Gruppe stellt sich gegenüber an den Stirnseiten auf. Auf Pfiff starten je die Ersten beiden Seiten gleichzeitig. Dort, wo ist sich treffen, wird ein Stab übergeben (oder Handschlag). Die Stafette ist fertig, wenn jeder der Gruppe 3x gelaufen ist. • Welche Gruppe macht in 1, 2, 3 Min. am meisten Läufe?	

1.1.3 Ohne Material (andere Formen)

1 Laufen

Nr.	Name der Spielform / Ziele/Akzente	Idee/Beschreibung	Hinweise/Organisation
80	**Trefflauf**	Zwei Läufer starten auf einer Rundstrecke in entgegengesetzter Richtung und versuchen, sich immer am gleichen Ort zu treffen. Welches Paar kann im Voraus genau abschätzen, wo sie sich treffen werden? (Am besten im Wald, wo die Läufer keinen Sichtkontakt haben). (Der Treffpunkt der beiden muss nicht in der Streckenhälfte sein, der stärkere Läufer kann in der gleichen Zeit weiter laufen als der Partner).	
Inhalt	Ausdauer Schnelligkeit		
Ver-halten	Zeiterfahrung Selbsteinschätzung		
81	**Koordinations-start 1**	Sich so lange wie möglich mit am Körper angelegten Armen nach vorn fallen lassen und im letzten Augenblick starten und wegsprinten. • Liegestützstellung, federn und wechselhüpfen: Auf Pfiff lossprinten. (Achten auf Armführung bei den ersten drei Schritten!)	
Inhalt	Start Koordination		
Ver-halten	Etwas riskieren		
82	**Konterlauf**	Die Gruppe stellt sich in zwei Kolonnen hinter den gegenüberliegenden Grundlinien auf. Die beiden ersten jeder Gruppe starten und sprinten zur entgegengesetzten Seite. Sobald sie sich (ca. in der Hallenmitte) kreuzen, pfeift der Lehrer. Dies ist das Startzeichen für die nächsten zwei Läufer etc. Wertung: Kreuzpunkte in der eigenen Hälfte = 1 Minuspunkt. Welche Gruppe hat weniger Minuspunkte? • Aus verschiedenen Startpositionen loslaufen.	
Inhalt	Schnelligkeit (Aktion/Reaktion)		
Ver-halten	Qualität trotz Wettkampf		
83	**Koordinations-start 2**	Aufstellung in Reihen: • Hüpfen am Ort und auf Pfiff, möglichst schnell lossprinten. Armarbeit: Armführung bei den ersten drei Schritten beachten! (Evtl. Arme beim Hüpfen hinter dem Kopf verschränken o. Ä.) Mit Doppelhüpfen, Grätschhüpfen, Wechselhüpfen … • Auf Pfiff Rolle rw und vw wegsprinten (auf weicher Unterlage, z. B. Rasen). • Einbeiniges Hüpfen bis zu einer bestimmten Marke. Sobald die Marke berührt wird wegsprinten (kurze rasche Schritte). • Skipping am Ort. Auf Signal Vorlage geben und wegsprinten.	
Inhalt	Technik spielerisch trainieren		
Ver-halten	„Technik-Spielregeln" einhalten		

1 Laufen 1.2.1 Bälle (Kleine Spiele)

Nr.	Name der Spielform Ziele/Akzente	Idee/Beschreibung	Hinweise/Organisation

Die „Kleinen Spiele" eignen sich im Unterricht mit Kindern und Jugendlichen sehr gut für den Unterrichtsbeginn als „Einstimmung". Für Erwachsene empfiehlt es sich dagegen, eher „langsam" zu beginnen wegen Verletzungsgefahr (Muskelzerrungen u. a.). Nach dem eigentlichen Aufwärmen vergnügen sich jedoch auch die „Großen" an den „Kleinen Spielen"!

84 **Kasten ausräumen**

Inhalt: Schnelligkeit

Verhalten: Fairness, Erlebnis

2 bis 4 Schüler versuchen, alle Bälle aus ihrem Kasten zu werfen. Die anderen tragen die Bälle einzeln möglichst schnell wieder in den Kasten. Wie lange kann die Läuferpartei überleben, d. h. wann schaffen es die „Kastenleerer", keinen einzigen Ball mehr im Kasten zu haben?
- Nach jedem Transport muss eine bestimmte Strecke (z. B. um zwei Malstäbe) gelaufen werden.

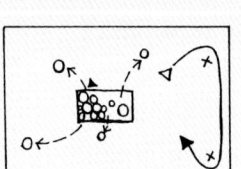

85 **Abtupfen**

Inhalt: Schnelligkeit Kraft: Arme

Verhalten: Tupfen! ... nicht werfen!

2 bis 4 Fänger mit je einem Medizinball in der Hand versuchen, die anderen mit dem Ball abzutupfen (Ball bleibt in der Hand!). Wer gefangen ist, übernimmt den Ball.
- Die Hasen müssen einen Ball dribbeln oder einen Volleyball jonglieren.
- Der Medizinball muss von den Fängern mit gestreckten Armen in der Vorhalte getragen werden.

86 **Verzaubern mit Ball**

Inhalt: Dribbling, Schnelligkeit

Verhalten: Helfen

Jeder mit einem Ball, Fänger zusätzlich mit einem Spielband markiert. Die Fänger versuchen dribbelnd, einen dribbelnden Spieler zu fangen. Gefangene stehen in der Grätsche und müssen ihren Ball auf der Stelle prellen. Sie können erlöst werden, indem ein Mitspieler dribbelnd unter den gegrätschten Beinen durchkriecht. Können die Fänger alle verzaubern?

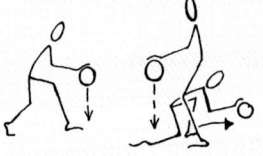

87 **Ball wegschnappen**

Inhalt: Basketball Ballverteidigung

Verhalten: Regeln einhalten

Zu zweit (1 : 1) oder jeder gegen jeden: Freies Dribbeln im Raum, alle versuchen, dem Gegner den Ball (korrekt) wegzuschnappen, ohne dabei den eigenen Ball zu verlieren.
- Mit 3 Leben.
- Wer den Ball verliert, führt eine „Strafübung" aus.
- Wer macht in 2 Min. am meisten Punkte?

1.2.1 Bälle (Kleine Spiele) — 1 Laufen

Nr.	Name der Spielform / Ziele/Akzente	Idee/Beschreibung	Hinweise/Organisation
88	**Kopfballfangen**	3 Fänger mit einem Ball in der Hand versuchen, durch einen Kopfballstoß einen anderen Spieler zu treffen. Alle anderen Spieler dribbeln einen Ball oder führen ihn am Fuß.	
Inhalt	Dribbling		
Verhalten	Koordination		
89	**Schnappball**	4 gegen 4 oder 5 gegen 5: Wie lange kann sich eine Gruppe den Ball zuspielen, ohne dass ihn der Gegner wegschnappen kann? Jeder gefangene Ball = 1 Punkt. • In Kleingruppen auf verschiedenen Feldern; Turnierform. • Jede Gruppe ist selbst Schiedsrichter.	
Inhalt	Taktik		
Verhalten	Kooperation		
90	**Wand-Kopfball**	Zwei Mannschaften versuchen, mit dem Ball die gegnerische Stirnwand durch einen Kopfstoß zu treffen. Wie beim Handball wird der Ball dabei zugeworfen. Kein Dribbling. Auf Zuwurf durch einen Mitspieler versucht dann ein Spieler, den Ball an die Wand zu „köpfeln". Man darf sich den Ball für den Kopfstoß nicht selbst hochwerfen, der Pass muss von einem Mitspieler kommen.	
Inhalt	Taktik		
Verhalten	Kooperation		
91	**Jägerball**	5 Jäger gegen 5 Hasen auf nicht zu großem Feld: Wie viele Treffer gelingen den Jägern in 3 Min.? Rollenwechsel. Mit Schaumstoffball, oder es zählen nur Beintreffer. • Turnierform in 4 Gruppen.	
Inhalt	Schnelligkeit		
Verhalten	Taktik		
92	**Ballraub**	Zwei Spieler stehen sich auf den Grundlinien gegenüber, auf der Mittellinie liegt ein Ball. Auf Zeichen laufen beide los. Auf Zeichen laufen beide los. Wem gelingt es zuerst, den Ball zu erhaschen, ohne vom anderen berührt zu werden und den Ball über die eigene Grundlinie zu tragen?	
Inhalt	Körpertäuschung Geschicklichkeit		
Verhalten	Taktik		

1 Laufen

1.2.1 Bälle (Kleine Spiele)

Nr.	Name der Spielform Ziele/Akzente	Idee/Beschreibung	Hinweise/Organisation
93	**Grenzwächter und Schmuggler**	Die Schmuggler versuchen, zur gegenüberliegenden Wand und zurück zu laufen, ohne vom Wächter dabei gefangen zu werden. Dabei müssen sie immer einen Ball prellen. Wer macht in 5 Min. am meisten gültige Läufe? Gefangene lösen die Wächter ab. • Mit Unihockeyschlägern dribbeln.	
	Inhalt: Dribbling, Ausdauer		
	Verhalten: Taktik		
94	**Gold in China holen**	Die Räuber versuchen, trotz der Chinesischen Mauer und den Wächtern, in China einzudringen und das Gold (Tennisbälle) zu stehlen und zurückzubringen. Dabei prellen alle einen Ball. Wer dabei gefangen wird, löst entweder einen Wächter ab oder muss das Gold über die Mauer zurückwerfen. Wer holt in 5 Min. am meisten Gold? • Auch ohne Prellen möglich.	
	Inhalt: Dribbling, Ausdauer		
	Verhalten: Taktik		
95	**Störball**	Die Schüler dribbeln frei in der Halle. 3 oder mehr Spieler-Paare stehen sich an den Längsseiten gegenüber und rollen Medizinbälle quer durch die Halle. Gelingt es einem Außenspieler, einen Innenspieler oder dessen Ball mit seinem Medizinball zu treffen, so darf er mit dem Getroffenen die Rolle tauschen. • Mit mehr Störbällen. • Die Störer bewegen sich frei in der Halle.	
	Inhalt: Dribbling, Peripheres Sehen		
	Verhalten: Rücksicht trotz Spieleifer!		
96	**Variation Störball**	Spielidee wie oben. Die Läufer stellen sich an einer Stirnseite auf und versuchen, während 5 Min. möglichst viele Läufe zu machen, ohne getroffen zu werden. • Wer getroffen wurde, wechselt mit dem „Störer" die Rolle. • Wer getroffen wurde, darf seinen Lauf nicht zählen. Die „Störer" werden nicht ausgewechselt.	
	Inhalt: Dribbling, Ausdauer		
	Verhalten: Ehrlich zählen ... Keine Kontrolle ...		
97	**Variation Ballraub**	Zwei Parteien stehen sich an den Grundlinien gegenüber. In der Mitte liegt für je zwei Spieler ein Ball. Auf Zeichen spurten alle zur Mitte, um einen Ball zu erhaschen und ihn auf die gegenüberliegende Seite zu dribbeln. Daran können sie vom Gegner im Rahmen der Basketballregeln gehindert werden (Ball wegspielen). Jeder über die Grundlinie gedribbelte Ball ergibt einen Punkt für die entsprechende Mannschaft.	
	Inhalt: Basketball: Angriff/Verteidigung		
	Verhalten: Taktik, Fairness		

1.2.1 Bälle (Kleine Spiele)

1 Laufen

Nr.	Name der Spielform / Ziele/Akzente	Idee/Beschreibung	Hinweise/Organisation
98	**Variation Ballraub**	• Für jede Partei liegen eine bestimmte Anzahl Bälle auf der Mittellinie. Sieger ist die Mannschaft, welche zuerst alle ihre Bälle hinter der gegnerischen Grundlinie hat. Taktik besprechen (Angriff – Verteidigung)! • 3er-Gruppen stehen sich gegenüber. In der Mitte liegt nur ein Ball. Erobert eine Partei den Ball, wird sie zum Angreifer und versucht, durch Passen und Dribbeln den Ball über die gegnerische Grundlinie zu führen.	
Inhalt	Basketball: Angriff/ Verteidigung		
Verhalten	Taktik		
99	**Schlagball**	Gruppe A = Werfer und Läufer, Gruppe B = Fänger im Feld verteilt. Die Fänger versuchen, den Ball des 1. Werfers zu fangen und damit einen Läufer zu treffen oder den Ball möglichst rasch über die Grundlinie zu tragen. Ist der Läufer (= Werfer) bei „Stopp!" (= Ball über der Grundlinie) bei keinem Mal, muss er zum nächsten Mal zurück. Wird er getroffen, werden die Rollen und Felder zwischen den beiden Gruppen gewechselt und ohne Unterbrechung weitergespielt. Der Werfer von Gruppe B muss also nicht warten, bis sich Gruppe A im Feld aufgestellt hat. 1 Lauf = 1 Punkt; 1 Runde in einem Zug = 1 Punkt. Evtl.: Fangball = 1 Punkt. Der Ball des Werfers muss so geworfen werden, dass er den Boden der Feldes berührt, bevor er das Spielfeld verlässt. • Jedes Freimal darf höchstens von einem Läufer besetzt werden. Sind bei „Stopp!" zwei Läufer dort, müssen beide zurück.	
Inhalt	Schnelligkeit (Aktion/Reaktion)		
Verhalten	Kooperation		
100	**Brennball mit Dribbling**	2 Mannschaften, Gruppe A = Werfer und Läufer, Gruppe B = Fänger, in der Halle verteilt. Regeln wie Brennball, aber der Werfer erhält zwei Bälle: den einen wirft er ins Feld, mit dem anderen dribbelt er so schnell wie möglich zu den Freimalen oder ins Ziel. Er kann so lange laufen, bis die Fänger den Ball in einem Korb „verbrannt" haben (freier Korb in der Hallenmitte oder Basketballkorb an der Seitenwand).	
Inhalt	Anwendung des Dribblings		
Verhalten	Koordination		

1 Laufen

1.2.1 Bälle (Kleine Spiele)

Nr.	Name der Spielform Ziele/Akzente	Idee/Beschreibung	Hinweise/Organisation
101 Inhalt: Schnelligkeit Verhalten: Taktik	**Alaska-Ball**	Gruppe A kickt den Ball ins Feld und läuft um den Malstab und zurück. Gruppe B fängt den Ball und bildet am Fangort rasch einen Tunnel. Der Ball muss unter allen gegrätschten Beinen durchgespielt werden und vom Vordersten hinter die Grundlinie getragen und „verbrannt" werden (rufen: „Alaska!"). Wie viele Läufer von Gruppe A konnten in dieser Zeit die Grundlinie erreichen? x Durchgänge, dann Rollenwechsel.	
102 Inhalt: Ausdauer Verhalten: Jeder zählt (ehrlich) für sich!	**Kombispiel**	3 Mannschaften: Gruppe A und Gruppe B spielen ein Ballspiel gegeneinander (Basket-, Schnappball ...). Tore, Punkte zählen. Gruppe C läuft gleichzeitig möglichst viele Runden um das Spielfeld. Runden zählen. Welche Gruppe hat nach zweimaligem Rollenwechsel (z. B. 3 x 5 Min.) am meisten Punkte?	
103 Inhalt: Ausdauer Verhalten: Kooperation	**Sechstagerennen**	Gruppe A umläuft einzeln (oder als Gruppe) die ganze Gruppe B 6 x. Gruppe B hat so lange Zeit, eine bestimmte Aufgabe möglichst oft zu wiederholen, bis Gruppe A fertig ist. Rollenwechsel. Welche Gruppe macht mehr Punkte? Aufgabe für Gruppe B: • Einen Ball möglichst rasch im Kreis herumwerfen. 1 Runde = 1 Punkt. • Ball im Zick-Zack zuwerfen. 1 Durchgang = 1 Punkt.	
104 Inhalt: Werfen, Ausdauer Verhalten: Rücksicht gegenüber Schwächeren!	**Sklaven-Sitzball**	Gewöhnliches Sitzball, jeder gegen jeden. Kann ein Spieler einen anderen treffen, wird er Herr über seinen (getroffenen) Sklaven. Der Sklave muss so lange ums Spielfeld herumlaufen (oder eine andere Sklavenarbeit verrichten), bis sein Herr selbst getroffen wird. Wird der Herr getroffen, ist der Sklave wieder frei und darf mitspielen.	
105 Inhalt: Fußball: Flachpass, Schnelligkeit Verhalten: Als „Gejagter" etwas riskieren!	**Hetzball**	1:1. A mit einem Ball am Fuß versucht, seinen Gegner mit einem Flachschuss an den Beinen zu treffen. Ballführen erlaubt. Der Gehetzte darf nur rückwärts und seitwärts laufen. Rollenwechsel nach 30 oder 60 Sek. Wer erzielt mehr Treffer?	

1.2.1 Bälle (Kleine Spiele) — 1 Laufen

Nr.	Name der Spielform / Ziele/Akzente	Idee/Beschreibung	Hinweise/Organisation
106 Inhalt / Verhalten	**Fußball-Fangen** / Fußball: Genaues Zuspiel / Taktik	Pro 4 bis 5 Spieler eine Fänger mit einem Ball. Die Fänger versuchen, die Hasen mit dem Ball zu treffen. Ballführen erlaubt. Getroffene werden zu Fängern und übernehmen den Ball. • Alle müssen einen Ball führen, die Fänger haben einen anderen Ball (Farbe). • Evtl. nur Beintreffer zählen oder mit Schaumstoffball spielen.	
107 Inhalt / Verhalten	**Burg-Fußball** / Genaues Zuspiel, Schnelligkeit / Taktik	3 bis 5 Spieler gegen einen Torwart. Der Torwart muss ein Hütchen (oder sonst einen Gegenstand) verteidigen, das in einer Burg aus drei Malstäben steht. Dabei darf er nur außen um die Burg herumlaufen, um das Treffen des Hütchens zu verhindern.	
108 Inhalt / Verhalten	**Längs-Tore-Fußball** / Fußball / Taktik	Gewöhnliches Fußballspiel in zwei Parteien, aber man kann beliebig viele Tore hintereinader von beiden Seiten her und in beiden Toren erzielen. • Nach jedem Treffer muss das Tor gewechselt werden, sofern die gleiche Mannschaft am Ball bleibt. • Der Schuss durchs Tor muss von einem Mitspieler auf der anderen Seite gestoppt werden.	
109 Inhalt / Verhalten	**Tore-Prellen** / Fußball / Taktik	Zwei Parteien: Aus Malstäben (Hütchen) werden Tore frei aufgestellt und zwar mind. 1 Tor mehr als er Spieler in einer Partei gibt. Torbreite = 1 m. Die Angreifer versuchen, sich den Ball rasch zuzuspielen und mit dem Ball durch ein Tor zu dribbeln. Die Verteidiger verhindern dies, indem sie sich jeweils ins Tor stellen. Wenn sie den Ball erhaschen, werden sie zu Angreifern. Nach Torerfolg wird sofort weitergespielt.	
110 Inhalt / Verhalten	**Feldwechsel-schnappball** / Schnelligkeit / Zusammenspiel	In zwei 10–50 m auseinanderliegenden Felder wird mit je fünf gegen zwei Spieler Schnappball (z. B. Fußball) gespielt. Auf ein Signal hin müssen die fünf Außenspieler beider Mannschaften möglichst schnell das Feld wechseln, die zwei Innenspieler bleiben und werden zu Außenspielern – zusammen mit den ersten drei vom anderen Feld herkommenden Außenspielern. Je die beiden zuletzt auf dem neuen Feld ankommenden Außenspieler werden zu den neuen Innenspielern.	

1 Laufen

1.2.1 Bälle (Kleine Spiele)

Nr.	Name der Spielform / Ziele/Akzente	Idee/Beschreibung	Hinweise/Organisation
111	**Feldwechsel mit Zusatzaufgaben**	Grundidee wie Nr. 109: Tore-Prellen. Der Feldwechsel kann auch mit einer Zusatzaufgabe verbunden werden, z. B.:	
Inhalt	Schnelles Umstellen	• Nach dem Pfiff: Vor dem Wechsel noch eine Geschicklichkeitsübung ausführen (ein Rad schlagen).	
Ver-halten	Koordinations-fähigkeit	• Nach dem Pfiff: Vor dem Wechsel ist ein Torschuss auszuführen (Bälle liegen bereit).	
112	**Lauf-Treff-Spiel**		
Inhalt	Treffgenauigkeit Ausdauer	4 bis 6 Gruppen mit bis zu 6 Spielern. Jeder Spieler erhält einen Ball, mit dem er ein Ziel (Kiste, Korb, o. Ä.) treffen soll. Nach jeder gelaufenen Runde hat jeder Spieler einen Wurf aufs Ziel gut. Hat ein Läufer getroffen, so hilft er einem Kameraden, indem er ihn an der Hand nimmt und mit ihm zusammen eine weitere Runde läuft. Das ergibt dann für den Kameraden zwei Wurfversuche (da ja 2 Spieler je eine Runde gelaufen sind = 2 Runden = 2 Versuche). Hat z. B. am Schluss nur noch einer der Gruppe nicht getroffen, so können alle anderen Mannschaftsmitglieder mit ihm eine Runde laufen, um je einen weiteren Zielwurf für den Mitspieler „herauszulaufen".	
Ver-halten	Einander unterstützen	Sieger ist die Mannschaft, die zuerst mit allen ihren Bällen ins Ziel getroffen hat. (Die Bälle werden beim Laufen mitgetragen und nach dem Treffen im Ziel gelassen). Im Freien kann die Runde bis zu 500 m betragen.	
113	**Mobile Tore**		
Inhalt	Dribbling und Zusammenspiel	Als Tor dienen 3 bis 5 frei im Feld liegende Medizinbälle. Als Torfolge zählt, wenn ein Medizinball mit dem Fußball getroffen wird. Das Spiel wird nach dem Tor ohne Anspiel fortgesetzt, aber die gleiche Mannschaft darf nicht zweimal hintereinander beim gleichen Medizinball ein Tor schießen.	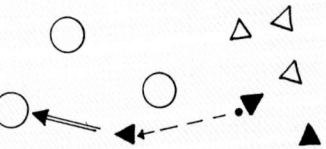
Ver-halten	Taktik		

1.2.2 Bälle (andere Formen) — 1 Laufen

Nr.	Name der Spielform / Ziele/Akzente	Idee/Beschreibung	Hinweise/Organisation
114	**Skipping**	Ein Medizinball (Basketball) wird in der Vorhalte getragen: Kniehebelauf (Skipping), die Knie müssen den Ball jedes Mal berühren. • Der Ball wird mit dem angehobenen Knie leicht in die Höhe gekickt und wieder gefangen.	
Inhalt	Laufschulung, Koordination		
Ver-halten	Spielregeln einhalten		
115	**Seitwärts Artist**	Die Beine führen ein Seitkreuzen aus. Dabei soll der Ball immer wieder seitwärts hochgeworfen und wieder gefangen werden. Die Beinarbeit darf dadurch nicht gestört werden.	
Inhalt	Koordination		
Ver-halten	Konzentration		
116	**Eigen-Pass**	Wer kann den Ball am weitesten nach vorn werfen, ihm nachlaufen und ihn selbst wieder auffangen, bevor er zu Boden fällt?	
Inhalt	Flugbahn-einschätzung		
Ver-halten	Selbsteinschätzung		
117	**„Differenzler"**	Aufstellung in einer Reihe. Auf Signal wirft jeder seinen Ball so weit wie möglich nach vorn, läuft ihm nach und sprintet mit dem Ball ins Ziel. Wer kommt zuerst an? • Die Reststrecke muss rückwärts, auf einem Bein etc. zurückgelegt werden. • Für die Reststrecke muss der Ball am Fuß geführt werden.	
Inhalt	Schnelligkeit, Wurfkraft		
Ver-halten	Vereinbarte Spielregeln einhalten		
118	**Bein-Torschuss**	B steht mit einem Ball hinter A, B rollt den Ball durch die gegrätschten Beine von A. A schaut vw und versucht, sobald er den Ball sieht, zu starten und den Ball noch einzuholen. • A im Sitz, B rollt den Ball neben A vorbei. • A mit Blick zu B. Sobald der Ball seine gegrätschten Beine passiert hat, macht A eine halbe Drehung und läuft dem Ball nach.	
Inhalt	Schnelligkeit		
Ver-halten	Konzentration		

1 Laufen

1.2.2 Bälle (andere Formen)

Nr.	Name der Spielform Ziele/Akzente		Idee/Beschreibung	Hinweise/Organisation
119	**Verfolgungslauf**		A und B sitzen je auf einem Ball einander gegenüber, Abstand ca. 10 m. Auf Signal starten beide und laufen zwischen den Bällen hin und her, wobei die Bälle jedes Mal mit dem Gesäß berührt werden müssen. Wer holt wen ein?	
	Inhalt	Schnelligkeitsausdauer, Kraftausdauer		
	Verhalten	Ehrlich spielen		
120	**Sitz-Stoppball**		A und B stehen an der Grundlinie nebeneinander und rollen je einen Medizinball (Basketball) nach vorne. Jeder versucht, den Ball des anderen einzuholen und ihn durch Daraufsitzen zu stoppen. Die Bälle sollen so gerollt werden, dass dem Partner das Stoppen gerade noch gelingt.	
	Inhalt	Schnelligkeit		
	Verhalten	Wie du mir ... so ich dir ...		
121	**Dribbelartist gegen Läufer**		A versucht, in der Zeit in der B eine Runde läuft (evtl. mit dem Ball am Fuß), seinen Ball möglichst oft zu jonglieren (mit Fuß, Oberschenkel und Kopf). Rollenwechsel. Wer konnte häufiger jonglieren? • B läuft statt einer Runde eine gerade Strecke hin und zurück.	
	Inhalt	Schnelligkeit Koordination		
	Verhalten	Jeder zählt ehrlich		
122	**Ball-Start**		A in Bauchlage vor B. B wirft einen Ball über A hinweg, A startet, sobald er den Ball sieht (oder hört) und versucht, den Ball noch aufzufangen, bevor er zum zweiten Mal auf den Boden prellt. • Verschiedene Startpositionen. • Verschiedene Wurfdistanzen. • Auch mit Ballrollen.	
	Inhalt	Start Schnelligkeit		
	Verhalten	Dem Partner eine Chance geben		
123	**Endloskette**		A wirft den Ball zu B und überspurtet B, B wirft den Ball zu A und überspurtet A, etc. Welche Zweiergruppe hat den Platz zuerst 5x überquert? Bei Ballverlust: 20 m zurück!	
	Inhalt	Schnelligkeit Werfen-Fangen		
	Verhalten	Kooperation		

1.2.2 Bälle (andere Formen)

1 Laufen

Nr.	Name der Spielform Ziele/Akzente	Idee/Beschreibung	Hinweise/Organisation
124	**Werfen zu dritt**	A und B stehen hintereinander, C steht ihnen gegenüber. A wirft den Ball zu C und läuft zu C. C wirft zu B und schließt hinter B an etc. • Werfen rechts und links und beidhändig • Druckwurf • Sprungwurf über Kopf • Wurf aus der Tiefhalte hinter dem Rücken • Stoßen rechts und links • Rollen • Fußball spielen oder Ball am Fuß zur Gegenseite führen • Hinüberprellen rechts, links, vorwärts, seitwärts, rückwärts • Bogenwurf: mit linker Hand über rechte Schulter • Durch die gegrätschten Beine rückwärts werfen • Rückwärts durch die Bogenspanne über den Kopf werfen • In Bauchlage zuwerfen • Aus der Rückenlage mit Aufsitzen zuwerfen • Aus dem Hockstand mit Strecksprung zuwerfen • Im Schritt knien mit Bogenspannung rechts und links • Etc.	
Inhalt	Ausdauer Versch. Wurfarten		
Ver- halten	Ausdauerndes Üben		
125	**Den Ball wegschnappen**	Alle Spieler führen einen Ball am Fuß (oder dribbeln mit einem Ball). Ein bis drei Fänger ohne Ball versuchen, einem anderen Spieler den Ball wegzuschnappen (korrekter Körpereinsatz!) und ihn so zum „Fänger" zu machen.	
Inhalt	Peripheres Sehen		
Ver- halten	Spielregeln einhalten		
126	**Spiegelbild**	Zu zweit: B ist das Spiegelbild von A: Rhythmische Folgen mit Prellen, Laufen und Hüpfen seitwärts, vorwärts, rückwärts, am Ort erfinden. A macht vor, B muss alles nachmachen.	
Inhalt	Ballführung ohne visuelle Kontrolle		
Ver- halten	Führen (lassen) Fantasie		

1 Laufen

1.2.2 Bälle (andere Formen)

Nr.	Name der Spielform / Ziele/Akzente	Idee/Beschreibung	Hinweise/Organisation
127	**Stromturnen**	Stromturnen zur Musik. Paarweise, jeder mit einem Ball. Nach jeweils 8 Zeiten erfolgt der Einsatz fürs nächste Paar. Auf 8 Zeiten vorwärts prellen, auf 8 Zeiten seitwärts, 8 Zeiten vorwärts ... • 8 Z. seitwärts nach re, 8 Z. rückwärts, 8 Z. seitwärts nach re, 8 Z. vorwärts, seitwärts 8 Z. nach re.	
Inhalt	Ausdauer, Rhythmus		
Verhalten	Miteinander		
128	**Ballwechsel**	Jeder führt einen Ball am Fuß (oder dribbelt), frei auf relativ engem Raum. Auf Pfiff spielt jeder einen Flachpass nach außen und versucht, einen neuen Ball zu erspurten. 2 bis 5 Bälle weniger als Spieler. Wer keinen Ball mehr erwischt, führt eine gymnastische Übung aus (Dehnen – Kräftigen).	
Inhalt	Schnelligkeit		
Verhalten	Konzentration		
129	**Balljagd**	Der Lehrer (oder der Sieger des letzten Durchganges) spielt den Ball mit dem Fuß über die liegenden (kniende, stehende ...) Gruppe hinweg. Sobald der Ball am Boden aufprallt, darf gestartet werden. Wer schnappt sich den Ball?	
Inhalt	Start, Schnelligkeit		
Verhalten	Ohne Frühstart!		
130	**Farben-Start**	Vier in einem Viereck aufgestellte Malstäbe werden mit Farbe bezeichnet. Jeder Spieler führt innerhalb dieses Vierecks den Ball am Fuß (oder Dribbling). Auf Kommando „rot!" eilt jeder ohne Ball um den entsprechenden Pfosten und versucht, nachher wieder einen Ball zu erhaschen. Wer keinen Ball mehr erwischt, führt eine Dehn- oder Kräftigungsübung aus (2 bis 5 Bälle weniger als Spieler).	
Inhalt	Schnelligkeit		
Verhalten	Konzentration		
131	**Die ruhenden Bälle**	Die Bälle liegen in der Halle verstreut: Um die Bälle herumlaufen, sie überspringen, umkreisen ... • Zu zweit, in Gruppen (Schlange). • Sich auf Signal auf einen Ball setzen, sich in Balance halten auf dem Ball, Liegestütz auf dem Ball machen etc. • Wer hat zuerst 20 (alle) Bälle mit dem Gesäß berührt?	
Inhalt	Ausdauer		
Verhalten	Nicht immer am gleichen Ball!		

1.2.2 Bälle (andere Formen)

1 Laufen

Nr.	Name der Spielform Ziele/Akzente	Idee/Beschreibung	Hinweise/Organisation
132	**Pendellauf**	Die (Medizin-)Bälle liegen in einer Hallenhälfte verteilt. Auf Pfiff Start von der anderen Seite, Pendellauf zu 8 verschiedenen Bällen (immer wieder zur Grundlinie zurück). Welcher Läufer ist zuerst fertig? • Bei jedem Ball muss eine Zusatzübung ausgeführt werden (z. B. Liegestütz, Strecksprung, Wechselhüpfen über den Ball ...).	
Inhalt	Schnelligkeit		
Verhalten	Jeder zählt ehrlich für sich selbst		
133	**Ballwurf plus Zusatzaufgabe 1**	Jeder läuft kreuz und quer durch die Halle und wirft dabei ständig einen (Medizin-)Ball beidhändig vor dem Körper hoch. Auf Pfiff wird der Ball auf den Boden gelegt. Jeder Spieler muss danach 3 verschiedene Bälle berühren (mit verschiedenen Körperteilen) und zu seinem Ball zurücklaufen. Wer ist zuletzt fertig?	
Inhalt	Schnelligkeit Kraftausdauer		
Verhalten	Spiel fair!		
134	**Ballwurf plus Zusatzaufgabe 2**	• Die Spieler müssen sich auf 3 verschiedene Bälle setzen. • Die Spieler müssen über 3 Bällen eine Liegestütz machen. • Die Spieler umrunden 3 Bälle. • Die Spieler überhüpfen (beidbeinig, einbeinig, etc.) 3 Bälle.	
Inhalt	Schnelligkeit Kraftausdauer		
Verhalten	Eigene Formen suchen		
135	**Glückstrefferlauf**	Jeder Spieler hat einen (Tennis-)Ball und absolviert eine abgesteckte Runde bzw. einen Parcour. Nach jeder gelaufenen Runde darf 1 x auf ein Ziel (z. B. in einen Korb) geworfen werden. Jede Runde und jeder Treffer zählt je 1 Punkt. Wer erzielt zuerst x Punkte? • Wer hat zuerst so viele Punkte, wie er Jahre alt ist? • Wer hat nach 5 Min. mehr Punkte?	
Inhalt	Ausdauer Zielwurf		
Verhalten	Ehrlich selber zählen		
136	**Hol-den-Ball**	Möglichst viele Bälle (oder andere Gegenstände, z. B. Bändchen) liegen hinter der Grundlinie. Die Klasse stellt sich paarweise auf der anderen Seite auf. Auf Pfiff holen beide abwechslungsweise jeweils einen Ball. Welches Paar holt am meisten Bälle?	
Inhalt	Ausdauer		
Verhalten	Bewegung		

1 Laufen 1.3 Springseil

Nr.	Name der Spielform / Ziele/Akzente		Idee/Beschreibung	Hinweise/Organisation
137	**Skipping-Lauf**		A hält ein Seil um den Bauch und sprintet vorwärts, B hält die Seilenden und bremst. • Plötzlich lässt B ein Seilende los, so dass der Widerstand wegfällt. A muss blitzschnell reagieren und wegsprinten, ohne vornüberzufallen.	
	Inhalt	Start Schnelligkeit		
	Verhalten	Gegenseitig Rücksicht nehmen		
138	**Seil-Suche**		Alle Schüler laufen seilspringend durch die Halle. Auf Signal lässt jeder sein Seil fallen und setzt sich so schnell wie möglich auf ein anderes. Wer wird letzter oder wer erwischt kein Seil mehr? „Strafübung" ausführen.	
	Inhalt	Ausdauer Schnelligkeit		
	Verhalten	Seil nicht wegwerfen!		
139	**Seilrennen zu dritt**		A sitzt am Boden und hält das Seil um den Bauch. B und C ziehen ihn zur Gegenseite. Jeder wird 1x, 2x... gezogen. Welche Gruppe ist zuerst fertig?	
	Inhalt	Kraftausdauer		
	Verhalten	Erlebnis		
140	**Schwanztreten**		Jeder hat das Springseil in den Hosenbund gesteckt und versucht, dem anderen aufs Seil zu stehen, so dass das Seil herausfällt. • Jeder gegen jeden • 1 gegen 1 • Gruppenwettkampf auf Zeit: Wie lange braucht Gruppe A, bis alle Spieler von Gruppe B den Schwanz verloren haben?	
	Inhalt	Schnelligkeit Kooperation		
	Verhalten	Hände weg!		
141	**Blindenhund**		Paarweise das Seil an den Enden fassen und frei in der Halle herumlaufen, wobei einer immer den anderen führt. • Zusammenstöße vermeiden! • Der Hintere schließt die Augen, der Vordere spielt Blindenhund. • Als Paar-Fangen.	
	Inhalt	Körper- und Raumgefühl		
	Verhalten	Helfen		

1.3 Springseil

1 Laufen

Nr.	Name der Spielform Ziele/Akzente	Idee/Beschreibung	Hinweise/Organisation
142	**Läufer gegen Seilspringer**	Mannschaft A läuft während 5 Min. möglichst viele Runden, während Mannschaft B gleichzeitig versucht, möglichst oft seilzuspringen. Welche Gruppe hat nach dem Wechsel mehr Punkte? Angleichung: Jeweils 100 Durchzüge werden als ein Punkt bewertet. • Auch 1 gegen 1 (A läuft, B springt mit dem Seil).	
Inhalt	Ausdauer		
Ver-halten	Ehrlich Punkte zählen		
143	**Chinesische Mauer**	Der „Baumeister" steht in einer 2 bis 3 m breiten Mittelzone und versucht, die hin und her laufenden Spieler zu fangen. Wer gefangen ist, wird zum Baustein und muss sich seilspringend in die Mittelzone stellen, bis alle gefangen sind. Gefangen = berührt vom Baumeister, von einem Baustein oder von dessen Springseil. Wer macht am meisten Läufe? Wer „überlebt"?	
Inhalt	Schnelligkeit		
Ver-halten	Bei Berührung keine Diskussion		
144	**Mit dem Feuer gespielt**	A springt am Ort mit dem Seil, B kommt seilspringend auf A zu (spielt mir dem Feuer). Sobald das Seil von A jenes von B berührt, lassen beide das Seil fallen. B dreht sich um und flieht, A läuft ihm nach.	
Inhalt	Schnelligkeit		
Ver-halten	Die Seile nicht wegwerfen (Gefahr)		
145	**Kreis gegen Kreis**	Zwei Kreise laufen seilspringend in entgegengesetzter Richtung auf einem inneren und einem äußeren Kreis. Auf Signal lassen alle ihr Seil fallen, der äußere Kreis flieht (zu den Hallenwänden o. Ä.), der innere Kreis versucht, möglichst viele Spieler des Außenkreises zu fangen, bevor jene das Freimal erreichen. Mehrere Durchgänge, dann Rollenwechsel. Welche Partei hat mehr Fänge gemacht?	
Inhalt	Schnelligkeit Reaktion		
Ver-halten	Vorsicht: Seile nicht wegwerfen		
146	**Seilkette**	Stafette in 4er-Gruppen: A läuft seilspringend zum Malstab auf der anderen Seite, knüpft sein Seil daran, hüpft 4x über das am Boden liegende Seil und läuft zurück. B läuft seilspringend zum angeknüpften Seil, knüpft sein Seil an jenes von A, hüpft 4x darüber und läuft zurück. Dito, für C und D. Danach knüpft A das Seil von D los und läuft seilspringend zurück, etc. Welche Gruppe ist zuerst?	
Inhalt	Schnelligkeit Koordination		
Ver-halten	Konzentration		

1 Laufen   1.4 Gymnastikreifen

Nr.	Name der Spielform Ziele/Akzente	Idee/Beschreibung	Hinweise/Organisation
147	**Tanzende Reifen**	Jeder Schüler lässt seinen Reifen „tanzen". (Der Reifen wird auf den Boden gestellt und durch rasches Andrehen mit der Hand zum Kreisen gebracht). Die Schüler laufen frei durch die Halle und drehen im Laufen die Reifen immer wieder an, so dass alle Reifen „tanzen" und keiner erlahmt.	
Inhalt	Ausdauer Kooperation		
Verhalten	Konzentration		
148	**Steg bauen**	Klasse in 2 bis 3 Gruppen aufgeteilt, jeder Schüler mit einem Reifen: Auf Signal läuft die ganze Gruppe eine Runde und darf danach den ersten „Stein" (= Reifen) ins Wasser legen. Nach jeder gelaufenen Runde wird ein Stein mehr angehängt. Welche Gruppe hat zuerst den ganzen Steg gebaut und kann über ihn auf die andere Seite ins Ziel gelangen?	
Inhalt	Ausdauer		
Verhalten	Kooperation		
149	**Monza-Start**	Jeder mit einem Reifen hinter der Grundlinie. Die Reifen werden nach vorne gerollt. Wer kann mit Nachlaufen am längsten warten und den Reifen trotzdem einholen, bevor er die gegenüberliegende Grundlinie überquert? • Vor dem Start muss eine Zusatzübung ausgeführt werden, z. B. Bauchlage, $^1/_1$-Drehung, Wand berühren ...	
Inhalt	Schnelligkeit		
Verhalten	Selbsteinschätzung		
150	**Reifenwechsel**	Zu zweit, je auf einer Grundlinie der Hallenlänge gegenüber, mit je einem Reifen: Auf Signal versetzen beide ihren Reifen in Bewegung und versuchen, den Reifen des Partners auf der anderen Seite zu erreichen, bevor der zu Boden fällt. • Zuerst den eigenen Reifen 1x umlaufen, umhüpfen, denn erst laufen. • Auch im Dreieck zu dritt möglich.	
Inhalt	Schnelligkeit		
Verhalten	Zusammenarbeit		
151	**Reifenfangen**	2 bis 4 Schüler als Fänger markiert, 10 Schüler mit einem Reifen und 10 Schüler ohne. Nur wer den Reifen in den Händen hält, kann gefangen werden. Die Reifentragenden versuchen daher, möglichst rasch einen Mitspieler mit dem Reifen zu berühren, um den Reifen weitergeben zu können. Wer gefangen wird, übernimmt die Fängermarkierung und gibt dem Fänger den Reifen.	
Inhalt	Schnelligkeit Ausdauer		
Verhalten	Einander gegenseitig helfen		

1.4 Gymnastikreifen　　　　　　　　　　　　　　　　　　　　　　1 Laufen

Nr.	Name der Spielform Ziele/Akzente	Idee/Beschreibung	Hinweise/Organisation
152	**Schlangengrube**	(= Var. Schwarzer Mann). 5 bis 6 Spieler (Schlangen) stehen in ihrem Reifen (Schlangengrube), welchen sie irgendwo in der Halle platzieren dürfen. Die anderen Spieler stehen mit einem Ball (oder mit Unihoc-Schläger und Ball) an einer Stirnseite und versuchen, dribbelnd die andere Seite zu erreichen. Wer gebissen wird, holt sich einen Reifen und wird auch zur Schlange.	
Inhalt	Schnelligkeit		
Ver-halten	Taktik		
153	**Variation zu Schlangengrube**	• Evtl. muss den Schlangen verboten werden, mehr als vier Reifen in eine Reihe zu legen, d. h., eine Kette zu bilden. • Je nach Spielverlauf kann den Schlangen erlaubt oder verboten werden, mit einem Fuß die Schlangengrube zu verlassen. • Wird dieses Spiel mit Unihoc-Schlägern durchgeführt, so besitzen auch die Schlangen einen Stock und versuchen, den Läufern den Ball wegzuspielen. Wer den Ball verliert, wird Schlange.	
Inhalt	Schnelligkeit		
Ver-halten	Taktik		
154	**Eier legen**	Zwei Parteien: Die Angreifer versuchen, den Ball in einen unbesetzten Reifen zu legen. Die Verteidiger verhindern dies, indem sie jeweils mind. einen Fuß in den Reifen setzen (3 Reifen mehr als Verteidiger). Können die Verteidiger den Ball wegschnappen, werden sie zu Angreifern. Nach Punkteerfolg läuft das Spiel weiter, aber der Reifen muss gewechselt werden. • Fußball: Ball mit Fußsohle im Reif fixieren.	
Inhalt	Schnelles Zusammenspiel		
Ver-halten	Taktik		
155	**Strom-Reifen-Lauf**	A lässt sich von B in der Halle führen. A darf den Reifen nicht berühren, als ob dieser „Starkstrom" leiten würde. Danach Wechsel der Aufgabe.	
Inhalt	Reagieren auf taktiles Signal		
Ver-halten	Vertrauen		
156	**Magnet-Reifen-Lauf**	A darf sich „frei" bewegen, während B den Reifen so führen muss, dass dieser A nie berührt. Danach Wechsel der Aufgabe. Tempo und Richtung häufig variieren.	
Inhalt	Reagieren auf den Partner		
Ver-halten	Vertrauen		

1 Laufen

1.5 Gymnastikstab

Nr.	Name der Spielform Ziele/Akzente		Idee/Beschreibung	Hinweise/Organisation
157	**Fenster-Lauf**		Laufen in der Halle, jeder Zweite hat einen Stab: Auf Zeichen knien die Stabträger nieder und halten den Stab waagerecht in der Vorhalte. Die anderen laufen zu einem Stab und klettern durch das „Fenster" durch. • Der Stab wird senkrecht in der Seitgrätschstellung gehalten.	
	Inhalt	Ausdauer Beweglichkeit		
	Ver- halten	Stab ruhig halten!		
158	**Kipp-Lauf**		A stellt sich den eigenen Stab möglichst ins Gleichgewicht. Sobald er den Stab loslässt, darf er starten. Wie weit kommt er, bis sein fallender Stab den Boden berührt? B kontrolliert. Rollenwechsel. Wer kommt am weitesten?	
	Inhalt	Start Schnelligkeit		
	Ver- halten	Fairness		
159	**Tandem**		Die Stäbe liegen in der Halle verstreut: Je zwei Übende laufen als Paar hintereinander (Tandem) kreuz und quer durch die Halle und um die Stäbe herum. Nur so schnell „fahren", dass das Tandem zusammenhält. Leise laufen (Ballenlauf).	
	Inhalt	Ausdauer		
	Ver- halten	Begegnung		
160	**Variation zu Tandem**		• Laufen mit Anheben der Knie, „kräftig in die Pedale treten"! Welches Tandem knarrt denn da? (Trampelt laut). • Die Stäbe überfahren (überlaufen, überspringen, Schlusssprünge, Einbeinsprünge ...). • Welches Tandem überfährt die meisten Hindernisse in 2 Min.? (Das Tandem muss immer zusammenbleiben). Dabei achten auf federnden Absprung und weiche Landung.	
	Inhalt	Laufschulung		
	Ver- halten	Begegnung		
161	**Stocktreibstaffel**		3er- oder 4er-Gruppen, pro Gruppe mind. 3 Stäbe: Einen Stab mit zwei weiteren Stäben auf dem Boden vorwärts (rückwärts) rollen. • Als Umkehrstafette. • Als Pendelstafette.	
	Inhalt	Schnelligkeit Koordination		
	Ver- halten	Nur mit der Ruhe		

1.5 Gymnastikstab

1 Laufen

Nr.	Name der Spielform Ziele/Akzente	Idee/Beschreibung	Hinweise/Organisation
162	**Polonaise**	Zweierkolonne, die Paare nebeneinander tragen jeweils einen Stab. Das hinterste Paar startet, läuft unter allen Toren durch (oder überspringt alle Stäbe) und schließt zuvorderst an. Die Kolonne befindet sich dabei in leichtem Trab. • Tore bilden und unten durchkriechen. • Stäbe 20 bis 30 cm über dem Boden halten: überspringen. • Sprung- und Laufart wechseln.	
Inhalt	Ausdauer		
Verhalten	Stäbe vorsichtig tragen/Rücksicht!		
163	**Hürden-Lauf**	Die Übenden laufen in einer Kolonne (oder zwei kleine Kolonnen), jeder hält seinen Stab rechts gefasst. Auf ein Zeichen kniet der Vorderste nieder und hält den Stab so über dem Boden, dass alle darüberspringen können. Nachdem alle gesprungen sind, ordnet er sich hinten in der Kolonne wieder ein. Auf das nächste Zeichen kniet der neue Führer nieder etc.	
Inhalt	Ausdauer		
Verhalten	Stab ruhig halten (Keine Fallen!)		
164	**Transportstafetten**	Dreier-Gruppen: • A und B halten den Stab, C setzt sich darauf und wird getragen. • C in Rückenlage, Stab in Hochhalte gefasst: A und B ziehen ihn. • C in Bauchlage, Stab in Hochhalte gefasst: A und B ziehen ihn. Stafette: Jeder soll eine Länge getragen bzw. gezogen werden.	
Inhalt	Kraft		
Verhalten	Kooperation		
165	**Stafette zu dritt**	1. A läuft mit dem Stab zur gegenüberliegenden Grundlinie und hält ihn waagerecht. 2. B startet, sobald A dort ist, läuft zu A und knüpft ein Spielband an den Stab. Danach läuft B zurück und übergibt mit Handschlag an C. 3. C läuft zu A knüpft das Band wieder los. 4. A und C laufen gemeinsam bis ins Ziel.	
Inhalt	Schnelligkeit		
Verhalten	Gemeinsam wetteifern		
166	**Ringhockey**	Spielgedanke wie im „Unihoc". Als Schläger dienen Stäbe, den Puck stellt ein Tennisring dar. Tore = zwei umgekippte Langbänke. Der Ring darf nicht über Hüfthöhe geschleudert werden. Bei blockiertem Ring erfolgt Bulli. Nur der Torhüter darf den Ring in die Hand nehmen, muss ihn aber nach 3 Sek. spätestens wieder abspielen. Hoher Stab wird mit Freistoß geahndet.	
Inhalt	Vorb. Unihoc Ausdauer		
Verhalten	Stäbe nie über Kopfhöhe tragen		

1 Laufen 1.6 Spielband

Nr.	Name der Spielform Ziele/Akzente		Idee/Beschreibung	Hinweise/Organisation
167	**Fuchsschwanzjagd**		Mehrere Spieler (3 bis 5) erhalten einen Fuchsschwanz (Bändchen) angehängt und dürfen losrennen. Die anderen zählen dann bis 10 und versuchen, einen Schwanz zu ergattern und damit selbst zum Fuchs zu werden.	
	Inhalt	Schnelligkeit Ausdauer		
	Ver- halten	Fairness		
168	**Schwanzfangen verkehrt**		Gewöhnliches Fangen, aber die Fänger erhalten einen Schwanz (Bändchen im Hosenbund). Wer von den Spielern gefangen wird, muss eine Straf-übung bis zur Erlösung ausführen. Kann ein Spieler einem Fänger den Schwanz entreißen, ohne dabei selbst gefangen zu werden, sind alle wieder (von der Strafübung) erlöst.	
	Inhalt	Schnelligkeit		
	Ver- halten	Helfen		
169	**Hasenjagd**		1 bis 5 Spieler sind Hasen und stecken sich einen Schwanz in den Hosen-bund. Die Jäger versuchen, den Hasen die Schwänze zu entreißen, ohne sie zu berühren. Die Hasen können die Jäger durch Berührung verbannen: Gefangene Jäger werden zu Hasen und holen auch einen Schwanz. Wie lange dauert es, bis alle Jäger Hasen geworden sind bzw. bis alle Hasen ihren Schwanz verloren haben? (Tote Hasen werden zu Jägern).	
	Inhalt	Schnelligkeit Ausdauer		
	Ver- halten	Spielregeln genau einhalten		
170	**Startfangen**		Die Läufer stellen sich auf der Grundlinie auf, ein Fänger steht auf der gegenüberliegenden Seite. Auf Pfiff starten alle: die Läufer rennen zur Gegenseite, der Fänger zu einem auf der 3-m-Linie liegenden Band, das er aufhebt und mit dem er versucht, einen oder mehrere Läufer zu fangen (bevor diese die Linie erreicht haben). Wer gefangen ist, holt ein Band und hilft fangen. Wer überlebt am längsten?	
	Inhalt	Schnelligkeit		
	Ver- halten	Wer ist zuerst Fänger?		
171	**Ausrauben**		Während einer für die Spieler nicht bekannten Zeit versuchen beide Parteien, von der Gegenseite möglichst viele Bändchen (oder andere Gegenstände) zu rauben. Pro Lauf darf nur ein Band mitgenommen werden. • Behinderung des Gegners ist erlaubt. • Behinderung des Gegners ist nicht erlaubt.	
	Inhalt	Schnelligkeit Ausdauer		
	Ver- halten	Behindern ja, aber fair!		

1.6 Spielband   1 Laufen

Nr.	Name der Spielform / Ziele/Akzente	Idee/Beschreibung	Hinweise/Organisation
172	**Jäger und Hase (Variation)**	Die Jäger verteilen sich in der oberen Hallenhälfte zwischen Mittel- und Grundlinie. Die Hasen starten bei der Sprossenwand, jeder mit einem Spielband, und versuchen, eine Runde (um die Pfosten, zur Wand hinter den Jägern und zurück zur Sprossenwand) zu laufen, ohne von den Jägern, welche einen (oder 2) Ball (Bälle) haben, getroffen zu werden. Jeder nicht getroffene Hase darf danach sein Spielband auf die unterste Sprosse hängen. Jeder weitere gelungene Lauf erlaubt dem Hasen, sein Spielband eine Sprosse höher zu hängen. (Wer getroffen wird, läuft die Runde fertig, aber lässt das Band wo es ist). Welcher Hase hat sein Spielband zuerst auf der obersten Sprosse? • Die ganze Hasengruppe muss versuchen, in möglichst kurzer Zeit 5 Bändchen auf der obersten Sprosse zu haben. Welche Hasen brauchten nach Rollenwechsel weniger lang dafür? (Dabei läuft jeder Hase für sich 1 Runde = 1 Sprosse).	
Inhalt	Ausdauer		
Verhalten	Taktik		
173	**Mücken – Jäger – Schwalben**	3 Gruppen. Mit je einer anderen Bändelfarbe. Die Mücken jagen die Jäger, diese jagen Schwalben und diese wieder die Mücken. Gefangene geben ihren Bändel dem Fänger und scheiden aus (oder machen eine Zusatzaufgabe). Welche Gruppe hat zum Schluss noch Bändel?	
Inhalt	Schnelligkeitsausdauer		
Verhalten	Spielübersicht		
174	**Glucke und Geier**	3 bis 5 Spieler stehen hintereinander und fassen sich um die Hüfte (= Glucke). Der hinterste Spieler hat ein Band im Hosenbund, der vorderste breitet die Arme aus. Vor der Glucke steht der Geier. Er versucht, durch kluges Laufen und Täuschen der Glucke den Schwanz zu entreißen. • Es gibt keinen Geier. Die Glucken versuchen, sich gegenseitig den Schwanz zu entreißen.	
Inhalt	Schnelligkeitsausdauer		
Verhalten	In der Gruppe mitdenken		
175	**Bändelfangen**	Ein Fänger versucht, einen Verfolgten mit dem Spielband zu treffen. Gelingt dies, lässt er das Band fallen. Der Getroffene ergreift das Band und wird neuer Fänger. • Mit mehreren Fängern, evtl. in 2 Spielfeldern.	
Inhalt	Schnelligkeit (Aktion/Reaktion)		
Verhalten	Fair spielen … Fair verlieren …		

1 Laufen 1.7 Langbank

Nr.	Name der Spielform Ziele/Akzente		Idee/Beschreibung	Hinweise/Organisation
176	**Fangen um die Langbank**		Fangspiel rund um eine Bank in kleineren Gruppen. Es darf in beiden Richtungen gelaufen werden, aber man darf sich nicht von der Bank entfernen. Die Bank darf nicht übersprungen werden. • Die Bank darf nur von den Fängern übersprungen werden. • Die Bank darf von allen übersprungen werden.	
	Inhalt	Schnelligkeit Sprunggewandtheit		
	Verhalten	Spielregeln einhalten!		
177	**Königstransport**		4er- oder 5er-Gruppen: Welche Gruppe hat zuerst jedes Gruppenmitglied eine Runde (eine Hallenlänge) auf der Bank getragen? Vorsicht! Trotz Zeitdruck.	
	Inhalt	Kraft		
	Verhalten	Kooperation		
178	**Planet-Umkreisung**		3er- oder 6er-Gruppen: Sitz gruppenweise hintereinander auf der Langbank. Auf Kommando laufen alle nach vorne weg, umkreisen 1x, 2x, 3x ihren „Planeten" (= Langbank) und steigen mit gegrätschten Beinen wieder nach vorne in den Sitz.	
	Inhalt	Schnelligkeit		
	Verhalten	Begegnung		
179	**Kreuzstafette**		Gruppenweise auf einer Langbank sitzend: Je die Hintersten laufen um alle vier Langbänke herum und übergeben dem Nächsten das Spielband (und setzten sich zuvorderst auf die Bank). • Als Übergabe- oder Abholstafette. • Die ganze Gruppe hat gemeinsam 1, 2 ... Runden zurückzulegen. • Als Nummernwettlauf.	
	Inhalt	Schnelligkeit		
	Verhalten	Begegnung		
180	**Platzwechsel einfach**		2 Gruppen stehen sich jeweils auf einer Bank gegenüber. Auf Signal müssen die Plätze getauscht werden (immer li/re herum). • Beim Wechsel eine Aufgabe ausführen: Liegestütz, Drehung, Partner Hände schütteln, auf Rücken klopfen, etc. • Best. Stellung auf der Zielbank einnehmen: knien, Einbeinstand, Huckepack, etc.	
	Inhalt	Schnelligkeit		
	Verhalten	Konzentration		

1.7 Langbank

1 Laufen

Nr.	Name der Spielform Ziele/Akzente	Idee/Beschreibung	Hinweise/Organisation
181	**Doppel-Hindernis**	Freies Laufen und Springen um und über die Langbänke. Auf Musikstopp müssen alle auf einer Schmalkante verharren bis die Musik weiterläuft. • „Bock"-Springen über einen Kameraden, der in Grätschstellung auf der Schwebekante steht (schwierig!). • Einen Spieler, welcher in Bankstellung über der Langbank kniet, auf der Schmalkante übersteigen.	
Inhalt	Ausdauer Koordination		
Ver- halten	Gegenseitig Rücksicht nehmen!		
182	**Platzwechsel**	Die Übenden stehen auf vier Bänken. Auf ein Zeichen hin werden die Plätze gewechselt. • Alle Gruppen wechseln zur rechten nächsten Bank (verschiedene Gangarten). • Alle machen eine Rechtswendung, laufen in dieser Richtung um das Viereck und stellen sich auf ihrer Bank wieder auf. • Zwei gegenüberstehende Gruppen wechseln ihre Plätze mögl. schnell.	
Inhalt	Schnelligkeit		
Ver- halten	Begegnung Rücksicht		
183	**Variation Platzwechsel**	• Von der Bank nach hinten herunterspringen, die Äußersten heben die Bank an, die anderen kriechen untendurch, und alle nehmen wieder Aufstellung wie vorher. • Von der Bank nach vorne herunterspringen, die Äußersten heben die Bank an, die anderen kriechen untendurch nach hinten, jetzt wird die Bank abgestellt, alle springen darüber, laufen zur anderen Seite und nehmen auf der anderen Bank in Linie Aufstellung.	
Inhalt	Schnelligkeit Kraft		
Ver- halten	Kooperation		
184	**Sprungschulung mit Langbänken**	• Die Medizinbälle auf den Bänken überspringen und auch den Graben zwischen den beiden Bänken. • Anlauf schräg zur Langbank und die Medizinbälle mit Scherprüngen überwinden. • Im Huckepack und in der Schubkarre über die Bänke gehen. • Rhythmisches Überspringen (z. B. 3-Schritt-Rhythmus), auch mit Hock-Schlusssprüngen. • Überlaufen und Überspringen der Langbänke in verschiedenen Sprungrhythmen. • Überspringen von zwei aufeinandergestellten Langbänken (Achtung). • Hürdenlauf-ähnliches Überlaufen der Langbänke, Nachziehbein über die Medizinbälle führen. • Hockwenden, Rad sw über die Langbänke und Medizinbälle.	
Inhalt	Allgemeine Sprungschulung		
Ver- halten	Fröhliches Training in der Gruppe		

1 Laufen 1.7 Langbank

Nr.	Name der Spielform Ziele/Akzente	Idee/Beschreibung	Hinweise/Organisation
185	**Langbankfangen**	3 bis 4 Fänger liegen bei der Hallenwand auf dem Bauch. Die Spieler verteilen sich im Feld. Fänger 1 startet und fängt möglichst rasch einen Spieler. Sobald er jemanden erwischt hat, startet Fänger 2, Fänger 1 wird Spieler. Der von Fänger 1 Gefangene legt sich nun bei Fänger 3 auf den Boden und wartet, bis er zum Fänger wird. Die Bänke dürfen nicht übersprungen werden. • Oder nur die Fänger dürfen über die Bänke.	
Inhalt	Schnelligkeit		
Ver-halten	Spielregeln einhalten!		
186	**Verfolgungs-dribbling**	A und B starten gegenüber und dribbeln in gleicher Richtung um die Langbank herum. Wer holt wen ein? Richtungswechsel nach einer Minute oder in kurzen, unregelmäßigen, vom Lehrer bekanntgegebenen Abständen. • Abstände selber bestimmen.	
Inhalt	Dribbling Schnelligkeit		
Ver-halten	Spielregeln einhalten!		
187	**Slalom-Varianten**	4 bis 5 Langbänke werden in regelmäßigen Abständen quer in die Halle gestellt. Die Schüler laufen in einer Kolonne, jeder mit seinem Ball: • Laufen im Slalom um die Langbänke mit Prellen. • Slalom-Laufen auf den Bänken, den Ball auf einer Seite auf dem Boden prellen. • Laufen auf der Bank, den Ball auf der Bank prellen.	
Inhalt	Ausdauer Ballgeschicklichkeit		
Ver-halten	Gegenseitig Rücksicht nehmen		
188	**Bank-Hindernisläufe**	Die Spieler stehen in Linie zu einem Glied auf der Turnhallenbreitseite. Auf der gegenüberliegenden Seite steht vor jeder Gruppe eine Bank quer. Auf ein Zeichen laufen die Gruppen los. Bei der Bank heben die Äußeren die Bank hoch, die Übrigen kriechen unten durch, die Bank wird abgesetzt und alle laufen wieder zurück hinter die Linie.	
Inhalt	Schnelligkeit		
Ver-halten	Kooperation		
189	**Langbank-Bahn**	• Vw/rw/sw/schräg / über die Langbänke laufen. • 1x überspringen, 1x unterkriechen. • Zwischen den LB eine Drehung rechts, auf den LB eine Drehung links herum. • Zw. jeder LB eine andere Gangart, keine Wiederholungen. • Zu zweit, A macht vor, B imitiert so genau wie möglich. • A macht vor, alle machen nach, keine Wiederholungen.	
Inhalt	Ausdauer Bewegungsvielfalt		
Ver-halten	Fantasie		

1.8 Sprossenwand — 1 Laufen

Nr.	Name der Spielform / Ziele/Akzente	Idee/Beschreibung	Hinweise/Organisation
190	**Affe und Panter**	Der Panter liegt ca. 5 m vor der Kletterstange, der Affe steht davor: Auf Pfiff klettert der Affe so schnell wie möglich in die Höhe, der Partner sprintet zur Kletterstange und versucht, den davonkletternden Affen noch zu berühren. Rollenwechsel. Wer macht mehr Fänge?	
Inhalt	Klettern, Schnelligkeit		
Verhalten	Vorsicht auf die Hände des „Panters"		
191	**Stafette mit Sprossenwand**	3er- bis 5er-Gruppen. Parallel zu der Sprossenwand stehen Langbänke im Abstand von 10 bis 15 m. Die Gruppen stehen hinter der Langbank je vor einer Sprossenwand: Die ersten jeder Gruppe starten, springen über die Langbank und hängen ein Spielband auf die unterste Sprosse. Zurücklaufen, unten durchkriechen und übergeben. Bei welcher Gruppe hängt das Band zuerst auf der obersten Sprosse? (Band pro Lauf eine Sprosse höher hängen).	
Inhalt	Schnelligkeit, Koordination		
Verhalten	Nicht zu früh starten!		
192	**Bänder-Wettlauf**	2er- bis 4er-Gruppen, pro Gruppe ein Spielband auf der untersten Sprosse. Pro gelaufene Runde darf jeder der Gruppe das Band eine Sprosse höher hängen. Welche Gruppe hat ihr Band zuerst zuoberst? • In jeder Runde muss bis zur Marke A oder B geklettert werden. Marke A = Band 1 Sprosse höher hängen; Marke B = 2 Sprossen. Jeder entscheidet selbst, ob er bis zu Marke 2 klettern will oder lieber eine Runde mehr läuft.	
Inhalt	Ausdauer		
Verhalten	Taktik		
193	**Kniehebe-Lauf**	2 Schüler pro Srossenwandteil laufen am Ort. Nach jedem Schritt muss die 2. (3./4./5.) Sprosse mit dem anderen Fuß angetippt werden. Wer hat zuerst 20 Berührungen?	
Inhalt	Kraftausdauer der Beine		
Verhalten	Spielregeln genau einhalten!		
194	**Wechselschritt**	Der erste Schritt (rechtes Bein) geht auf die 3. (4./5./6.) Sprosse, der zweite Schritt (linker Fuß) geht auch auf die gleiche Höhe. Der rechte Fuß berührt wieder den Boden; dann der linke, usw. Fortgesetzt. • Als Rhythmusübung. • Als Wettbewerb.	
Inhalt	Koordination		
Verhalten	Konzentration		

1 Laufen 1.9 Geräte

Nr.	Name der Spielform Ziele/Akzente		Idee/Beschreibung	Hinweise/Organisation
195	**Purzelbaum-Stafette**		3er-Gruppen, vor jeder Gruppe liegen zwei Matten mit einem Abstand von 10 bis 20 m: Rolle vorwärts, laufen um den Pfosten, Rolle rückwärts, zurücklaufen und das Spielband dem Nächsten übergeben. Welche Gruppe hat zuerst 3 Durchgänge?	
	Inhalt	Schnelligkeit Koordination		
	Verhalten	Technisch saubere Rollen ausführen		
196	**Trockene Füße**		2er- oder 3er-Gruppen: Jede Gruppe hat zwei Matten, welche über eine bestimmte Distanz transportiert werden müssen. Dabei darf kein Gruppenmitglied den Boden berühren.	
	Inhalt	Kraft		
	Verhalten	Kooperation		
197	**Mattenfußball**		Gruppe A spielt gegen Gruppe B Fußball. Jede Gruppe hat zwei Matten mit je einem Torhüter darauf. Die Matten dürfen von den übrigen Spielern nicht berührt werden. Ziel des Spiels ist es, dem eigenen Torwart den Ball so zuzuspielen, dass der ihn auf der Matte fangen kann. Nach Torerfolg gibt es Anstoß an der Mittellinie. • Es wird mit zwei Bällen gespielt.	MATTEN
	Inhalt	Fußball Ausdauer		
	Verhalten	Taktik		
198	**Matten-Fußschnappball**		Zwei Manschaften, ein Ball: Jede Mannschaft versucht, den Ball zu behalten und Tore zu erzielen, d. h., einem Mitspieler, der mit mind. einem Fuß auf einer Matte steht, den Ball zuzuspielen. Der Ball muss auf der Matte gestoppt werden können. • Mit Werfen und Fangen (3 bis 5 Matten, welche für beide Mannschaften als Tore benutzt werden dürfen).	
	Inhalt	Ballgeschicklichkeit		
	Verhalten	Taktik		
199	**Mattenfußball/Mattenhandball**		Zwei oder drei Mannschaften: Als Tore dienen gegen die Wand gelehnte Matten. Gruppe A spielt gegen Gruppe B Fußball (Handball). Gruppe C bewacht die „Tore". Spiel mit drei Mannschaften: Wird ein Tor erzielt, wechseln alle Torhüter ins Feld, die Feldpartei, welche das Tor erhalten hat, wird zu Torhütern.	
	Inhalt	Ausdauer Reaktion		
	Verhalten	Taktik		

1.9 Geräte

Nr.	Name der Spielform Ziele/Akzente	Idee/Beschreibung	Hinweise/Organisation
200	**Rollen-Wechselspiel**	Spiel mit zwei Mannschaften: Jede Mannschaft stellt 3 (4) Feldspieler und ebenso viele Torwarte. Wird ein Tor erzielt, wechseln alle Feldspieler der anderen Partei in ihre Tore und die Torhüter werden zu Feldspielern (Fußball- oder Handballregeln). • Es gibt mehr Tore als Feldspieler, d. h., die Torhüter müssen sich verschieben. • Es wird mit 2 Bällen gespielt.	
Inhalt	Reaktion Ausdauer		
Verhalten	Taktik		
201	**Mattenfangen**	2 bis 3 Fänger versuchen, die anderen zu fangen. Die Hasen haben die Zusatzaufgabe, ein bis zwei dicke Matten (oder 5 bis 10 dünne Matten) aufrecht zu halten. Fällt eine Matte um, haben die Fänger gewonnen. Wer gefangen ist, wird zum Fänger.	
Inhalt	Ausdauer		
Verhalten	Kooperation		
202	**Mattenschieber**	Eine dicke Matte liegt in der Hallenmitte und soll über die gegnerische 3-m-Linie (oder Grundlinie) getrieben werden. Die zwei Gruppen stehen sich diagonal gegenüber. Es starten abwechslungsweise einer (zwei) von Gruppe A, dann einer von Gruppe B. Durch weite Sprünge (Sitzlandung) auf die Matte (glatte Seite nach unten) soll diese verschoben werden.	
Inhalt	Sprungkraft		
Verhalten	Erlebnis		
203	**Mattenschieber Variation**	2 bis 3 Gruppen (je nach Anzahl vorhandener dicker Matten): Die ersten beiden jeder Gruppe starten und springen so auf die Matte, dass sie möglichst weit in Richtung andere Wand rutscht. Ist die Matte zum Stillstand gekommen, laufen die beiden zurück zur Gruppe. Die nächsten beiden starten und bewegen die Matte durch ihren Hecht weiter dem Ziel entgegen. Welche Gruppe hat ihre Matte zuerst über der Linie?	
Inhalt	Sprungkraft		
Verhalten	Erlebnis		
204	**Mattenfangen**	Jedes Paar hat eine Matte mitzutragen. Im Übrigen wie gewöhnliches Fangen. Gefangene werden zu Fängern.	
Inhalt	Kraftausdauer		
Verhalten	Kooperation		

1 Laufen

1 Laufen 1.9 Geräte

Nr.	Name der Spielform / Ziele/Akzente	Idee/Beschreibung	Hinweise/Organisation
205 Inhalt: Geschicklichkeit Verhalten: Erlebnis	**Rettender Sprung**	Fangen, 3 bis 4 Fänger. Verfolgte können sich durch einen Sprung auf die dicke Matte (evtl. Hochsprungmatte mit niedrig gespanntem Seil) retten. Auf der Matte darf jeweils nur ein Spieler sein. Verfolgte haben „Vortritt" auf der Matte, d. h., die Matte soll sofort wieder freigegeben werden.	
206 Inhalt: Schnelligkeit Verhalten: Helfen	**Ausbrecher-Fangen**	2 bis 4 Fänger (Wächter) versuchen, die anderen zu fangen. Wer gefangen wird, muss sich auf die dicke Matte (Hochsprungmatte) setzen. Die Freien dürfen die Gefangenen durch Berühren befreien. Gelingt es den Fängern, alle Spieler gefangenzunehmen? Wie viele Fänger sind nötig, um in 5 Min. alle Spieler gefangenzunehmen?	
207 Inhalt: Orientierung Verhalten: Vertrauen Verantwortung	**Blinder Bob-Passagier**	A ist Pilot, B der blinde Passagier und lässt sich von A auf der Piste umherführen. • Der blinde Passagier versucht laufend zu sagen, wo er sich jetzt gerade befindet.	
208 Inhalt: Schnelligkeit Verhalten: Kooperation Reaktion	**Bobfahren**	Zu zweit hintereinander in einem Kastenteil: laufen, stoppen, anfahren, aussteigen und die Kufen kontrollieren (= 1 Runde um den Kasten) etc. Auf verschiedene Signale. Z. B.: • Laufen zum Tamburin. • 1 Schlag = Bob in die Hochhalte heben. • 2 Schläge = 1 Runde um den Bob drehen. • Tamburin schweigt = sofort stoppen.	
209 Inhalt: Koordination Verhalten: Kooperation Reaktion	**Bob-Tandem**	• Zwei Bobs laufen als Herr und Hund hintereinander her und führen die gleichen Aufgaben aus. • 1 Schlag = Bob A ist Herr, 2 Schläge = Bob B ist Herr, 3 Schläge = die Bobs werden getauscht. • Bobrennen um Pfosten und über leichte Hindernisse. • etc.	

1.9 Geräte

1 Laufen

Nr.	Name der Spielform Ziele/Akzente	Idee/Beschreibung	Hinweise/Organisation
210	**Bob-Staffel-Rennen**	Zu zweit mit einem Kastenteil hinter der Grundlinie. Auf Pfiff startet A im Bob, läuft bis zur 1. Linie des Volleyballfeldes, steigt aus und läuft zu B zurück. B startet zum Bob, fährt darin bis zur 2. Linie und läuft zu A zurück etc. Welcher Bob steht zuerst auf der gegenüberliegenden Grundlinie? (Auch mit mehreren Durchgängen hintereinander, z. B. über 3 Längen).	
Inhalt	Schnelligkeit		
Ver-halten	Kooperation		
211	**Linienlauf mit Kufenkontrolle**	Die Paare starten im Bob an der Hallenstirnseite, Ziel ist die gegenüberliegende Grundlinie. An jeder Linie des Volleyballfeldes aussteigen, den Bob einmal umkreisen, einsteigen und zur nächsten Linie fahren. • Zwei Bobs bilden eine Mannschaft. An jeder Linie muss die Besatzung aussteigen und in den Partnerbob umsteigen. Welche Gruppe, welches Paar ist zuerst?	
Inhalt	Schnelligkeit		
Ver-halten	Kooperation		
212	**Le Mans-Rennen**	Paarweise in Bauchlage an der Grundlinie. Pro Paar steht ein „Bus" (= Kastenteil) auf der anderen Seite. A startet zum Bus und fährt ihn zu B zurück. B steigt ein und beide fahren hin und zurück. Danach bringt B den Bus alleine zurück und läuft zu A. Welches Paar ist zuerst fertig?	
Inhalt	Schnelligkeit		
Ver-halten	Kooperation Taktik		
213	**Kastentreppe**	Rundlaufbetrieb: Mit kräftigen Laufsprüngen von Kasten zu Kasten. Kräftiger Abdruck vom obersten Kasten zum Weitsprung in die dicke Matte (oder weiche Landung auf der dünnen Matte). • Abwechslungsweise von einem höheren und einem niedrigeren Kasten abstoßen. Rhythmus: Ta-dam, ta-dam. • Verschiedene Aufgaben nach der (weichen) Landung: Rolle vw, Strecksprung, ½ Drehung + Rolle rw + ½ Drehung, etc. • Letzten Kasten überspringen. • Auch mit dem anderen Bein versuchen.	
Inhalt	Sprungschulung Rhythmus		
Ver-halten	Fröhliches Training in der Gruppe		

1 Laufen

1.9 Geräte

Nr.	Name der Spielform Ziele/Akzente	Idee/Beschreibung	Hinweise/Organisation
214	**Sprung- und Laufschulung** Inhalt: Kraftausdauer Beine Verhalten: Fröhliches Gruppentraining	Die kleinen Kästen werden in regelmäßigen Abständen auf zwei Bahnen verteilt: • Rundlauf über die Kästen. • Slalomlauf um die Kästen. • Schrittsprünge von Kasten zu Kasten. • Steigsprünge über die Kästen. • Überspringen der Kästen im Slalomlauf. • Rhythmusschulung: (Abstand 4 bis 5 m); 3er-, 5er-Rhythmus zwischen den Kästen.	
215	**Rette sich wer kann** Inhalt: Schnelligkeitsausdauer Verhalten: Helfen Spaß	2 bis 4 Fänger verfolgen die anderen. Abgetupfte Spieler fassen den Fänger an der Hand. Nur die beiden äußersten Glieder der Fängerkette dürfen fangen. In der Halle stehen Kästen als Rettungsinseln bereit. Sobald eine Viererkette ein 5. Glied abtupft, rufen diese fünf Spieler laut: „Rette sich wer kann!" Bei diesem Ruf lösten sich alle Fängerketten auf, und jeder versucht, ob Fänger oder Freier, auf einer Insel Platz zu finden. Auf jeder Rettungsinsel dürfen aber nur 5 Spieler stehen, die sich gegenseitig helfen und halten, damit keiner herunterfällt. Die 2 bis 4 Spieler, die keinen Platz mehr finden auf den Inseln, werden die neuen Fänger. (Anzahl Spieler, die auf einer Insel Platz haben, den vorhandenen Kästen anpassen.)	
216	**Start zum Autorennen** Inhalt: Koordination Schnelligkeit Verhalten: Regeln einhalten	a) Je zwei Kastenelemente im Abstand von ca. 6 m gegenüber, neben jedem Kasten steht ein Läuferpaar. A und C starten zum anderen Kasten, berühren ihn (z. B. mit dem Gesäß) und laufen zum eigenen Kasten zurück. Danach laufen B und D ebenso. Welche 4er-Gruppe hat zuerst 10 Läufe? • Auch mit Umkreisen des Kastens oder Lauf im Seitgalopp. b) Seitgalopp und bei jedem Kasten kurz absitzen.	

1.9 Geräte

1 Laufen

Nr.	Name der Spielform Ziele/Akzente	Idee/Beschreibung	Hinweise/Organisation
217	**Geräte-Fangen**	Fangen mit 3 bis 4 markierten Fängern. Wer gefangen ist, muss beim nächstgelegenen Gerät hangen, stützen … Freie Spieler können die „Verbannten" durch Berühren befreien. Können die Fänger alle Spieler verbannen?	
Inhalt	Schnelligkeit Kraft		
Ver- halten	Helfen		
218	**Kastendeckel- rennen**	4er-Gruppen mit je einem Kastendeckel und 5 Gymnasitkstäben: Der Kastendeckel wird umgedreht und auf einige Stäbe gelegt. Ein Schüler setzt sich in diesen „Wagen", einer schiebt ihn an, die anderen zwei legen die freien Stäbe immer wieder vorne unter den Kasten, so dass das Gefährt nie stoppt oder den Boden berührt. Stafettenform.	
Inhalt	Erlebnis		
Ver- halten	Kooperation Spaß		
219	**Fangen mit Freimal**	Fangen mit 1 bis 4 markierten Fängern. Verfolgte Spieler können sich auf ein Freimal retten. (Je nachdem, was im Hauptteil gebraucht wird, nimmt man Matten, Pferd, Langbank etc. als Freimal.) Auf jedem Freimal darf höchstens ein Spieler stehen. Verfolger haben „Vortritt" auf dem Freimal. Stehen plötzlich zwei Läufer auf demselben Freimal, so wird derjenige Fänger, welcher schon länger oben war.	
Inhalt	Schnelligkeit Ausdauer		
Ver- halten	Voraussicht		
220	**Platz suchen**	Diverse Geräte (oder Matten) werden in einem möglichst großen Kreis aufgestellt. Auf jedem Gerät sitzen, stehen, hangen zwei Spieler. In der Mitte stehen 2 bis 3 Spieler ohne Gerät. Auf Signal müssen alle ihr Gerät verlassen und ein anderes besetzen. Wer als letzter ohne Gerät übrig bleibt, kommt in die Mitte. Das benachbarte Gerät darf nicht besetzt werden. Im Freien: Größere Distanzen; mit Malstäben.	
Inhalt	Schnelligkeit Reaktion		
Ver- halten	Gegenseitig Rücksicht nehmen		
221	**Platz suchen verkehrt**	Alle Spieler liegen im Mittelkreis in Bauchlage, die Füße berühren die Kreislinie. Auf Signal versuchen alle, ein Gerät zu erobern, wobei pro Gerät nur zwei Schüler Platz haben. Wer kein Gerät mehr erwischt, verweilt ein Leben lang oder macht eine Strafübung. (Oder: Wer ein Gerät erwischt, erhält einen Punkt. Wer holt am meisten Punkte?).	
Inhalt	Schnelligkeit Reaktion		
Ver- halten	Gegenseitig Rücksicht nehmen		

1 Laufen 1.9 Geräte

Nr.	Name der Spielform Ziele/Akzente		Idee/Beschreibung	Hinweise/Organisation
222	Wasser und Feuer		Die im Hauptteil verwendeten Geräte stehen aufgestellt in der Halle (möglichst verstreut). Freies Laufen. Auf Zuruf des Leiters muss die entsprechende Aufgabe möglichst rasch erfüllt werden. Z. B.: • „Feuer" = Alle legen sich auf den Bauch. • „Wasser" = Alle bringen sich auf einem Gerät in Sicherheit. • „Nordpol" = Zur entsprechenden Hallenwand laufen. (Südpol) • „Hochwasser" = Nur besonders hohe Geräte bieten Schutz. • Etc. • Mit verschiedenen Fortbewegungsarten. • Der zuletzt Ankommende muss jeweils eine Strafübung ausführen. • Die Kommandos müssen in Kleingruppen mit Handfassung ausgeführt werden.	DIV. GERÄTE "FEUER" = Alle legen sich auf den Bauch "WASSER" = Alle bringen sich auf einem Gerät in Sicherheit "NORDPOL" (SÜDPOL) = Zur entsprechenden Hallenwand laufen. "STURM" = In eine Ecke laufen oder unter ein Gerät kriechen "HOCHWASSER" = Nur besonders hohe Geräte bieten Schutz ETC.
	Inhalt	Reaktion		
	Ver- halten	Fröhliches Tummeln an Geräten		
223	Platzwechsel		Die ganze Gruppe sitzt auf dem unteren Holm. Auf ein Signal laufen alle 4x um ihren Barren und setzen sich wieder auf den unteren Holm. Welche Gruppe ist zuerst? • Wie oben, aber der Boden darf nicht mehr berührt werden! • Der obere Holm darf nur noch mit den Händen, der untere Holm nur noch mit den Füssen berührt werden! • Es darf nur noch ein Holm aufs Mal berührt werden! Gegenseitige Hilfe! (Nicht das Tempo ist wichtig, sondern die Qualität der Zusammenarbeit).	
	Inhalt	Koordination		
	Ver- halten	Helfen Rücksicht		
224	Pirateninsel		2 Gruppen (Piraten und Seefahrer), in der Hallenmitte eine Weichmatte (Pirateninsel). Die Piraten postieren sich um die Pirateninsel um sie (mit den Gefangenen) zu bewachen und gleichzeitig andere Seeleute zu fangen. Wer von den Seeleuten gefangen wird, kommt auf die Insel. Freie Seeleute können Gefangene durch Handschlag befreien. Schaffen es die Piraten alle Seeleute gefangen zu nehmen? Evtl. Spielfeld einschränken.	
	Inhalt	Schnelligkeit		
	Ver- halten	Helfen		
225	Alle im gleichen Boot		2 Gruppen mit je einer Weichmatte. Stafettenform. • Start auf der Matte sitzend, laufen zur Wand und wieder zurück. • Dito, aber alle unter der Matte starten und landen. • Matte hochkant schieben, alle müssen hinter der Matte versteckt sein. • Mattentransport, aber ohne Hände zur Sprossenwand, Ziel: alle sitzen zum Schluss auf der Sprossenwand.	
	Inhalt	Schnelligkeit Kraft		
	Ver- halten	Kooperation		

1.10 Zauberschnur

1 Laufen

Nr.	Name der Spielform Ziele/Akzente	Idee/Beschreibung	Hinweise/Organisation
226	**Endloskette**	Die Schüler bilden 2 oder 3 Schlangen und halten sich pro Schlange an einer Zauberschnur fest. Die Schlangen traben langsam (!) durch die Halle. Auf Pfiff spurtet der Hinterste nach vorne und wird zum neuen Führer. • Das Seil hochheben und Slalom um die Läufer und unter dem Seil durch nach vorne. • Seil kniehoch tragen: Slalom und über das Seil hüpfen.	
Inhalt	Ausdauer Schnelligkeit		
Ver- halten	Gegenseitig Rücksicht nehmen!		
227	**Zirkuspferde**	Zwei Zauberschnüre werden mit Hilfe eines Pferdes zu einem Kreuz gespannt: Laufen im Kreis mit Überspringen/Unten durchkriechen. • Rhythmusschulung: 3er-, 5er-Rhythmus. Bemerkung: Gleichzeitig hat man so die Halle in 4 Feldern eingeteilt: Kleine Spiele in mehreren Feldern; Feldwechsel: Wer ist zuerst im gegenüberliegenden Feld? Erschwerte Fangenform etc.	
Inhalt	Sprungschulung Rhythmus		
Ver- halten	Das Seil nicht berühren!!!		
228	**Verzaubern**	Ein Zauberkreis (= Zauberschnur im Kreis) liegt in der Mitte auf dem Boden. 3 bis 5 Fänger mit Spielband. Vor dem Gefangenwerden kann man sich durch einen Sprung in den Zauberkreis retten, ist dann aber verzaubert und muss im Kreis bleiben. Durch einen Handschlag eines freien Spielers kann man wieder erlöst werden. Wer gefangen wird, löst den Fänger ab.	
Inhalt	Schnelligkeit		
Ver- halten	Helfen		
229	**Variation Glucke und Geier**	Aufstellung und Spielgedanke wie im Grundspiel, aber die Spieler halten sich an einer Zauberschnur. • Eine Riesenschlage versucht, sich selbst in den Schwanz zu beißen. • Ein freier Wagen versucht, sich einem „Zug" anzuhängen, der Zug versucht, dies zu verhindern. • Geier jagt den Schwanz der Glucke. Etc.	
Inhalt	Schnelligkeit		
Ver- halten	Kooperation		
230	**Kreisfangen**	4 bis 8 Spieler bilden einen möglichst großen Kreis und halten mit beiden Händen das Rundseil. Ein Fänger steht in der Mitte des Kreises und versucht, die Seilhaltenden zu fangen. Diese dürfen, wenn sie angegriffen werden, das Seil loslassen. Die anderen am Seil sorgen dafür, dass das Seil nie den Boden berührt. Der Fänger wird ausgewechselt, wenn er einen Kreisspieler fängt oder wenn das Seil den Boden berührt.	
Inhalt	Schnelligkeit (Aktion/Reaktion)		
Ver- halten	Kooperation Taktik		

1 Laufen 1.11 Malstab

Nr.	Name der Spielform / Ziele/Akzente	Idee/Beschreibung	Hinweise/Organisation
231	**Malstab-Fangen** Inhalt: Schnelligkeit Verhalten: Taktik	Gewöhnliches Fangen mit 3 bis 5 markierten Fängern. Wer sich an einem Malstab hält, kann nicht gefangen werden (3 bis 5 Malstäbe in der Halle verteilt). Die Malstäbe dürfen höchstens von je einem Spieler besetzt sein. Wenn ein zweiter Spieler den Malstab besetzt, muss der erste weg. • Mit Reifen oder Matten möglich.	
232	**Füchse und Jäger** Inhalt: Schnelligkeit Verhalten: Taktik	Zwei gleich große Parteien (Füchse und Jäger) stehen sich gegenüber auf den Grundlinien. Im Mittelkreis stehen drei Malstäbe (oder Keulen) als Gänse. Die Füchse versuchen, die Gänse zu holen (Malstäbe umwerfen). Die Jäger fangen die Füchse (durch berühren) ein. Gefangene Füchse lösen bis Spielende eine Ersatzaufgabe. Wenn alle Malstäbe umgeworfen sind, haben die Füchse gewonnen, sind alle Füchse gefangen, die Jäger.	
233	**Dribbling gegen Torwart** Inhalt: Torschuss, Schnelligkeit Verhalten: Spielnahe Situation üben	Zwei Parteien stellen sich je hinter einer Slalomstrecke nebeneinander auf. Auf Pfiff starten die beiden Vordersten, A als Stürmer mit Ball, B als Torwart ohne Ball. Der Torwart versucht, so schnell zu laufen, dass er noch rechtzeitig das Tor erreicht, um gegen den vom Ende der Slalomstrecke abgeschlossenen Ball des Stürmers reagieren zu können. Welche Mannschaft erzielt die meisten Tore? (Fußball, Handball).	
234	**Anfängerstafette** Inhalt: Ausdauer Verhalten: Miteinander wetteifern	A) Lauf um die Gruppe und um den Malstab und den nächsten Läufer mitnehmen. B) Kreuz-Anhängstaffel: Jeweils der hinterste Läufer wird mitgenommen. C) Kreuz-Anhängstaffel mit Langbänken. Form 1: Laufen, bis alle „Wagen" angehängt haben und wieder abgeladen sind. Form 2: A läuft alleine, holt B und hängt ab, während B C mitnimmt. (Jeder läuft 2x).	
235	**Jagdfangen** Inhalt: Schnelligkeitsausdauer Verhalten: Eigene Mannschafts-Taktik erproben	Abgesteckte Runde. Bei jedem Malstab startet ein Schüler. Jeder versucht, seinen Vordermann einzuholen und zu fangen und passt auf, dass der Hintermann ihn nicht erwischt. Wer zuerst fängt, ist Sieger. • Es kann auch in kleinen Gruppen gelaufen werden. Welches Team fängt ein anderes?	

1.11 Malstab 1 Laufen

Nr.	Name der Spielform / Ziele/Akzente	Idee/Beschreibung	Hinweise/Organisation
236 Inhalt / Verhalten	**Treppensteigen** / Schnelligkeit, Ausdauer / Fröhlicher Wettstreit	Zwei Kolonnen, jeder Spieler mit einem Ball: Auf Pfiff umlaufen die zwei Vordersten jeden Malstab und kehren immer wieder zur Mittellinie zurück (dribbeln). Welcher schafft die Treppe am schnellsten? • Ausdauer: Die Paare starten kurz hintereinander. Wie viele Durchgänge schafft die Gruppe in 5 Min.? • Verfolgungslauf: Wer holt den Vorderen ein?	
237 Inhalt / Verhalten	**Abzähl-Lauf** / Ausdauer / Tempogefühl	Ausgestecktes Quadrat: 1. Die ganze Klasse läuft 2 Min. lang im Uhrzeigersinn um die Pfosten und zählt jeden Malstab, an dem sie vorbeiläuft. 2. Nach 2 Min. erfolgt ohne Pause Richtungswechsel: Die Schüler laufen 2 Min. im Gegenuhrzeigersinn und zählen alle Pfosten rw ab. Wer läuft so regelmäßig, dass er nach diesen 4 Min. wieder bei 0 ankommt (mitzählen)?	
238 Inhalt / Verhalten	**Dreiecksläufe** / Ausdauer / Zeit- und Tempogefühl	Ausgestecktes gleichseitiges Dreieck: • Zeitgefühlläufe über eine Runde oder von Pfosten zu Pfosten. Tempo steigern. • Nummernwettkämpfe: Drei durchnummerierte Gruppen hinter je einem Malstab. • Dreiecksstaffel: Mit Übergeben eines Staffelstabes. Erschwerung durch Spannen einer Zauberschnur, die übersprungen werden muss.	
239 Inhalt / Verhalten	**Eisenbahnfahrt** / Ausdauer / Kooperation	In der Halle stehen ein paar Malstäbe (= Bahnhöfe) verteilt. Die Schüler laufen in „Zügen" (Kolonnen) frei durch die Halle. Jede Gruppe ist untereinander mit einem Springseil verbunden. Wenn jemand müde wird, kann er an einem Bahnhof aussteigen und ausruhen, bis er wieder fit ist, und ein anderer Zug beim Bahnhof vorbeifährt, mit dem er weiterfahren kann.	
240 Inhalt / Verhalten	**Springer gegen Läufer** / Ausdauer, Schnelligkeit / Fröhlicher Gruppenwettkampf	Während Gruppe A als Team 3 Runden läuft (zu 100 bis 200 m), macht Gruppe B eine Umkehrstafette zwischen zwei Malstäben. Wie viele Läufe kann Gruppe B erzielen, während Gruppe A die 3 Runden läuft? Rollenwechsel.	

1 Laufen   1.12 Kleinmaterialien

Nr.	Name der Spielform / Ziele/Akzente	Idee/Beschreibung	Hinweise/Organisation
241	**Klammer-Fangen**	Jeder Spieler klemmt sich 3 Wäscheklammern ans T-Shirt (Hose, Ärmel, je nach Abmachung). Während einer best. Zeit (5 Min.) versucht jeder Spieler Klammern zu stehlen und sich selbst anzuklemmen. Wer hat nach Ablauf der Zeit am meisten Klammern.	
Inhalt	Schnelligkeit		
Verhalten	Spielübersicht		
242	**Klammer-Fangen anders**	Jeder Spieler hat eine Wäscheklammer. Wer einen anderen berührt, darf seine Klammer demjenigen ans T-Shirt heften. Beim Spielleiter gibt es neue Klammern. Wenn alle Klammern aufgebraucht sind, ist das Spiel zu Ende. Wer hat am wenigsten Klammern am T-Shirt.	
Inhalt	Schnelligkeit		
Verhalten	Fairness		
243	**Gib es weiter**	3 bis 5 Spielbänder (Ostereier, Samichlausmützen, Socken, Wollknäuel, ect.) werden so schnell als möglich weitergegeben. Wer bei Musikstopp einen Gegenstand besitzt, hat ein Leben verloren, bzw. muss eine Strafaufgabe lösen. Wer berührt wird, muss den Gegenstand annehmen.	
Inhalt	Schnelligkeit		
Verhalten	Fairness		
244	**Buchstabenlauf**	Gruppenstafette. Als Startzeichen wird ein Wort gerufen. Die Läufer holen einzeln je einen Buchstaben dieses Wortes. Gewechselt wird mit Handschlag. Welche Gruppe hat zuerst das Wort (richtig) geschrieben. Altersgemäße Wörter auswählen, evtl. mit Sprachunterricht verknüpfen. • Auch Fremdsprachen verwenden. • Jede Gruppe hat ihre eigene Buchstabenfarbe.	
Inhalt	Schnelligkeit		
Verhalten	Taktik		
245	**Puzzle-Lauf**	2–4 Gruppen. Im Reifen (o. Ä.) liegen ca. 50 Puzzleteile. Pro Lauf darf 1 Teil mitgenommen werden. Hinter der Markierung soll das Puzzle so schnell als möglich zusammengesetzt werden. • Erst wenn alle Teile da sind zusammensetzen. • Es darf jeweils nur 1 Läufer am Zusammensetzen sein.	
Inhalt	Ausdauer		
Verhalten	Kooperation		

1.12　Kleinmaterialien

1　Laufen

Nr.	Name der Spielform / Ziele/Akzente	Idee/Beschreibung	Hinweise/Organisation
246	**Elferaus**	Alle Spielkarten liegen zugedeckt auf einer Linie auf der anderen Hallenseite. 4 Gruppen holen als Pendelstafette möglichst schnell alle Karten ihrer Farbe. Karte aufdecken, Farbe falsch, Karte wieder umdrehen, Farbe richtig, mitnehmen. • Es müssen bestimmte Zahlen geholt werden (Farbe spielt keine Rolle). • Falsch aufgedeckt = zurücklaufen.	
Inhalt	Ausdauer		
Verhalten	Fair spielen		
247	**Nummern-Sammellauf**	Je ca. 20 Kärtchen mit den Nummern 1, 2, 3, darauf werden aus ihren Depots geholt. Wer hat zuerst 45 Punkte? • Zu den Kärtchen geht es über verschiedene Hindernisse. • Zu 1 = laufen, zu 2 = hüpfen, zu 3 = rückwärts laufen. • Im Wald.	
Inhalt	Ausdauer		
Verhalten	Taktik		
248	**Wer bin ich**	Jeder hat ein Blatt am Rücken angeheftet, auf dem eine Sportart und ein Beruf stehen. Zu zweit eine Einlaufstrecke laufen (ca. 1 km, je nach Alter und Training). Durch abwechselndes Fragen (nur JA/Nein-Antworten erlaubt) versuchen die zwei, des anderen Sportart und Beruf herauszufinden. Wer es im Ziel noch nicht weiß, löst eine Zusatzaufgabe.	
Inhalt	Ausdauer		
Verhalten	Reden und laufen		
249	**Schwebe-Ballons**	So viele Ballone wie Spieler in einer Gruppe. Die Ballone müssen in einem bestimmten Feld in der Schwebe gehalten werden. Jede Farbe verlangt eine andere Technik des Hochspielens (Fuß, Ellbogen, Kopf, Knie, beidhändig, etc.). Ein Ballon darf nicht 2x vom selben Spieler hochgespielt werden. Nach jedem Hochspielen muss der Spieler aus dem Feld laufen. Welche Gruppe kann die Ballone am längsten hochhalten?	
Inhalt	Reaktion		
Verhalten	Kooperation Taktik		
250	**Gruppen-Ballon**	Kleine Gruppen mit je einem Luftballon. Ziel der Gruppe ist es, den Ballon in einer vorgegebenen Zeit immer in der Schwebe zu halten. • Jeder Ballonkontakt gibt einen Punkt. • Wenn jeder der Gruppe den Ballon 1x berührt hat, ergibt das einen Punkt. • Es muss eine bestimmte Strecke mit dem Ballon zurückgelegt werden, wenn der Ballon den Boden berührt, zurück zum Start.	
Inhalt	Reaktion		
Verhalten	Kooperation Taktik		

Kapitel 2
Werfen

2.1	**Bälle**	68
2.1.1	Schnappballformen	68
2.1.2	Jägerballformen	71
2.1.3	Völkerballformen	75
2.1.4	Andere Kleine Spiele	77
2.1.5	Abwurf/Weitwurf	85
2.1.6	Werfen – Laufen – Fangen	87
2.1.7	Andere Formen	89
2.2	**Gymnastikstab**	91
2.3	**Langbank**	92
2.4	**Geräte**	93
2.5	**Zauberschnur**	95
2.6	**Verschiedene Wurfgegenstände (Frisbee u. a.)**	96

2 Werfen

2.1.1 Bälle (Schnappballformen)

Nr.	Name der Spielform / Ziele/Akzente	Idee/Beschreibung	Hinweise/Organisation
251 Inhalt: Ausdauer; Verhalten: Taktik	**Schnappball (Grundspiel)**	Zwei Parteien versuchen, 10 Pässe hintereinander zu erzielen, bzw. den Gegner daran zu hindern. • Eine 10er-Serie gelungen ist. • Der Ball berührt den Boden. • Der Gegner fängt (evtl. berührt) den Ball. • Auch in Über- und Unterzahl; oder Ball mit dem Fuß spielen.	
252 Inhalt: Ausdauer; Verhalten: Taktik	**Linienball**	Zwei Parteien, ein Ball: Jede Partei versucht, sich den Ball innerhalb der eigenen Mannschaft zuzuspielen und den Ball hinter der gegnerischen Grundlinie auf den Boden zu legen. Mit dem Ball darf weder gelaufen noch geprellt werden. Welche Mannschaft hat zuerst 5 Tore?	
253 Inhalt: Ausdauer; Verhalten: Taktik	**Reifeneierlegen**	1 bis 3 Reifen mehr, als es Verteidiger hat, liegen verteilt im Feld. Die Angreifer versuchen, den Ball in einen freien Reifen zu legen. Die Verteidiger verhindern dies, indem sie den Reifen jeweils mit einem Fuß besetzen. Können die Verteidiger den Ball erobern, werden sie zu Angreifern. Kein Laufen oder Prellen mit dem Ball. Nach „Tor"-Erfolg wird direkt weitergespielt.	
254 Inhalt: Ausdauer; Verhalten: Taktik	**Königsschnappball**	Zwei Mannschaften zu 5 bis 8 Spielern. Jede Mannschaft bestimmt einen dem Gegner unbekannten König. Die ballbesitzende Mannschaft spielt sich den Ball zu und versucht, möglichst oft ihren König anzuspielen. Jeder gelungene Pass zum König zählt einen Punkt. Das Spiel dauert so lange, bis der Gegner herausgefunden hat, wer der König ist, bzw. bis eine Gruppe 10 Punkte erreicht hat (werfen oder kicken).	
255 Inhalt: Ausdauer; Verhalten: Taktik	**Zwei-Feld-Schnappball**	Zwei Parteien verteilen sich in zwei Spielfeldern, in jedem Feld stehen gleich viele Spieler von Gruppe A und von Gruppe B. Das eigene Spielfeld darf nicht verlassen werden. Ein Punkt wird erzielt, wenn ein Spieler aus dem Feld 1 einem Mitspieler in Feld 2 einen Pass geben kann (u. U.). Der Ball darf im eigenen Feld untereinander zugespielt werden (zur Vorbereitung des Passes über die Mittellinie). Manndeckung empfehlenswert.	

2.1.1 Bälle (Schnappballformen)   2   Werfen

Nr.	Name der Spielform Ziele/Akzente	Idee/Beschreibung	Hinweise/Organisation
256	**Königsball**	In den beiden Freiwurfkreisen (ca. 10 m vor den Handballtoren) wird je ein kleiner Kasten aufgestellt. Es spielen zwei Mannschaften gegeneinander mit dem Ziel, den König, welcher auf dem Kasten vor dem gegnerischen Tor steht, anzuspielen. Nur der König kann Tore erzielen. Er kann den Ball durch Aufsetzer über die gegnerische Torauslinie werfen (= 1 Punkt) oder direkt ins Tor (= 3 Punkte). Alle Spieler dürfen in die Torräume und ins Tor stehen, nur die Freiwurfkreise um die beiden Königskästen dürfen nicht betreten werden (auch vom König nicht). Die Treffer des Königs zählen nur dann, wenn der König den Ball vom Kasten aus geworfen hat. Das Zuspiel zum König darf mit allen im Basketball (oder Handball) erlaubten Mitteln verhindert werden.	
Inhalt	Genaue und schnelle Pässe		
Verhalten	Gutes Zusammenspiel		
257	**Nummernschnappball**	Ziel jeder Partei ist es, sich den Ball in der Reihenfolge der nummerierten Spieler zuzupassen. Umwege (Spiel zurück zu einer anderen Nummer) sind erlaubt, doch muss der Pass schließlich doch von der nächst tieferen Nummer erfolgen, also 1 spielt zu 2, 2 zu 3, usw. Welcher Partei gelingt es zuerst, alle Nummern ohne Unterbrechung, d. h., ohne dass der Gegner dazwischen am Ball ist, zu erzielen? Die Nummern können dem Gegner je nach Abmachung bekannt sein oder nicht. Erleichterung: Es muss nur die Nummernfolge eingehalten werden. Wer das Pass zur nächsten Nummer gibt, ist egal. Umwege sind also erlaubt.	
Inhalt	Schnelle und genaue Pässe		
Verhalten	Spielübersicht Zusammenspiel		
258	**Schnappball mit 2 Bällen auf Zeit**	Es wird gewöhnliches Schnappball mit 2 Bällen gespielt. Ziel beider Mannschaften ist es, während 5 Min. möglichst lange im Besitz <u>beider</u> Bälle zu sein. Die Zeit, in der eine Partei beide Bälle besitzt, wird gestoppt. • Mit je einer Stoppuhr pro Gruppe. • Mit einer Stoppuhr 2x 5 Min. 3-Schritt- und v. a. 3-Sekunden-Regel beachten!	
Inhalt	Freilaufen und sich anbieten		
Verhalten	Spielregeln einhalten		

2 Werfen 2.1.1 Bälle (Schnappballformen)

Nr.	Name der Spielform / Ziele/Akzente	Idee/Beschreibung	Hinweise/Organisation
259	**Blitzball**	Jede Gruppe versucht, den Ball in die gegnerische Zone zu legen. Der Ball darf getragen oder rückwärts gespielt werden. Wird der Ballbesitzer berührt, muss er den Ball innerhalb von 2 Sek. abgeben (zu einem Spieler hinter ihm). Der berührte Spieler kann keinen Punkt erzielen.	
Inhalt	Schnelligkeit, Reaktion		
Verhalten	Fairness		
260	**5er-Fang**	7er-Gruppen. 5 direkte Fänge aus der Luft hintereinander ergeben 1 Punkt. Gespielt wird mit verschiedenen Laufregeln. • Mit Dribbling, ohne Dribbling und Schritte, nur rückwärts Zuspiel, etc.	
Inhalt	Sicheres Zuspiel		
Verhalten	Ehrlich zählen		
261	**Zonenball**	Zwei Parteien: Gruppe A wirft sich einen Ball über die Mittelzone zu. Gruppe B in der Mittelzone versucht, diese Pässe zu unterbinden. Gelingt Gruppe B ein Fang, wechseln beide Parteien möglichst rasch die Felder und Gruppe B versucht nun ihrerseits, den Ball über die Mittelzone zu werfen. Welche Mannschaft hat nach 10 Min. mehr gültige Würfe? • Auch 2 gegen 2. (Auch mit Frisbee möglich).	
Inhalt	Genaue und weite Pässe		
Verhalten	Spielübersicht und gutes Reagieren		
262	**Schnur-Schnappball**	Schnappball kombiniert mit Ball über die Schnur. Zwei Parteien auf beiden Seiten. Ein Pass zu einem Mitspieler auf der anderen Seite = 1 Punkt. Hinweis: Spieler kennzeichnen (Spielbänder tragen).	
Inhalt	Ausdauer		
Verhalten	Taktik		
		Eigene Idee:	
Inhalt			
Verhalten			

2.1.2 Bälle (Jägerballformen) — 2 Werfen

Nr.	Name der Spielform / Ziele/Akzente	Idee/Beschreibung	Hinweise/Organisation
263	**Jeder gegen Jeden**	Jeder versucht, mit seinem Tennisball die anderen an den Beinen zu treffen. Getroffene gehen an die Wand und werfen den Ball 10x dagegen, bevor sie wieder mitspielen dürfen. Wer erzielt in 5 Min. am meisten Treffer?	
Inhalt	Zielwurf, Schnelligkeit		
Verhalten	Fairness, auch ohne Kontrolle		
264	**Einer-Tupfball**	4er- oder 5er-Gruppen: Ein Spieler wird von den anderen gejagt: Die Jäger versuchen, ohne mit dem Ball in der Hand zu laufen, den Hasen zu treffen. Der Spieler, der den Hasen getroffen hat, wird zum Hasen. • Evtl. nur Beintreffer zählen.	
Inhalt	Schnelligkeitsausdauer		
Verhalten	Taktik		
265	**Einbahn-Jägerball**	Die Jäger dürfen den Hasen „abschießen", aber sie dürfen den Ball nur in Richtung der zwei Wandseiten ihres Spielfeldes werfen. • Evtl. nur Beintreffer zählen.	
Inhalt	Schnelligkeitsausdauer		
Verhalten	Spielübersicht		
266	**Zwei-Feld Abtupfball**	Zwei Mannschaften verteilen sich auf zwei Feldern. In jedem Feld sind gleich viele Spieler beider Parteien. In Feld 1 sind die Spieler von Gruppe A Jäger, diejenigen von Gruppe B sind die Hasen. Im Feld 2 ist es umgekehrt. „Abgetupfte" Hasen wechseln ins andere Feld und helfen dort ihren Jägern beim „Abtupfen" der Gegner. Welche Partei hat zuerst alle Hasen „abgetupft" und damit ihr Feld geleert?	
Inhalt	Schnelligkeit		
Verhalten	Kluges Zusammenspiel		
267	**Intervall Jägerball**	Zwei Parteien: Die Jäger verteilen sich im Feld, die Hasen teilen sich in 2 bis 3 Rudel (z. B. zu 3 Hasen) auf. Jedes Rudel muss 30 Sek. im Feld der Jäger bleiben. (Oder jedes Rudel bleibt so lange im Feld, bis der 1. Hase getroffen ist). Welches Rudel erhält in 30 Sek. weniger Treffer? (Oder welches Rudel hält es am längsten bei den Jägern aus, ohne dass ein Hase getroffen wird?).	
Inhalt	Schnelligkeitsausdauer		
Verhalten	Taktik		

2 Werfen

2.1.2 Bälle (Jägerballformen)

Nr.	Name der Spielform / Ziele/Akzente	Idee/Beschreibung	Hinweise/Organisation
268	**Jägerball von außen nach innen**	Die Jäger verteilen sich um die Hasen, welche in einem kleinen Feld sind (das die Jäger nicht betreten dürfen). Durch gutes Zusammenspiel versuchen die Jäger, in einer bestimmten Zeit möglichst viele Hasen zu treffen. • Ersatzbälle beim Lehrer. • Weiche Bälle, Schaumstoffbälle nehmen. • Auch mit Schutzhindernis im Feld der Hasen (Pferd, Barren …).	
Inhalt	Schnelles Zuspiel		
Ver-halten	Taktik		
269	**Ausrottung**	Ein Jäger beginnt mit einem Ball, die Hasen zu treffen. Jeder getroffene Hase holt ein Spielband und wird auch Jäger. Jeder dritte getroffene Hase bekommt zusätzlich einen Ball. Der letzte überlebende Hase beginnt wieder als Jäger von vorne. In welcher Zeit können alle Hasen getroffen werden?	
Inhalt	Schnelligkeit		
Ver-halten	Taktik		
270	**Rettender Ball (Jägerball-Fangen)**	Es werden Paare gebildet, die sich an einer Hand halten müssen. Ein Paar ist das Jägerpaar. Es muss versuchen, ein anderes Paar zu fangen. Ein Ball ist im Spiel. Wer den Ball besitzt, kann vom Jägerpaar nicht gefangen werden. Weder beim Fangen noch beim Werfen darf das Paar auseinanderreißen. Gefangene übernehmen die Fängerrolle. Die Hasen versuchen, sich den Ball so zuzuspielen, dass keiner gefangen wird.	
Inhalt	Schnelligkeit		
Ver-halten	Helfen		
271	**Handicap-Fangen**	Beide Spieler eines Paares müssen den rechten Arm beim Partner einhaken, so dass der eine Partner vorwärts, der andere Partner rückwärts laufen muss. Dies erschwert das Spiel erheblich.	
Inhalt	Koordination		
Ver-halten	Helfen / Spaß		
272	**Mutiger Hase**	Alle gegen alle. Wer getroffen wird, muss eine entsprechende, vom Jäger bestimmte Bewegungsaufgabe lösen. Gelingt es jedoch dem Hasen den Jäger zu berühren, bevor dieser schießen kann, dann wird der Hase zum Jäger und der Jäger zum flüchtenden Hasen.	
Inhalt	Reaktions-schnelligkeit		
Ver-halten	Hase: Mut / Jäger: Fairness		

2.1.2 Bälle (Jägerballformen)

Nr.	Name der Spielform Ziele/Akzente	Idee/Beschreibung	Hinweise/Organisation
273	**Bruderkrieg**	(= Umkehrung von „Rettender Ball").	
Inhalt	Ausdauer (je nach Spielzeit)	Drei Parteien: Gruppe A = Fänger mit Spielband markiert. Gruppe B = Hase ohne Ball. Gruppe C = Hase mit je einem Ball.	
Ver- halten	Sehr gute Spielübersicht	Die Fänger versuchen, die Hasen aus Gruppe A und Gruppe B zu fangen. Jeder Ball besitzende Hase versucht, den Ball so schnell wie möglich einem anderen Hasen weiterzugeben, denn nur wer einen Ball besitzt, kann gefangen werden. Wird ein Hase von einem Ball berührt, so muss er ihn annehmen (und seinerseits möglichst rasch weitergeben). Gefangene Hasen lösen die Jäger ab. • Wie viele Hasen können die Jäger in 5 Minuten fangen?	
274	**Waldlauf**	Die Jäger verteilen sich im Spielfeld (Wald), die Hasen stellen sich hinter der Grundlinie auf. Die Hasen müssen in freier Reihenfolge zu 5 verschiedenen Malstäben (Bäumen) und zurücklaufen. Sie starten alle gemeinsam, dürfen aber verschiedene Wege gehen. Die Jäger versuchen, möglichst viele Treffer anzubringen. Welche Jägerpartei hat nach Rollenwechsel mehr Treffer erzielt?	
Inhalt	Schnell laufen Körpertäuschungen		
Ver- halten	Gutes Zusammen- spiel der Jäger		
275	**Mattenlauf**	Spielgedanke wie „Waldlauf". Die Hasen müssen 5x einen Rundlauf über alle 5 Matten absolvieren, wobei sie den Weg wieder selbst bestimmen dürfen. Auf den Matten kann man nicht getroffen werden. Getroffene Hasen müssen zum Start zurück. Wie viele Treffer gelingen den Jägern? • Die Jäger zählen die Treffer, die Hasen die Läufe, welche sie in 5 Min. erzielen. Danach Rollenwechsel.	
Inhalt	Schnelligkeit und Sprungkraft		
Ver- halten	Selber zählen Fairness		
276	**Einer gegen alle**	Die Jäger verteilen sich mit 2 Bällen im Fels, die Hasen stellen sich hinter die Grundlinie. Jeder Hase muss einzeln durchs Jägerfeld zur Wand und zurücklaufen. Dabei bestimmen die Hasen selbst, in welcher Reihenfolge sie laufen. Sobald der Hase über der Linie ist, darf der nächste starten. Die Jäger versuchen, möglichst viele Beintreffer zu erzielen. Wechsel. Welche Jäger haben mehr Treffer?	
Inhalt	Schnelligkeit für die Hasen		
Ver- halten	Zusammenspiel der Jäger, Rücksicht		

2 Werfen

2.1.3 Bälle (Völkerballformen)

Nr.	Name der Spielform / Ziele/Akzente	Idee/Beschreibung	Hinweise/Organisation
286	**Rundum-Völkerball**	Je 3 Spieler im Außenfeld. Als Innenfelder dienen das Volleyballfeld oder der große Mittelkreis. Wer getroffen wird, löst einen Außenspieler ab. Wenn alle 3 Außenspieler abgelöst wurden, bleiben die Außenspieler. Wer keinen Innenspieler mehr hat, hat verloren. • Es muss immer ein anderer Außenspieler angespielt werden. • Nur Beintreffer zählen.	
Inhalt	Schnelles Zuspiel		
Ver-halten	Zusammenspiel nötig		
287	**Völkerball verkehrt**	Nur ein Spieler im Feld, alle anderen um das Feld herum. Gelingt ein Treffer, so kann der Werfer ins Feld, der Getroffene bleibt. Wer hat zuerst alle Außenspieler im Feld?	
Inhalt	Schnelles Zuspiel		
Ver-halten	Taktik Helfen		
288	**Königinnen-Völkerball**	Jede Gruppe bestimmt insgeheim eine Königin. Diese hat 2 Leben. Wird sie zum 2. Mal getroffen, ist das Spiel verloren. • Zur Königin wird noch ein Giftzwerg bestimmt. Wird dieser getroffen, dürfen alle getroffenen Spieler der Mannschaft des Giftzwergs wieder ins Feld.	
Inhalt	Schnelles Zuspiel		
Ver-halten	Taktik		
289	**Hindernis-Völkerball**	Normales Völkerball. In der Mitte jeden Feldes steht ein Hindernis (Kasten, große Matte aufgestellt, etc.), wo sich die Spieler in Deckung bringen können.	
Inhalt	Schnelles Zuspiel		
Ver-halten	Taktik		
290	**Zahlen-Völkerball**	Jede Gruppe nummeriert insgeheim ihre Spieler durch. Der Gegner muss zuerst die Nummer 1, dann die 2, etc. treffen. Nur die der Reihe nach Getroffenen müssen aus dem Feld in den „Himmel". Nummer 1 darf zu Beginn nicht im Himmel sein.	
Inhalt	Schnelles Zuspiel		
Ver-halten	Taktik		

2.1.4 Bälle (andere Kleine Spiele)

2 Werfen

Nr.	Name der Spielform Ziele/Akzente	Idee/Beschreibung	Hinweise/Organisation
291	**Wildschweinrennen**	Der Spielleiter läuft langsam vor der Hallenwand hin und her und hält einen Schutzschild (z. B. Matte) vor sich. Die Schüler versuchen von der gegenüberliegenden Wand aus, möglichst viele Treffer auf den Schutzschild anzubringen. • Als Einzelwettkampf. • Als Gruppenwettkampf oder auf Zeit.	
Inhalt	Zielwurf		
Ver- halten	Erlebnis		
292	**Spießrutenläufer**	Zwei Parteien: Gruppe A versucht, in Form einer Pendelstafette das Schußfeld zu durchlaufen, ohne getroffen zu werden. Gruppe B (jeder mit einem Ball) versucht, so viele (Bein-)Treffer wie möglich anzubringen. Welche Gruppe hat nach dem Rollenwechsel mehr Treffer? Nur mit Schaumstoffbällen. • Die Bälle werden gekickt. • Bälle nur rollen.	
Inhalt	Schnelligkeit Zielwurf		
Ver- halten	Nur Beintreffer zählen!		
293	**Prellball**	Zwei Mannschaften stehen sich in je einer Hallenhälfte gegenüber. Der Ball wird als Prellball (mit Bodenkontakt im eigenen Feld) ins gegnerische Feld geprellt. Kann der Ball nicht gefangen werden, gibt es einen Pluspunkt für die Angreifer, prellt der Ball im Aus auf, erhalten sie einen Strafpunkt. Eigene Zusatzregeln entwickeln lassen!	
Inhalt	Flugbahn- einschätzung		
Ver- halten	Taktik		
294	**Rollende Bälle**	Mannschaft A stellt sich an den Längsseiten der Halle auf, Mannschaft B befindet sich an den Stirnseiten. Gruppe A versucht, die rollenden Bälle von Gruppe B mit kleinen Bällen zu treffen. Welche Mannschaft hat nach Rollenwechsel mehr Treffer?	
Inhalt	Wurfkraft		
Ver- halten	Ehrlich zählen, jeder für sich		
295	**Keulenball**	Zwei Parteien spielen gegeneinander mit einem Ball. Tore = Keulen, welche hinter den beiden Grundlinien aufgestellt sind. Welche Partei hat zuerst alle gegnerischen Keulen mit dem Ball umgeworfen? Der Torraum hinter der Grundlinie darf nicht betreten werden. • Nach Handballregeln. • Nach Fußballregeln.	
Inhalt	Treffsicherheit		
Ver- halten	Taktik		

2 Werfen

2.1.4 Bälle (andere Kleine Spiele)

Nr.	Name der Spielform Ziele/Akzente	Idee/Beschreibung	Hinweise/Organisation
296	**Die Kleinen gegen den Großen**	Zwei Spieler werfen sich im Feld beliebig einen großen Ball zu (Medizinball, Basketball, Wasserball ...). Die anderen versuchen als Gruppe, den Ball durch gutes Zusammenspiel möglichst rasch zu treffen. Sie besitzen 2 bis 5 kleine Bälle (Tennisball, Handball). • Erleichterung: Die Werfer des großen Balles müssen auf der Stelle bleiben. • Erschwerung: Der große Ball wird kleiner.	
Inhalt	Treffsicherheit		
Verhalten	Taktik		
297	**Ballkrieg**	Das Spielfeld ist durch eine Mittellinie getrennt. In jeder Hälfte steht eine Partei, jeder Spieler besitzt einen Ball. Während einer unbekannten Zeit werden alle erhaschten Bälle ins gegnerische Feld geworfen. Die Partei, welche bei Spielabbruch weniger Bälle im Feld hat, ist Sieger. • Die Grenze ist mit Geräten verstellt. • Die Bälle werden nur gekickt.	
Inhalt	Schnelligkeit		
Verhalten	Auf Pfiff wird <u>kein</u> Ball geworfen		
298	**Rollmops**	Die Medizinbälle liegen auf Langbänken in der Mitte des Feldes. Welche Mannschaft hat innerhalb einer bestimmten Zeit mehr Bälle ins Feld des Gegners „befördert"? • Wurfart vorschreiben (Schlagwurf, Druckwurf ...). • Nach jedem Treffer mit der „besseren Hand" muss so lange mit der „schwächeren" geworfen werden, bis diese trifft.	
Inhalt	Zielwurf Wurfkraft		
Verhalten	Den richtigen Zeitpunkt wählen		
299	**Ballvertreiben**	Zwei Parteien mit je 5 bis 6 Bällen versuchen, einen (zwei) am Boden liegenden Basketball durch gezielte Schüsse über die gegnerische Torlinie (Erleichterung: Torauslinie) zu treiben. Die Spieler beider Parteien dürfen sich auf dem ganzen Spielfeld bewegen. Nach jedem Tor erfolgt Anspiel für die andere Mannschaft. Wird der Basketball mit einem Körperteil gestoppt, erfolgt Freiwurf für die andere Gruppe.	
Inhalt	Zielwurf		
Verhalten	Taktik		
300	**Körbe schießen**	Je nach Anzahl vorhandener Körbe (oder Tore) werden 2 bis 4 Gruppen gebildet. Jede Gruppe versucht, in 3 Min. möglichst viele Körbe (Tore) zu schießen, wobei innerhalb der Gruppe abwechslungsweise geworfen wird. Für jeden Fehlwurf muss die ganze Gruppe eine Strafstrecke laufen, bevor der Nächste werfen darf. • Schuss aufs Tor (18 m).	
Inhalt	Korbwurf Schnelligkeit		
Verhalten	Schwächere unterstützen		

2.1.4 Bälle (andere Kleine Spiele)

2 Werfen

Nr.	Name der Spielform / Ziele/Akzente	Idee/Beschreibung	Hinweise/Organisation

301 — Sitzball mit Strafaufgaben

Inhalt: Zielwurf, Zusammenarbeit
Verhalten: Die „Strafaufgabe" exakt ausführen

Sitzball in zwei Gruppen oder jeder gegen jeden. Getroffene setzen sich nicht, sondern lösen eine Strafaufgabe, bevor sie wieder mitspielen dürfen. Z. B. 2 Runden laufen, die Kletterstange hochklettern, 5 Handstände gegen die Wand ausführen ...
- Kann eine Mannschaft die andere aushungern?

302 — Kegelsitzball

Inhalt: Zielwurf
Verhalten: Taktik

Jeder gegen jeden mit einem oder mehreren Bällen: Jeder verteidigt gleichzeitig seinen Kegel und versucht, andere Kegel zu treffen. Wessen Kegel umgefallen ist, muss eine Strafaufgabe lösen.
- Als Gruppenwettkampf: Welche Partei kann zuerst alle Kegel des Gegners umwerfen?
- Mit Fußball spielen.

303 — Bodenauf-Sitzball

Inhalt: Flugbahneinschätzung
Verhalten: Genaue Ball- und Gegnerbeob.

Der Andere kann nur „bodenauf" getroffen werden, d. h., der Ball muss den anderen „via Boden" treffen. Wer so getroffen wird, läuft eine Strafrunde. Wer aber einen anderen direkt trifft (nicht „bodenauf"), muss selbst eine Runde laufen. Das bedeutet: Man kann sich verteidigen, indem man in den Wurf hineinspringt und so direkt „getroffen" (bzw. eben nicht) wird.
- Der Ball darf auch indirekt gegen die Wand gespielt werden.

304 — Stressball

Inhalt: Schnelligkeitsausdauer
Verhalten: Konzentration

6 bis 10 Spieler bilden einen Kreis und passen sich reihum den Ball zu. Ein Spieler läuft außerhalb des Kreises und bestimmt mit seinem Lauf Geschwindigkeit und Richtung der Pässe. (Er kann zusätzlich auch Wurfarten bestimmen, z. B. Druckwurf, über Kopf Wurf, indirekter Pass). Wenn der Läufer müde ist, stellt er sich vor einen Spieler, der damit zum neuen Läufer wird. Ziel des Läufers ist es, durch schnelles Laufen und Täuschen den Ball abzuhängen.

305 — Stressball verkehrt

Inhalt: Schnelligkeitsausdauer
Verhalten: Konzentration

Der Ball bestimmt das Tempo und die Laufrichtung des Läufers. Die Werfer versuchen, den Läufer abzuhängen.
- Mit Zeitbeschränkung.

2 Werfen 2.1.4 Bälle (andere Kleine Spiele)

Nr.	Name der Spielform / Ziele/Akzente	Idee/Beschreibung	Hinweise/Organisation
306	**Schild-Ball**	Die Spieler werden in 4 bis 6 Werfer und beliebig viele Läufer eingeteilt. Die Läufer halten sich in einem begrenzten Feld auf (z. B. Volleyballfeld), welches die Werfer nicht betreten dürfen. Die Werfer spielen sich untereinander einen (mehrere) Ball zu und versuchen, die Läufer damit zu treffen. Jeder Läufer erhält als Schutzschild einen Medizinball (oder auch einen Volleyball), mit dem er den Ball abwehren kann. Ein getroffener Läufer muss seinen Schild abgeben und hinter einem anderen Läufer Schutz suchen. Wird auch dieser (vordere) Spieler getroffen, so stellen sich beide ohne Ball hinter einen Spieler, welcher noch einen Schild besitzt. Das Spiel geht so lange, bis alle Läufer hinter einem einzigen Schild Schutz suchen. • Andere Abwehrschilder, z. B. Gymnastikstab, Schul- oder Rucksack, je zu viert mit einer Matte … • Im Hallenbad mit Schwimmbrett.	
Inhalt	Zielwurf		
Verhalten	Taktik		
307	**Schwanz treffen (Große Schlange)**	Gruppe A bildet eine Schlange und hält sich um den Bauch des Vordern. Gruppe B stellt sich um Gruppe A im Kreis auf und versucht, sich einen Ball so zuzuspielen, dass einer von ihnen den hintersten Spieler der Schlange mit dem Ball treffen kann. Die Schlange versucht, durch geschicktes Drehen, dem Ball auszuweichen. Wie viele Treffer können die Werfer in 3 Min. erzielen? Bricht die Schlange auseinander, wird den Werfern ein Punkt gutgeschrieben.	
Inhalt	Geschicktes Reagieren		
Verhalten	Kooperieren Begegnung		
308	**Schwanz treffen (Kleine Schlange)**	Die Schlange wird in mehrere kleine Schlangen aufgeteilt. Sie dürfen sich, wie auch die Werfergruppe, in der ganzen Halle bewegen. • Gangart der Schlange bestimmen.	
Inhalt	Schnelligkeitsausdauer		
Verhalten	Gute Zusammenarbeit		
309	**Rollball**	Zwei Gruppe (je 5–7 Spieler), 1 Medizinball (Gym-Ball). Der Ball wird untereinander zugerollt, bis die Gelegenheit entsteht, den Ball über die gegnerische Grundlinie zu rollen. • Die Torraumlinie darf/darf nicht bewacht werden. • Gespielt wird mit 2 Bällen. • Vor einem Torversuch müssen zuerst alle eigenen Spieler angespielt werden.	
Inhalt	Kraft		
Verhalten	Taktik		

2.1.4   Bälle (andere Kleine Spiele)   2   Werfen

Nr.	Name der Spielform Ziele/Akzente	Idee/Beschreibung	Hinweise/Organisation
310	„Tupfball"	Zu viert: A, B und C sind Jäger und versuchen, den Hasen D durch schnelles Zuspielen (ohne Prellen) so einzukreisen, dass sie ihn mit dem Ball „abtupfen" können. (Ball bleibt in der Hand). Der Hase darf das Feld nicht verlassen. Kleine Felder! • In zwei gleich großen Gruppen: Welche Mannschaft erzielt in 2 x 5 Min. mehr Treffer?	
Inhalt	Schnelligkeits-ausdauer		
Ver-halten	Taktik		
311	Drei-Tore-Ball	Zwei Mannschaften versuchen, eines der drei Tore zu treffen. Beide Gruppen können bei allen Toren Treffer erzielen und müssen alle Tore verteidigen. Die Tore können von vorne oder hinten erzielt werden, aber der Torschuss muss von einem Mitspieler auf der anderen Seite des Tors gefangen (gestoppt) werden. Als Tore dienen Malstäbe mit ca. 1 m Abstand. Handball- oder Fußballregeln.	
Inhalt	Ausdauer		
Ver-halten	Taktik		
312	Mattenball	Spielgedanke wie Dreitoreball. Gespielt wird auf drei an die Wand gelehnte Matten. Wenn möglich, wird um die Matten je ein Halbkreis gezogen, welcher nicht betreten werden darf. Handball- oder Fußball-regeln. • Statt Matten können auch Geräte als Tore verwendet werden, z. B. Kästen, Pferd, Sprungbrett ...	
Inhalt	Ausdauer		
Ver-halten	Taktik		
313	Beweglicher Korb	Gewöhnliches Basketballspiel, aber als Körbe dienen zwei Gymnastikreifen, die von je einem Spieler jeder Partei in den Freiwurfkreisen (oder im Trapez oder auf der ganzen Hallenbreite hinter der Grundlinie) gehalten werden. Die anderen Spieler dürfen die Korb-Felder nicht betreten. Ein Korb ist dann erzielt, wenn der Ball durch den Reifen geworfen wird.	
Inhalt	Ausdauer		
Ver-halten	Taktik		
314	Beweglicher Korb mit Handicap	Wie Spiel „Beweglicher Korb". Der bewegliche Korb darf sich in der ganzen Spielhälfte bewegen. Der „Korb-Träger" darf sich jedoch nur mit geschlossenen Füßen hüpfend bewegen.	
Inhalt	Träger: Sprungkraft Spieler: Ausdauer		
Ver-halten	Spielübersicht		

2 Werfen

2.1.4 Bälle (andere Kleine Spiele)

Nr.	Name der Spielform / Ziele/Akzente	Idee/Beschreibung	Hinweise/Organisation
315	**Pfiff-Ball**	3 bis 5 Spieler passen sich fortlaufend in freier Reihenfolge einen Ball unter dem Korb zu und sind dabei ständig in Bewegung. Jeder gefangene Ball wird laut gezählt. Zwei Tiger versuchen, die Pässe abzufangen. Die Pfiff des Lehrers erfolgt ein Wurf auf den Korb durch den Ball besitzenden Spieler. Bei Korberfolg verdoppelt sich die Zahl der bis zum Pfiff erzielten Pässe. Welches Team hat mehr Punkte? Die Tiger werden nach jedem Durchgang ausgewechselt.	
	Inhalt: Ausdauer, je nach Spielzeit		
	Verhalten: Den „Zufall" mitspielen lassen		
316	**Ballmaschine 1**	Gruppe A steht ums Volleyballfeld herum, Gruppe B steht im Feld verteilt. Jeder der Gruppe A darf einen (möglichst schwierig zu fangenden) Ball ins Feld werfen, Gruppe B versucht, die Bälle zu fangen. Welche Mannschaft hat nach dem Wechsel mehr Fänge? • Wurfart vorgegeben. • Gruppe A insgeheim nummeriert. Der Reihe nach einwerfen.	
	Inhalt: Gezielte Würfe		
	Verhalten: Gutes Beobachten		
317	**Spionball**	Gruppe A und Gruppe B (6 bis 10 Spieler) stehen sich mit je einem Ball in ihren Feldhälften gegenüber. Ein Spieler jeder Gruppe befindet sich als Spion in der gegnerischen Hälfte. Ziel beider Mannschaften ist es, ihrem Spion einen Ball so zuzuspielen, dass der ihn fangen und zum eigenen Mitspieler zurückwerfen kann. Gelingt dies, so wird der Mitspieler zu einem weiteren Spion im gegnerischen Feld.	
	Inhalt: Genaues Zuspiel		
	Verhalten: Zusammenspiel		
318	**Ballmaschine 2**	3 Spieler (je auf einer Matte) spielen abwechslungsweise einem Spieler einen Ball zu, der möglichst genau zurückspielt, ohne dass die 3 ihre Matte verlassen müssen. Welche Gruppe hat am meisten gültige Pässe in 3 Min.? • Handicap für gute Spieler: ihr Abstand zum Zuspieler ist größer. • Wurfart vorschreiben (Volleyball, Handball, Basketball, etc.). • Sehr unterschiedliche Bälle verwenden.	
	Inhalt: Genaue Pässe		
	Verhalten: Ehrlich zählen		
319	**Platzwechsel-Ball**	Jede Gruppe steht in einem Quadrat. Jeder steht in einem Reifen (Markierung, neben einem Hütchen, etc.). Aus dem Reifen spielt A den Ball einem beliebigen anderen Spieler B zu. Dieser spielt sofort weiter. A läuft inzwischen zum Reifen von B, etc. Werfen – laufen – werfen ... Wie viele fehlerlose Pässe erreicht jede Gruppe in einer best. Zeit? • Art des Zuspiels ändern (Druckwurf, linkshändig, Überkopf, etc.). • Art des Platzwechsels ändern (seitw. verschieben, hüpfen, etc.).	
	Inhalt: Reaktion Schnelligkeit		
	Verhalten: Spielübersicht behalten trotz Stress		

2.1.4 Bälle (andere Kleine Spiele)

2 Werfen

Nr.	Name der Spielform / Ziele/Akzente	Idee/Beschreibung	Hinweise/Organisation
320	**Kreistreffball**	1 bis 3 Schüler stehen als Hasen in einem Kreis, in welchem zu ihrem Schutz ein Kasten steht. 4 bis 6 Außenspieler (Jäger) stehen um den Kreis herum und versuchen, durch schnelles Zusammenspiel einen Hasen zu treffen (evtl. nur Beintreffer oder mit Schaumstoffball). Welcher Hase muss in 2 Min. am wenigsten Treffer hinnehmen? (Die Klasse sollte in 2 bis 4 solcher Kreise aufgeteilt werden; Intensität).	
Inhalt	Schnelligkeit		
Verhalten	Taktik		
321	**Burgball**	Die Außenspieler (6 bis 8) befinden sich außerhalb des Kreises. Im Kreis drin steht eine Burg (aus drei Keulen) sowie ein Burgwächter, der die Keulen verteidigt. Die Außenspieler werfen sich den Ball zu und versuchen, die Keulen zu treffen. Sind alle drei Keulen vom Ball getroffen oder hat sie der Wächter selbst umgestoßen, ist das Spiel zu Ende. Wie lange konnte der Wächter seine Burg halten?	
Inhalt	Zielwurf		
Verhalten	Taktik		
322	**Wanderball**	Welche 5er-Gruppe hat zuerst ihren Ball um die ganze Rundbahn (400 m oder sonst eine Strecke) geworfen, ohne dass der Ball je den Boden berührt? Organisation ist Sache jeder Gruppe.	
Inhalt	Weitwurf		
Verhalten	Kooperation		
323	**Glücks-Ball**	Nach einer gewissen Strecke (z. B. x Runden) darf mit einem Ball versucht werden, in den in der Platzmitte aufgestellten Kasten zu werfen. Bleibt der Ball im Kasten, so zählt dieser Treffer als Zusatzpunkt. Auch als Gruppenwettbewerb möglich.	
Inhalt	Ausdauer		
Verhalten	Treffsicherheit und Glück		
324	**Squash**	In einem begrenzten Raum spielen zwei gegeneinander. A versucht, den Ball so an die Wand zu werfen, dass B diesen Ball nach einmaligem Aufprellen auf dem Boden nicht mehr erreichen kann. • Der Ball muss in einem bestimmten Feld aufprallen. • Als Team: gelingt es 20x den Ball zu spielen ohne Ballverlust? • Dasselbe, aber den Ball rollen statt werfen.	
Inhalt	Ballgefühl Vorausschau		
Verhalten	Taktik		

2 Werfen

2.1.4 Bälle (andere Kleine Spiele)

Nr.	Name der Spielform / Ziele/Akzente	Idee/Beschreibung	Hinweise/Organisation
325	**Freihand-Tennis**	Wir versuchen, uns den Ball wie Tennisspieler hin und her zu spielen, jedoch nur mit der flachen Hand (ohne Tennisschläger). Findet den idealen Abstand heraus.	
Inhalt	Distanzgefühl		
Verhalten	Miteinander		
326	**Freihand-Tennis mit Zusatzaufgaben**	Wie „Freihand-Tennis", jedoch nach jeder Ballberührung muss der jeweilige Spieler eine andere Position einnehmen (z. B. knien, sitzen, in Bauchlage usw.).	
Inhalt	Koordinationsfähigkeit		
Verhalten	Miteinander		
327	**Bälle einfangen**	Wirf dir zwei Bälle gleichzeitig hoch und versuche, diese nach einmaligem Prellen wieder zu fangen. Wem gelingt dies, ohne das die Bälle nach dem Aufwurf wieder auf den Boden fallen? • Bälle kurz nacheinander werfen. • 2 verschiedene Bälle werfen.	
Inhalt	Spezielle Ballgeschicklichkeit		
Verhalten	Sich selbst einschätzen		
328	**Wie du mir so ich dir**	A und B bilden eine Mannschaft. A wirft für B und B für A gleichzeitig zwei Bälle hoch. Welcher „Mannschaft" gelingt es, nach denselben Spielregeln wie bei „Bälle einfangen" beide Bälle wieder zu fangen? Welche Zweiergruppe schafft dies als erste? • Eigene Formen erfinden.	
Inhalt	Ballgefühl		
Verhalten	Kooperieren		
329	**Ball-Artist**	Wer kann den Ball nach dem Hochwerfen • in Rückenlage fangen? • im Sitz fangen? • zwischen den Beinen fassen (eine Hand wird von hinten zwischen die Beine geführt zum Auffangen)? • neben dem Knie fangen (die Fanghand wird von innen her unter dem Knie nach außen geführt)?	
Inhalt	Spezielle Ballgeschicklichkeit		
Verhalten	Anleitung zu selbstständigem Tun		

2.1.5 Bälle (Abwurf/Weitwurf)

2 Werfen

Nr.	Name der Spielform Ziele/Akzente	Idee/Beschreibung	Hinweise/Organisation
330	**Prell-Ball**	Der Ball wird aus verschiedenen Positionen (sitzend, liegend, kniend …) auf den Boden geprellt. Wer kann den Ball stehend auffangen, bevor er wieder auf dem Boden aufprellt?	
Inhalt	Wurfkraft Ballgeschicklichkeit		
Ver-halten	Selbsteinschätzung		
331	**„Scharf"- Schütze**	Der Ball wird möglichst stark auf den Boden geworfen. Bei wem hüpft der Ball 3-, 4-, 5x? • Wer kann am häufigsten unter dem hochspringenden Ball durchlaufen?	
Inhalt	Wurfkraft		
Ver-halten	Selbsteinschätzung Was kann ich?		
332	**Wand-ab-Ball**	Der Ball wird an die Wand geworfen und wieder gefangen. Nach jedem gelungen Versuch darf der Schüler einen Schritt zurückgehen. Wer schafft es, den Ball mit der größten Distanz zur Wand zu werfen und wieder zu fangen, bevor dieser wieder auf den Boden fällt?	
Inhalt	Weitwurf Wurfkraft		
Ver-halten	Seine eigenen Grenzen kennen lernen		
333	**Wandspiel zu zweit**	Zu zweit mit einem Ball vor einer Wand: A wirft den Ball gegen die Wand und läuft hinter B durch. B fängt den Ball, wirft ihn gegen die Wand und läuft um A usw. • Auch mit 10-Finger-Pass (Volleyball). • Andere Wurfarten ausprobieren.	
Inhalt	Flugbahneinschätzung		
Ver-halten	Kooperation		
334	**„Squash" mit Werfen**	Zu zweit in einem begrenzten Geld von einer Wand: A wirft den Ball möglichst scharf via Boden an die Wand, so dass es für B schwierig wird, ihn zu fangen. B muss den Ball fangen, bevor er auf den Boden fällt. Anschließend ist er am Werfen. Pro missglücktem Fang gibt es einen Pluspunkt für den Werfer. Geht der Ball ins Aus vor dem Aufprellen, erhält der Werfer einen Strafpunkt.	
Inhalt	Reaktionsschnelligkeit		
Ver-halten	Wir du mir … So ich dir …		

2 Werfen   2.1.5 Bälle (Abwurf/Weitwurf)

Nr.	Name der Spielform / Ziele/Akzente	Idee/Beschreibung	Hinweise/Organisation
335	**Bilateral-Test**	Wer hat die kleinste Differenz zwischen dem Wurf mit der linken Hand und dem mit der rechten Hand? • Auch gegen die Wand: Wer kann von der größten Distanz aus den Ball sowohl links, wie auch rechts werfen und fangen?	
Inhalt	Wurfkraft, Koordination		
Verhalten	Seine „schwache" Seite entdecken		
336	**Dreiball-Wurf**	Wer kann drei (vier) Bälle so schnell nacheinander werfen, dass gleichzeitig 3 (4) Bälle in der Luft sind? Kann ein Mitspieler alle drei Bälle auffangen?	
Inhalt	Wurfkraft, Schnelligkeit		
Verhalten	Kooperation, Koordination		
337	**Treibball**	Zu zweit in einem begrenzten Feld: A beginnt und wirft den (Medizin-)Ball Richtung B. B fängt den Ball und wirft den Ball vom Fangort aus möglichst weit zu A zurück, etc. Wer treibt den anderen zuerst über die Ziellinie? • Auch als Gruppenspiel in kleinen Gruppen oder mit mehreren Bällen. • Auch mit dem Frisbee.	
Inhalt	Wurfkraft, Weitwurf		
Verhalten	Wenn nötig spielt einer mit Handicap		
338	**Differenzler**	Jeder mit einem Ball hinter der Grundlinie: Standweitwurf, dem Ball nachlaufen und aufnehmen. Die Reststrecke muss auf einem Bein, rückwärts, auf allen vieren ... zurückgelegt werden. Wer ist zuerst im Ziel?	
Inhalt	Wurfkraft, Schnelligkeit		
Verhalten	Fairness, auch ohne Schiedsrichter		
339	**Ball treffen**	Zu zweit, jeder mit einem Ball. A wirft den Ball in die Höhe. B versucht, mit seinem Ball den Ball von A zu treffen. Wechsel nach 10 Versuchen.	
Inhalt	Zielwurf		
Verhalten	Kooperation		

2.1.6 Bälle (Werfen – Laufen – Fangen)   2 Werfen

Nr.	Name der Spielform / Ziele/Akzente	Idee/Beschreibung	Hinweise/Organisation
340	**Ball-Artisten**	Zu zweit gegenüber: A wirft zwei verschieden große Bälle zu B, B versucht, beide zu fangen. • Verschiedene Ballpaare ausprobieren. • Verschiedene Wurfarten ausprobieren.	
Inhalt	Koordination		
Verhalten	Kooperation		
341	**Kolonnen-Wettkampf**	Kolonnen zu 4 bis 6 Spieler, vor ihnen steht je ein Werfer mit Ball: Auf ein Zeichen hin spielt der Werfer dem Vordersten den Ball zu, der wirft ihn zurück und setzt sich nieder. Dann erhält der Zweite den Ball, er spielt ihn ebenfalls zurück und setzt sich. Erhält der Letzte den Ball, ersetzt er den Werfer, während die anderen in der Kolonne wieder aufstehen. Bei welcher Gruppe war zuerst jeder 1x Werfer?	
Inhalt	Schnelligkeit		
Verhalten	Miteinander wetteifern		
342	**Farben-Test**	B steht hinter A mit einem Ball. Er wirft A Bälle zu und ruft verschiedene Farben. A darf sich nur bei „Rot!" und „Blau!" drehen und den Ball fangen, bei „Gelb!" darf er nicht reagieren. • In 3er-Gruppe. A spielt B oder C den Ball. B = rot, C = blau	
Inhalt	Reaktion		
Verhalten	Konzentration		
343	**Dreiecks-Lauf**	Zu viert in einem Dreieck, bei einer Ecke stehen zwei Spieler, dort befindet sich auch der Ball: • Den Ball im Dreieck zupassen und dem eigenen Ball nachlaufen. • Der Ball wird in die eine Ecke geworfen, der Werfer läuft in die andere Ecke. Als Stafette: Welches Team hat zuerst 20 Pässe? Verschiedene Wurfarten, verschiedene Bälle.	
Inhalt	Ausdauer		
Verhalten	Konzentration		
344	**Werfer gegen Sprinter**	Wer ist schneller: der Ball, welcher von Werfer zu Werfer gepasst wird oder der Sprinter, welcher die gleiche Strecke wie der Ball zurücklegen muss? Jeder Werfer wird 1x zum Sprinter. Wer schafft es, die Werfer zu schlagen? Evtl. auch mit Vorgabe für den Läufer oder für die Werfer. Nicht zu große Werfergruppen!	
Inhalt	Schnelligkeit		
Verhalten	Kooperation		

2 Werfen

2.1.6 Bälle (Werfen – Laufen – Fangen)

Nr.	Name der Spielform / Ziele/Akzente	Idee/Beschreibung	Hinweise/Organisation
345	**Springender Wechsel**	A und B stehen sich in ca. 8 m gegenüber: A wirft den Ball zu B und wechselt auf den Platz von B. B übergrätscht den aufprellenden Ball und läuft auf die Position von A. A fängt den (selbst geworfenen) Ball nach dem zweiten Aufprellen auf.	
Inhalt	Schnelligkeit, Flugbahneinschätzung		
Verhalten	Kooperieren		
346	**Platzwechsel**	A und B stehen sich in 10 bis 15 m gegenüber: A wirft den Ball zu B, läuft hinterher, um B herum und zurück auf seinen Platz. B wirft den Ball zu A und läuft um A, etc. Welches Paar hat zuerst 20 Durchgänge?	
Inhalt	Schnelligkeitsausdauer		
Verhalten	Spielregeln genau einhalten		
347	**Tigerball**	3 bis 6 Spieler werfen sich einen Ball rasch im Kreis zu. Ein oder mehrere Tiger versuchen, den Ball zu berühren oder zu fangen. Wer einen Fehlwurf macht, löst den Tiger in der Mitte ab.	
Inhalt	Schnelligkeit		
Verhalten	Taktik		
348	**Hol den Ball!**	Zwei Parteien stehen sich an der Mittellinie gegenüber, mit dem Rücken zueinander: Auf Signal werfen alle ihren Ball möglichst weit nach vorne. Danach muss Gruppe A alle Bälle von Gruppe B einsammeln und umgekehrt. Welche Gruppe steht zuerst wieder mit den Bällen auf der Mittellinie? • Nur 1 gegen 1.	
Inhalt	Weitwurf, Schnelligkeit		
Verhalten	Vorsicht beim Weglaufen!		
349	**Peripherer Sehtest**	Zu zweit gegenüber: A wirft B einen Ball zu (in verschiedenen Wurfarten) und streckt mit der Hand eine Zahl auf. B muss, bevor er den Ball fängt und zurückspielt, die Zahl rufen. • Mit 10-Finger-Pass: Beide müssen vor dem Zurückspielen die Zahl des anderen rufen. • A ruft ein Tier, ein Land, ein Getränk, etc. B wiederholt. • A ruft eine Rechnung, B sagt die Lösung.	
Inhalt	Peripheres Sehen		
Verhalten	Konzentration		

2.1.7 Bälle (andere Formen) — 2 Werfen

Nr.	Name der Spielform Ziele/Akzente	Idee/Beschreibung	Hinweise/Organisation
350	**Fuß-Spicker**	A in Rückenlage, B steht mit dem Ball vor A: B wirft den Ball zu A, A versucht, den Ball mit den Fußsohlen zum Partner zurückzustoßen.	
Inhalt	Kraft (Bauch) Ballgeschicklichkeit		
Verhalten	Kooperation		
351	**Fuß-Angel**	A und B im Langsitz gegenüber. A hält einen Ball zwischen den Füßen: A lässt den Ball zu Boden prellen, B versucht, den Ball mit den Füßen vor dem nächsten Aufprellen wieder zu fangen. • A „wirft" den Ball mit den Füßen zu B, B versucht ihn aufzufangen und zurückzuwerfen (mit den Füßen natürlich).	
Inhalt	Kraft (Bauch) Ballgeschicklichkeit		
Verhalten	Gemeinsam etwas erproben		
352	**Fuß-Katapult**	Zu zweit im Langsitz gegenüber (2 bis 3 m Abstand): A hält den Ball zwischen den Füßen, schaukelt etwas rückwärts, zieht die Knie an und stößt im Vorschaukeln den (Medizin-)Ball zu B. B fängt den Ball mit den Händen und stößt ihn ebenso zurück.	
Inhalt	Kraft Ballgeschicklichkeit		
Verhalten	Kooperation		
353	**Drehwurm**	Grätschstellung, (Medizin-)Ball in beiden Händen. Mit Schwung den Ball zwischen den Beinen hindurch rückwärts hochwerfen, sich mit einer halben Drehung sofort aufrichten und den Ball wieder fangen. • Wer schafft noch ein Händeklatschen, etc.?	
Inhalt	Beweglichkeit Orientierung		
Verhalten	Selbsteinschätzung Erfolgserlebnisse		
354	**Ballschule**	Der Ball wird an die Wand geworfen und wieder aufgefangen. Dazwischen sind unterschiedliche Aufgaben zu lösen. Z. B.: • $^1/_1$ Drehung. • 1, 2, 3 Liegestützen. • Hinsetzen und wieder aufstehen. • Vor dem Bauch und hinter dem Rücken in die Hände klatschen. • Überspringen des aufprellenden Balles, etc.	
Inhalt	Ballgeschicklichkeit Koordination		
Verhalten	Eigene Regeln einhalten/erfinden		

2 Werfen 2.1.7 Bälle (andere Formen)

Nr.	Name der Spielform / Ziele/Akzente	Idee/Beschreibung	Hinweise/Organisation
355	**Bandenspiel**	In einer Turnhallenecke: Wer kann den Ball nach zweimaliger Wandberührung wieder fangen? • Auch zu zweit: A wirft den Ball, B muss ihn fangen und umgekehrt (etwa wie Squash).	
	Inhalt: Schnelligkeit, Flugbahneinschätzung		
	Verhalten: Konzentration		
356	**Ballwurf verkehrt**	Zu zweit im Grätschsitz gegenüber: Den Ball hinter dem Rücken fassen und über den Kopf nach vorne zum Partner werfen. Wer findet noch weitere Möglichkeiten? Zeigt sie vor!	
	Inhalt: Beweglichkeit, Ballgeschicklichkeit		
	Verhalten: Fröhliches Turnen zu zweit		
357	**Ballwurf rückwärts**	Zu zweit hintereinander, der Vordere mit einem Ball: A wirft den Ball im Kniestand (oder in einer anderen Stellung) rückwärts über den Kopf zu B. B fängt den Ball, läuft mit ihm vor A und wirft den Ball ebenso rückwärts zu A (Endloskette).	
	Inhalt: Kraft, Ballgeschicklichkeit		
	Verhalten: Miteinander!		
358	**Ballwechsel**	A und B gegenüber in verschiedenen Stellungen, jeder mit einem Ball: • Beide rollen den Ball gleichzeitig zum Partner. • Beide rollen den Ball im Sitzen zuerst in einem großen Bogen um die Füße, dann zum Partner. • Beide rollen den Ball in einer Grätschstellung in der 8 um die Füße und dann zum Partner. • Beide prellen sich den Ball in einem indirekten Zuspiel zu. • Beide werfen sich den Ball zu (ein- und beidhändig). • Vor dem Fangen in die Hände klatschen. • Vor dem Fangen $^{1}/_{1}$-Drehung ausführen. • Vor dem Fangen die Wand, den Boden berühren. • Mit überkreuzten Händen fangen oder werfen. • Unter einem Bein durchwerfen. • Ball über Rücken und Kopf zum Partner werfen. • Eigene Formen finden.	z.B.
	Inhalt: Ballgeschicklichkeit		
	Verhalten: Bewegungserfahrung, Fantasie		

2.2 Gymnastikstab

2 Werfen

Nr.	Name der Spielform Ziele/Akzente	Idee/Beschreibung	Hinweise/Organisation
359	**Stab-Artist**	Jeder mit einem Stab: Den Stab aufwärts oder leicht vorwärts werfen und ihn wieder auffangen, ohne den Fall abrupt abzubremsen. Das Tempo des fallenden Stabes soll beim Fangen genau übernommen werden und der Stab ganz sanft gebremst werden. • Auch zu zweit mit gegenseitigem Zuwerfen des Stabes.	
Inhalt	Koordination		
Verhalten	Konzentration		
360	**Stab-Wurf**	Jeder mit einem Stab: Stab senkrecht einhändig in der Mitte gefasst: Gehen, Laufen, Hüpfen und den Stab senkrecht hochwerfen. Wessen Stab bleibt schön senkrecht in der Luft? • Bei der Begegnung mit einem Partner die Stäbe durch leichtes Zuwerfen tauschen. • Wer kann dieses Werfen und Fangen mit Balancieren verbinden?	
Inhalt	Stabgeschicklichkeit		
Verhalten	Konzentration Begegnung		
361	**Stabwurf-Varianten**	Zu zweit mit je einem Stab: Zuwerfen und Fangen der Stäbe. • Beidhändig, Stab waagrecht oder senkrecht. • Einhändig, Stab waagrecht oder senkrecht. • Im Sitzen, Knien ... • Im Takt zur Musik.	
Inhalt	Stabgeschicklichkeit		
Verhalten	Begegnung		
362	**Stab-Zirkus**	Stab waagerecht in Tiefhalte vorne: Stab hochwerfen und ihn nach Handklatschen über dem Kopf, unter dem Knie, etc., in der Hocke fangen.	
Inhalt	Stabgeschicklichkeit Koordination		
Verhalten	Selbsteinschätzung		
363	**Stab-Jongleur**	Stab auf der Fußspitze balancieren, hochwerfen und mit der flachen Hand auffangen und weiterbalancieren. • Auf dem Knie jonglieren und hochwerfen. • Eigene Formen finden.	
Inhalt	Koordination		
Verhalten	Konzentration		

2 Werfen

2.3 Langbank

Nr.	Name der Spielform Ziele/Akzente		Idee/Beschreibung	Hinweise/Organisation
364	**Kanonenball**		Zwei Parteien stehen sich hinter den Grundlinien des Volleyballfeldes gegenüber. Jeder Schüler hat einen Ball. Auf der Mittellinie stehen zwei Langbänke, auf denen Medizinbälle (oder Kegel) liegen. Auf Zeichen versuchen beide Parteien, die Medizinbälle mit ihren (Hand-)Bällen herunterzuschießen. Sieger ist diejenige Mannschaft, in deren Feld bei Spielabbruch weniger Medizinbälle liegen. (Im Volleyball auch mit Smash). Auch mit links!	
	Inhalt	Wurfkraft Zielwurf		
	Ver- halten	Regeln einhalten		
365	**Bombardement**		Zu zweit gegenüber auf einer Langbank: Ein Medizinball wird hin und her geworfen. Jeder versucht, den Ball so stark zu werfen, dass der andere beim Fangen aus dem Gleichgewicht gerät und von der Bank steigen muss. • Auch mit Stand auf der Schmalkante.	
	Inhalt	Wurfkraft Gleichgewicht		
	Ver- halten	Rücksicht, je nach Partner (Stärke)!		
366	**Welche Gruppe sitzt zuerst?**		Stafette: Die Gruppen verteilen sich gegenüber auf Langbänken. Der Vorderste jeder Gruppe hat einen Ball und beginnt mit dem Zuwerfen. Wer geworfen hat setzt sich. Welche Gruppe sitzt zuerst (steht wieder)?	
	Inhalt	Schnelligkeit		
	Ver- halten	Konzentration		
367	**Bank-Keulen-Völkerball**		Im mittleren Teil der Felder jeder Partei steht je eine Langbank. Darauf stehen je 3 bis 5 Spieler mit Keule. Diese Keule gilt es zu beschützen. Ansonsten wird das Spiel wie Völkerball ausgeführt.	
	Inhalt	Wurfkraft		
	Ver- halten	Taktik		
368	**Sprungwurf**		Anlauf im 3-Schritt-Rhythmus. Nach dem 3. Schritt über die Bank springen und den Ball werfen. • Wurf gegen die Wand, leichter Wurf zum Partner, Wurf auf ein Ziel, Wurf gegen Torwart. • „Schwächere" Seite auch üben.	
	Inhalt	Koordination Wurfkraft		
	Ver- halten	Konzentration		

2.4 Geräte

Nr.	Name der Spielform / Ziele/Akzente	Idee/Beschreibung	Hinweise/Organisation
369 Inhalt / Verhalten	**Tigerball mit Geräten** / Schnelligkeit / Taktik	Beliebige Geräte im Kreis aufgestellt. Darauf stehen (sitzen) einzeln oder zu mehreren die Spieler. Im Kreis befindet sich ein „Tiger". Er muss versuchen, einen Ball, den sich die Kreisspieler von den Geräten aus zu werfen, zu berühren oder zu fangen. Gelingt ihm dies oder fällt der Ball zu Boden, müssen alle Spieler ihr Gerät wechseln. Auch der Tiger versucht, einen Platz zu erwischen. Wer keinen Platz mehr findet, wird neuer Tiger.	
370 Inhalt / Verhalten	**Bockball** / Ausdauer / Taktik	Zwei Parteien spielen gegeneinander Fußball oder Handball. In jedem Freiwurfkreis steht ein Pferd. Der Kreis darf nicht betreten werden. Ein Tor ist erzielt, wenn der Ball zwischen den Beinen des „Bockes" hindurchgeschossen werden kann.	
371 Inhalt / Verhalten	**Trefferball** / Verteidigung / Taktik	Medizinbälle liegen auf den in der Halle stehenden Kästen und Langbänken. Gruppe A versucht, möglichst viele Medizinbälle von den Geräten zu schießen. Gruppe B verteidigt die Bälle. Abstand zu den Geräten mindesten 1 m. Welche Gruppe hat nach dem Rollenwechsel mehr Bälle von den Geräten geschossen? • Mit einem oder mehreren Bällen.	
372 Inhalt / Verhalten	**Ball in den Kasten** / Zielgenauigkeit / Konzentration	Zwei Parteien stehen sich in der durch ein Volleyballnetz (oder Leine) getrennten Halle gegenüber. Jeder besitzt einen Ball. Die Spieler stehen hinter der 3-m-Linie und versuchen, ihren Ball über das Netz in den auf den 3-m-Linien stehenden, offenen Kasten zu werfen. Der Kasten darf nicht verteidigt werden. Welche Partei hat nach 1 Min. mehr Bälle im gegnerischen Kasten? • Auch mit 10-Finger-Pass oder Smash; Wurfarten vorschreiben.	
373 Inhalt / Verhalten	**Kastenball mit Abbau** / Ausdauer / Taktik	Spielregeln wie Handball, aber als Tor dient ein Kasten, welcher getroffen werden muss und der im Freiwurfkreis steht. Der Kreis darf nicht betreten werden, es gibt auch keinen Torhüter. Nach jedem erzielten Tor wird der entsprechende Kasten um ein Element abgebaut. Welche Mannschaft hat zuerst den ganzen Kasten abgetragen? (Das Erzielen eines Tores wird durch die kleiner werdende Trefferfläche immer schwieriger).	

2 Werfen

2 Werfen

2.4 Geräte

Nr.	Name der Spielform / Ziele/Akzente		Idee/Beschreibung	Hinweise/Organisation
374		**Königskopfball**	In jedem Freiwurfkreis steht ein Kasten für den König. An jeder Hallenlängsseite werden zwei Matten als Tore aufgestellt. Vor jeder der beiden Parteien steht ein König auf einem Kasten. Ziel ist es, mit einem Kopfball-Spiel einen Matte (egal auf welcher Hallenseite) zu treffen. Der Kopfball darf aber nur auf Zuwurf des eigenen Königs erfolgen. Die Parteien versuchen also, dem König auf dem Kasten den Ball zuzuspielen und sich gleichzeitig in eine günstige Kopfballposition zu stellen. (Evtl. muss um die Matte ein Halbkreis gezogen werden, der nicht betreten werden darf. Ebenso muss auch das Betreten des Freiwurfkreises um den Kasten herum verboten werden.) Weitere Spielregeln mit den Schülern gemeinsam erarbeiten!	
	Inhalt	Schulung Kopfball		
	Ver-halten	Freilaufen und sich anbieten		
375		**Kniehangwurf**	Zuspiel aus dem Schwingen am Reck. (Das Hangen und Schwingen muss vorher geübt werden).	
	Inhalt	Orientierungs-fähigkeit		
	Ver-halten	Gutes Timing beim Zuwerfen		
376		**Fuß-Ballartist**	Zu zweit: Sprunghohe Ringe. Zuspiel: Ball zwischen die Füße einklemmen und schwingend abwerfen (evtl. auch fangen). • Aus dem Stütz am Barrenende.	
	Inhalt	Koordination		
	Ver-halten	Kooperation		
377		**Gerätegarten**	Verschiedene Geräte sind in der ganzen Halle verteilt. A spurtet und springt auf irgendein Gerät. B verfolgt A prellend (oder wartet am Ort) und spielt A den Ball zu. Nun läuft B weg und A wirft zu. • Zuspiel nur mittels Bodenpass. • Zuspiel nur mit der schwächsten Wurfhand.	
	Inhalt	Geschwindigkeit		
	Ver-halten	Gegenseitig Rücksicht nehmen		

2.5 Zauberschnur

2 Werfen

Nr.	Name der Spielform / Ziele/Akzente	Idee/Beschreibung	Hinweise/Organisation
378 Inhalt Verhalten	**Ball unter die Schnur** Wurfkraft Taktik	Über die Mittellinie (oder längs durch die Halle) wird eine Zauberschnur auf 1 m Höhe gespannt. Gruppen zu 3 bis 4 Spielern stehen sich gegenüber. Der Ball soll unter der Leine durch ins gegnerische Feld geworfen oder gerollt werden, so dass er die gegnerische Grundlinie oder eine Seitenlinie überquert (= 1 Punkt). Drei Zuspiele im eigenen Feld erlaubt. Welche Gruppe hat zuerst 15 Punkte? (Auch mit 2 Medizinbällen möglich).	
379 Inhalt Verhalten	**Wurffenster** Wurfkraft Zielwurf Ehrlich zählen!	Zwei Zauberschnüre werden quer durch die Halle gespannt, so dass ein 1 m breites „Wurffenster" entsteht. (Das Wurffenster kann nochmals in kleinere Fenster unterteilt werden). Zielwürfe durch die „Fenster". Auch als Gruppen- oder Einzelwettkampf. Wer hat zuerst 10 Würfe durch sein Fenster erzielt? (Es wird immer von der gleichen Seite her geworfen, danach Ball holen). Wer trifft noch aus der größten Distanz?	
380 Inhalt Verhalten	**Aufräumen** Wurfkraft Schnelligkeit Nach dem Pfiff ist Schluss (für alle)	Durch zwei Zauberschnüre wird die Halle in 4 Felder unterteilt. 4 Gruppen, jeder Spieler mit einem Ball. Auf Signal werfen alle die Bälle immer wieder in ein gegnerisches Feld. Welche Gruppe hat nach x Sek. weniger Bälle im eigenen Feld? • Mit zwei Gruppen, die je zwei Felder verteidigen müssen.	
381 Inhalt Verhalten	**Bandbasketball** Basketball Taktik	Je eine Zauberschnur (oder ein Absperrband) wird in 3 m Höhe 50 bis 80 cm von der Längswand entfernt gespannt. Diese Bandgassen (ganze Hallenlänge oder beschränkte Gebiete davon) stellen den Korb dar. Durch diesen vergrößerten Zielbereich kann der Korbwurf für die Anfänger wesentlich erleichtert werden. Z. B. Minibasketball 3 gegen 3 in 3 Feldern.	
382 Inhalt Verhalten	**Bandgassen-Basketball** Basketball Taktik	Zwei Zauberschnüre werden im Abstand von 50 bis 80 cm durch die Hallenmitte gespannt und in ca. 3 m Höhe an den Basketballbrettern befestigt. Regeln wie beim Basketball, als Korb gilt ein Wurf durch die Gasse (evtl. eingeschränkte Zonen). Der Korbwurf kann von beiden Seiten der Gasse erfolgen. Pässe über die Bandgasse sind nicht erlaubt. Wird der Ball erobert, kann der Angriff erst erfolgen, nachdem der Ball gegen eine Wand gespielt worden ist.	

2 Werfen   2.6 Verschiedene Wurfgegenstände (Frisbee)

Nr.	Name der Spielform Ziele/Akzente	Idee/Beschreibung	Hinweise/Organisation
	Wurfspielvarianten	Die meisten aufgeführten Spiele mit Ball können variiert und erneuert werden, indem man den normalen Soft-, Tennis- oder Volleyball austauscht und einen „ungewohnten" Ball, einen anderen Wurfgegenstand oder einen Frisbee einsetzt (z. B. Erdball, Pingpong-Ball, Sitzball, Jonglierball, Ball in Socke, Turnschuh, etc.). Einlaufspiele mit Frisbee eignen sich besonders gut für Sport im Freien und können später auch zum eigentlichen Ultimate ausgebaut werden. Mit ungeübten Spielern sollte man den Stoff-Frisbee oder Flugring verwenden und mit einfachen Zuspielübungen beginnen.	Wenn „ungewohntes" Material verwendet wird kommt der Faktor Differenzierung und Anpassung dazu.
383	**Frisbee-Jagd**	2 Reihen, jeder 2. Spieler gehört zur gegnerischen Mannschaft. Jede Gruppe hat einen Frisbee. Durch Zuspiel im Zick-Zack wird von Spieler zu Spieler gespielt. Welche Scheibe ist zuerst durch die ganze Reihe durch? • Verschiedene Wurfarten. • Es muss eine gewisse Strecke zurückgelegt werden. Der erste Spieler, der geworfen hat, läuft an die Spitze der Reihe.	
	Inhalt Genaues Zuspiel		
	Verhalten Fairness		
384	**Zeit sammeln**	Pro Mannschaft 4–5 Frisbees. Es wird eine bestimmte Strecke gelaufen. Dort werden nacheinander die Frisbees in ein bestimmtes Feld (oder auf Hütchen, etc.) geworfen. Die Zeit wird gemessen, bis die Mannschaft fertig ist. Jeder Treffer gibt 3 Sek. Zeitabzug. Welche Mannschaft ist schneller?	
	Inhalt Zielwürfe Schnelligkeit		
	Verhalten Genau ist besser als schnell!		
385	**Im Quadrat**	4 gegen 1 (2) mit einem Frisbee. Die Vierergruppe steht in einem Quadrat. Sie dürfen nicht laufen (Sternschritt erlaubt). 5 fehlerlose Zuspiele in der Vierergruppe ergeben 1 Punkt. Der Feind erzielt Punkte, wenn der Frisbee zu Boden geht oder er ihn berührt. • Verschiedene Gruppen gegeneinander. • Paarweise und laufen erlaubt.	
	Inhalt Täuschen		
	Verhalten Taktik		

2.6 Verschiedene Wurfgegenstände (Frisbee) — 2 Werfen

Nr.	Name der Spielform / Ziele/Akzente		Idee/Beschreibung	Hinweise/Organisation
386	**Schnelle Scheibe**		A und B spielen sich den Frisbee zu, Abstand 1 ca. 4 m. Dasselbe mit einem Abstand 2 von ca. 8 m und dann noch 3 ca. 16 m. Nach 5 (10) gelungenen Zuspielen darf der Abstand vergrössert werden. • Als Wettbewerb: Die Spieler wählen den Abstand selber. Abstand 1 = 1 Punkt, Abstand 2 = 2 Punkte, Abstand 3 = 5 Punkte pro gelungenes Zuspiel	
	Inhalt	Werfen – fangen		
	Ver-halten	Selbsteinschätzung		
387	**Nonstop-Frisbee**		2 Spielerkreise, 1 Frisbee pro Kreis. A wirft den Frisbee zu B und läuft dem Frisbee nach, um die Position von B einzunehmen. • A ruft B zu, wem er den Frisbee zuwerfen muss. • Auf dem Laufweg zu B muss A 3x auf den Boden klatschen (Zuruf vom Spielleiter, immer wieder neue Zahlen rufen, Aufgabe ständig wechseln).	
	Inhalt	Werfen – fangen Ausdauer		
	Ver-halten	Konzentration		
388	**Fliegende Untertasse**		Gruppe A ist im Innenfeld verteilt, Gruppe B im Außenfeld. Gruppe B spielt sich den Frisbee über das Feld zu. Ein gelungenes Zuspiel über das Querfeld = 1 Punkt. Ein Zuspiel über das Längsfeld = 3 Punkte. Die Innenspieler versuchen den Frisbee abzufangen. Gelingt das, werden sofort die Felder getauscht und das Spiel beginnt ohne Unterbruch für die neue Außengruppe. • Mehrere Frisbees. • Jeder Spieler muss 1x geworfen haben, bevor einer ein 2. Mal wirft.	
	Inhalt	Werfen – fangen		
	Ver-halten	Spielübersicht Taktik		
389	**Doppelfeld-Frisbee**		Regeln wie Tennis-Doppel. Fällt der Frisbee im gegnerischen Feld auf den Boden = 1 Punkt. Geht der gegnerische Frisbee ins Aus = 1 Punkt. • Mit dem Frisbee darf gelaufen/nicht gelaufen werden. • Statt 2 gegen 2 auch 4 gegen 4.	
	Inhalt	Zielwurf		
	Ver-halten	Taktik		
390	**Die Kurve kratzen**		Zu zweit oder in kleiner Gruppe. Ein Hindernis (Malstab, Baum, Gerät, etc.) soll umspielt werden. Wie viel „Kurve" ist möglich? Wie muss der Frisbee abgespielt werden, damit er eine Kurve fliegt?	
	Inhalt	Kurvenwurf		
	Ver-halten	Wer hat einen Tipp?		

2 Werfen   2.6 Verschiedene Wurfgegenstände

Nr.	Name der Spielform Ziele/Akzente	Idee/Beschreibung	Hinweise/Organisation
391	**Boccia**	Regeln wie Boccia. Jedes Paar hat 2 Wurfgegenstände (Zündholzschachteln, Pingpong-Bälle, Socken, Jonglierbälle, Turnschuhe, etc. je spezieller desto besser).	
Inhalt	Zielwurf		
Verhalten	Spaß		
392	**Inselfänger**	3–6 Spieler mit einem Wurfgegenstand. A steht in einem Reifen, die anderen hinter einer Linie (Abstand je nach Wurfgegenstand). Abwechselndes Zuspiel, die Fänge von A werden gezählt. Welche Gruppe hat nach 2 Min. am meisten Punkte? • A muss zum Fangen nur mit einem Bein im Reifen stehen. • A muss mit beiden Beinen im Reifen stehen. • Wurfart wird vorgegeben (über Kopf, rw. zwischen den Beinen, etc.).	
Inhalt	Werfen – fangen		
Verhalten	Ehrlich zählen		
393	**Haus-Golf**	Ein vorgegebener Parcours wird zu zweit gelaufen. (Halle: Ecke – Kletterstange – Mittelpunkt – Malstab – etc.) (Im Freien: Baumstamm – Abfallkübel – Fahnenstange – etc.). A spielt den Wurfgegenstand zu B, läuft weiter, B spielt zu A. Das vorgegebene Ziel (Ecke, Fahnenstange, etc.) muss getroffen werden, ansonsten Wurf wiederholen. • Welches Paar schafft den Parcours am schnellsten? • Wer braucht am wenigsten Würfe?	
Inhalt	Werfen-fangen – zielen		
Verhalten	Spielregeln einhalten		
394	**Ecken-Werfen**	Alle Spieler traben langsam im Mittelkreis. Ein Spieler hat einen Wurfgegenstand. Je nachdem in welche Ecke er ihn wirft, muss eine andere Aufgabe außerhalb des Kreises gelöst werden. Wer zuletzt wieder im Kreis sitzt/liegt hat verloren (mögliche Aufgaben: alle 4 Wände berühren, 1x Handstand gegen eine Wand, einen Turnschuh ausziehen und in eine Ecke legen, den Turnschuh wieder anziehen, etc.)	
Inhalt	Je nach Aufgabe		
Verhalten	Konzentration Schnelligkeit		
395	**Spring-Brunnen**	Die Gruppe stellt sich im Kreis auf und beginnt langsam (und mit der Zeit immer etwas schneller) in der Kreisrichtung zu laufen. 1 Spieler steht in der Mitte, ruft einen Namen eines Mitspielers und wirft einen Gegenstand (z. B. Turnschuh) senkrecht hoch. Der Aufgerufene versucht, das hochgeworfene Objekt zu fangen, bevor dieses auf den Boden fällt. Rollenwechsel. • Der Spieler in der Mitte darf durch Zuruf einen Richtungswechsel befehlen. • Der Spieler in der Mitte darf …	
Inhalt	Werfen – fangen		
Verhalten	Konzentration Reaktion		

Eine Art Rugby (ca. 1860) ... Ob sich die Spieler wohl auch aufgewärmt hatten?
(Aus „Mathys, die Ballspiele, Harenberg 1983")

Kapitel 3
Springen

3.1	Ohne Material	102
3.2	Bälle	104
3.3	Springseil	105
3.4	Gymnastikreifen	109
3.5	Gymnastikstab	111
3.6	Langbank	112
3.7	Geräte	113
3.8	Zauberschnur	114

3 Springen 3.1 Ohne Material

Nr.	Name der Spielform / Ziele/Akzente	Idee/Beschreibung	Hinweise/Organisation
396	**Treppenfangen**	Treppenfangen auf einer großen Treppe. Wer auf dem gleichen Tritt steht wie der Fänger ist gefangen und wird zum Fänger. • Stafette an der Treppe mit verschiedenen Gangarten, z. B.: • 3 Stufen aufwärts laufen, 2 Stufen zurück. Wer ist zuerst ganz oben? Dito, abwärts, aber rw laufen. • Stafette mit Würfel: Es müssen so viele Stufen hochgestiegen werden, wie man gewürfelt hat.	
	Inhalt: Kraftausdauer, Schnelligkeit		
	Verhalten: Fairness		
397	**Sprungkonkurrenz**	Wer springt am weitesten? • bei vorgegebener Sprungart (Einhupf). • bei vorgegebener Anzahl Sprünge (Mehrsprung). • bei verschiedenen Sprungkombinationen. (z. B. li, li, re, li, li, re).	
	Inhalt: Sprungkraft, Koordination		
	Verhalten: Gegenseitig kontrollieren		
398	**Gruppenweitsprung**	Welche Gruppe braucht am wenigsten Sprünge, um den Platz zu überqueren? Der Nächste springt dort ab, wo der andere gelandet ist.	
	Inhalt: Sprungkraft		
	Verhalten: Fairness zu zweit		
399	**Kopiergerät**	Jeder Schüler zeigt eine unregelmäßige Sprungfolge vor (z. B. re – re – li – re – beide). Die anderen beobachten und machen die gleiche Kombination fehlerfrei nach.	
	Inhalt: Koordination		
	Verhalten: Konzentration		
400	**Wanderspringen**	Eine Strecke muss von zwei Schülern durchsprungen werden, wobei immer nur einer am Springen ist. Wechsel nach Gutdünken. Welches Paar braucht am wenigsten Sprünge?	
	Inhalt: Sprungkraft		
	Verhalten: Kooperation		

3.1 Ohne Material

3 Springen

Nr.	Name der Spielform Ziele/Akzente	Idee/Beschreibung	Hinweise/Organisation
401	**Unterschenkel-ziehkampf**	A und B stehen sich gegenüber und haken die re (li) Unterschenkel ineinander. • Wer kann so seinen Gegner rw über eine Linie ziehen? • Wer kann den Gegner sw bis zu einer Linie ziehen?	
Inhalt	Kraft		
Ver-halten	Taktik		
402	**Böckchen springen**	A stellt sich als Böckchen hin, B übergrätscht ihn und stellt sich danach für A als Böckchen hin (Endloskette, auch als größere Schlange möglich).	
Inhalt	Ausdauer		
Ver-halten	Gute Spannung beim Böckchen		
403	**Hindernisspringen**	Statt eines Böckchens macht A irgend ein anderes Hindernis (z. B. ein Bein waagerecht hochhalten). B muss selbst entscheiden, wie er das Hindernis überquert.	
Inhalt	Ausdauer		
Ver-halten	Fantasie		
404	**Hinkfangen**	Zwei Mannschaften, jeder ist Fänger und Verfolgter zugleich (Gruppe A fängt Gruppe B und umgekehrt). Fortbewegung nur auf einem Bein, das andere wird mit einer Hand gehalten. Wer gefangen wird setzt aus und kann von einem freien Gruppenmitglied durch Handschlag erlöst werden. Welche Mannschaft kann die andere ausschalten, d. h., alle zum Sitzen bringen?	
Inhalt	Kraftausdauer		
Ver-halten	Taktik		
405	**Hinkrennen**	A und B stehen Rücken an Rücken und fassen je ein Fußgelenk des Partners. Aufstellung paarweise auf der Grundlinie. Welches Paar hat ohne loszulassen zuerst eine bestimmte Strecke zurückgelegt?	
Inhalt	Kraftausdauer		
Ver-halten	Kooperation Spaß		

3 Springen

3.2 Bälle

Nr.	Name der Spielform Ziele/Akzente		Idee/Beschreibung	Hinweise/Organisation
406	**Rhythmusspringen**		Zu zweit mit einem Ball. A prellt einen Ball in verschiedenen Rhythmen. B versucht, genau so zu hüpfen, wie der Ball prellt, d. h.: im gleichen Rhythmus wie der Ball hochspringt.	
	Inhalt	Rhythmus		
	Ver-halten	Konzentration		
407	**Rhythmusspringen verkehrt**		A prellt einen Ball möglichst stark auf den Boden. Jedes Mal, wenn der Ball wieder am Boden aufprellt, muss sich A in der Luft befinden. Die Sprünge folgen in immer kürzeren Abständen, bis der Ball liegen bleibt.	
	Inhalt	Rhythmus		
	Ver-halten	Konzentration		
408	**Roll-Sprung-Ball**		Zu dritt mit dem Ball. A rollt den Ball zu B und C überspringt den rollenden Ball. Dann rollt B den Ball zu C und A überspringt ihn, etc.	
	Inhalt	Koordination		
	Ver-halten	Konzentration Begegnung		
409	**Klemmball**		Wer springt am weitesten mit dem eingeklemmten Ball, ohne diesen zu verlieren? • Wähle deine Distanz zur Ziellinie selbst. Kannst du genau auf die Linie springen? • Gelingt dies auch mit geschlossenen Augen?	
	Inhalt	Sprung-geschicklichkeit		
	Ver-halten	Körper- und Distanzgefühl		
410	**Timing-Sprünge**		• Wer kann den Ball im höchsten Punkt fangen? • Wer kann so hochspringen, dass er den Ball erst kurz vor der Landung fangen kann? • Wer findet eigene Sprung-/Wurfkombinationen?	
	Inhalt	Absprung-Timing		
	Ver-halten	Fantasie		

3.3 Springseil 3 Springen

Nr.	Name der Spielform Ziele/Akzente	Idee/Beschreibung	Hinweise/Organisation
411	**Wilder Westen**	Einhändiges Kreisen des Seils über dem Boden und in Schlusssprüngen beidbeinig darüberspringen. Auch im Wechsel mit Kreisen des Seils über dem Kopf. Eigene Variationen?	
Inhalt	Koordination		
Ver-halten	Rücksicht auf andere nehmen!		
412	**Lasso-Springen**	Zu zweit: A lässt im Hockstand das Seil unter den Füßen des Springenden B kreisen, während B sein Seil über den Kopf von A kreisen lässt. • Ist es auch abwechslungsweise möglich (d. h.: abwechslungsweise hochspringen und in die Hocke gehen)? • B schwingt, A springt – A schwingt, B springt.	
Inhalt	Koordination		
Ver-halten	Kooperation		
413	**Kreis-Lasso**	Zu dritt: A steht zwischen B und C und schwingt das gestreckte Seil im Kreis herum. B und C müssen jeweils im richtigen Augenblick darüberspringen. • In einer größeren Gruppe mit zwei zusammengeknoteten Seilen. Wer das Seil berührt, wird zum neuen Seilschwinger.	
Inhalt	Absprung-Timing		
Ver-halten	Kooperation		
414	**Sprunggarten**	Die Hälfte der Gruppe hält in Paaren die Seile waagerecht über dem Boden, die andere Hälfte springt in verschiedenen Sprungarten darüber. • Die „Seilhalter" hüpfen am Ort. • In Stafettenformen.	
Inhalt	Ausdauer Koordination		
Ver-halten	Das Seil ruhig halten (Fairness!)		
415	**Hüpfen zu zweit**	A und B stehen dicht nebeneinander, die inneren Hände gefasst, das Seil wird mit den äußeren Armen geschwungen: • Beide hüpfen gleichzeitig im Seil. • A springt vw, B rw.	
Inhalt	Sprungkraft		
Ver-halten	Kooperation		

3 Springen 3.3 Springseil

Nr.	Name der Spielform Ziele/Akzente	Idee/Beschreibung	Hinweise/Organisation
416	**Seil-Graben**	Die Seile liegen parallel hintereinander (oder gefächert) am Boden. Wer erreicht das letzte Seil ... • mit Einbeinsprüngen? • mit Laufsprüngen? • mit Froschhüpfen?	
Inhalt	Sprungkraft Rhythmus		
Ver- halten	Selbsteinschätzung		
417	**Springende Reihe**	Die Übenden stehen in einer Kolonne, der erste hat das Seil. Auf Zeichen erfasst der Zweite das andere Ende der Seils, und beide laufen nun beidseits der Kolonne nach hinten, indem sie das Seil dicht über dem Boden halten. Die Übenden in der Kolonne müssen nacheinander das Seil überspringen. Am Ende angekommen, lässt der Erste das Seil los und reiht sich am Ende ein, während der andere mit dem Seil nach vorne läuft und mit dem Dritten das gleiche macht.	
Inhalt	Koordination		
Ver- halten	Bitte keine Spielverderber!		
418	**Polonaise**	In 4er- bis 8er- Gruppen je zu zweit mit einem Seil: • Erfindet Polonaise – Formen mit überspringen, unten durchkriechen, Slalom, etc. Sucht interessante Laufwege, nutzt die ganze Halle aus!	
Inhalt	Ausdauer		
Ver- halten	Fantasie		
419	**Figuren springen**	Versucht, im vw-Springen mit dem Seil eine vom Lehrer vorgestellte Figur zu laufen, z. B. Buchstaben, ganze Wörter, geometrische Formen. • Auch als Ratespiel zu zweit: A springt voraus, B hintendrein. B muss herausfinden, welchen Buchstaben A meint.	
Inhalt	Ausdauer		
Ver- halten	Gestalten		
420	**Synchronspringen 1**	Zu zweit mit je einem Seil. A springt mit seinem Seil und verändert immer wieder die Geschwindigkeit. B springt auch und versucht, sich dem Tempo von A möglichst gut anzupassen. • Welches Paar kann die Rollen tauschen, ohne den Seilschwung zu unterbrechen?	
Inhalt	Rhythmus		
Ver- halten	Kooperation		

3.3 Springseil   3 Springen

Nr.	Name der Spielform Ziele/Akzente	Idee/Beschreibung	Hinweise/Organisation
421	**Synchronspringen 2**	A und B zusammen mit einem Seil nebeneinander, je ein Seilende mit der inneren Hand gefasst: 1. Seil schwingen (rundherum): A führt $\frac{1}{2}$-Drehung aus, springt über das Seil und dreht zurück auf seinen Ausgangsplatz. 2. Dann B ebenso. 3. Beide machen $\frac{1}{2}$-Drehung zueinander und springen gleichzeitig. 4. Weiterdrehen und das Seil in die andere Hand übergeben.	
Inhalt	Koordination		
Ver-halten	Kooperation		
422	**Kreisspringen**	A und B stehen nebeneinander, beide halten das Seilende in der re Hand. Während A am Ort stehen bleibt (als Kreiszentrum) und das Seil kreist, dreht B springend eine Runde um A herum. Danach fliegender Rollenwechsel, A umkreist B. • Mit Seildurchschlägen vw oder rw.	
Inhalt	Koordination		
Ver-halten	Kooperation		
423	**Allein – zu zweit allein**	Zu zweit mit einem Seil gegenüber. A springt im Seil, B wartet einen günstigen Moment ab (außerhalb des Seils), bis er unter dem Seil durchlaufen und vor A mit ihm springen kann. Beide springen zusammen, bis B das Seil wieder (rw) verlässt.	
Inhalt	Koordination		
Ver-halten	Kooperation		
424	**Kombination**	Aufstellung wie „Allein-zu-zweit". • Aber A übergibt das Seil an B. • Aber vor Seilübergabe macht B $\frac{1}{2}$-Drehung im Seil. • B springt hinter A ins Seil, so dass sie hintereinander springen.	
Inhalt	Koordination		
Ver-halten	Kooperation		
425	**Englisch- Seilspringen**	A und B stehen sich gegenüber und schwingen mit beiden Händen zwei Seile nacheinander nach außen (Rhythmus!). C versucht, durch Unterlaufen oder Überspringen der Seile auf die andere Seite zu gelangen. • C versucht, in die Seile hineinzuspringen und am Ort in beiden Seilen zu hüpfen (bzw. es wird mehr zum Laufen mit hohem Knieheben).	
Inhalt	Rhythmus		
Ver-halten	Kooperation		

3 Springen 3.3 Springseil

Nr.	Name der Spielform Ziele/Akzente	Idee/Beschreibung	Hinweise/Organisation

426 **Spring-Konkurrenz 1**

Inhalt: Kraftausdauer der Fuß- und Beinmuskeln

Verhalten: Selbsteinschätzung Fantasie

- Wer kann in Schrittwechselsprüngen hüpfen?
- Wer kann im Kreuzstand hüpfen? (Beine wechselweise voreinander überkreuzen).
- Wer kann Doppelhüpfen mit Seildurchzügen sw?
- Wer kann in der Hocke hüpfen? (Mit normalem Seil und den Armen in Seithalte oder mit verkürztem Seil).
- Wer kann ein Viereck hüpfen (vw-sw-rw-sw)?
- Wer eine weitere Möglichkeit „erfunden" hat, darf diese demonstrieren!

427 **Spring-Konkurrenz 2**

Inhalt: Koordination Ausdauer

Verhalten: Selbsteinschätzung

- Wer kann in einem Sprung zwei (drei) Durchzüge machen?
- Wer kann von einer Erhöhung niederspringen und vor dem Landen drei Durchzüge machen?
- Auch mit Minitramp oder Trampolin.
- Wer kann mit gekreuzten Armen hüpfen?
- Wer kann mit wechselnden Rhythmen (aber im gleichen Takt) hüpfen? Z. B. in der gleichen Zeit 2 kurze oder 1 langer Durchzug.

428 **Schwungseil**

Inhalt: Koordination

Verhalten: Als Seilhalter durch geschicktes Schwingen den Springern helfen

Zwei Schüler schwingen das Schwungseil (oder zwei zusammengeknüpfte Springseile) möglichst regelmäßig.
Die anderen lösen folgende Aufgaben:
- Von beiden Seiten her unten durchlaufen.
- Von beiden Seiten her ins Seil hineinspringen und darin einige Male hüpfen.
- Dito, aber dem Springenden wird ein Ball zugeworfen, welchen er fängt und zurückwirft.
- Dito, aber zwei springen miteinander im Seil und werfen sich einen Ball hin und her.
- Wer kann mit seinem Springseil unter dem Schwungseil durchlaufen, ohne das Schwungseil zu stören?
- Dito, wer kann mit dem Springseil im Schwungseil Seil springen? Auch: Das Springseil macht zwei Durchzüge, während das Schwungseil einen macht.
- Zwei Schwungseile gekreuzt: Die Seile müssen so geschwungen werden, das sie gemeinsam oben und unten sind. Wer kann darin springen?

3.4 Gymnastikreifen

3 Springen

Nr.	Name der Spielform / Ziele/Akzente	Idee/Beschreibung	Hinweise/Organisation
429	**Zweier-Reifen-Springen**	Zu zweit im Abstand von ca. 5 m auseinander, vor jedem liegt ein Reifen. In den eigenen Reifen hinein- und hinaushüpfen, zum Reifen des Partners laufen und wieder hüpfen. Welches Paar findet einen interessanten Raumweg und einen gemeinsamen Rhythmus? Welches Paar kann abwechselnd in den gleichen Reifen springen? • Mit Musik	
Inhalt	Gestalten Rhythmus		
Verhalten	Kooperation		
430	**Reifenhochsprung**	Wer kann Scherspünge über den rollenden Reifen mit Absprung re oder li springen? • Nur mit einem Zwischenschritt, fortgesetzte Sprünge.	
Inhalt	Koordination		
Verhalten	Spielregeln einhalten		
431	**Sprungvariationen**	Reifen im Raum verteilen. Jeder Schüler versucht, auf möglichst viele verschiedene Arten in seinen Reifen hinein- und hinauszuspringen. Z. B.: Mit einem Bein, beidbeinig, von einem aufs andere Bein, vw, rw, sw (vergleiche mit Gummitwist). Interessante Sprünge oder Sprungfolgen werden von allen wiederholt.	
Inhalt	Ausdauer		
Verhalten	Fantasie		
432	**Paar-Reifen-Springen**	Gleich viele Reifen wie Schüler werden ohne Zwischenräume ausgelegt. Je zwei Schüler geben sich die Hand. Sie müssen sich neben den anderen Paaren einen Weg durch die Reifen suchen, wobei sie einbeinig hüpfen und jeweils zusammen nur einen Reifen besetzen. • Als Wettkampf: Welches Paar macht in 2 Min. am meisten Sprünge von Reifen zu Reifen?	
Inhalt	Kraftausdauer		
Verhalten	Kooperation		
433	**Sprung-Computer**	Die Reifen sind frei im Raum verteilt. A und B bilden eine „Computer-Gruppe". A springt eine beliebige Anzahl Sprünge nach freier Wahl. B (der Computer) merkt sich die Sprungfolge. Danach versucht der „Computer B", genau die gleiche Sprungkombination zu springen. A kontrolliert. • Immer schwierigere und längere Kombinationen wählen!	
Inhalt	Sprungkraft		
Verhalten	Fantasie und Selbsteinschätzung		

3 Springen

3.4 Gymnastikreifen

Nr.	Name der Spielform Ziele/Akzente	Idee/Beschreibung	Hinweise/Organisation
434	**Reifen-Sprung-Kombination**	Die Reifen liegen in einer Doppelreihe. Jeder zeigt eine Sprungkombination vor, welche alle nachmachen, z. B. li–li–re–beide. • Jedes Paar springt eine Kombination synchron (zur Musik?!).	
Inhalt	Ausdauer Koordination		
Ver-halten	Konzentration		
435	**Kleeblatt-Springen**	Jedes Paar hat vier Reifen und erfindet eine eigene Sprungfolge. • A zeigt eine Folge vor, die B nachher genau kopieren muss.	
Inhalt	Koordination		
Ver-halten	Gestalten		
436	**Gummitwist mit Reifen**	Zu zweit, A hält den Reifen, B springt. Wie beim Gummitwist werden auch hier verschiedene Formen gesucht, in und über den Reifen zu springen. Der Reifen kann auf verschiedenen Höhen gehalten werden. • B zeigt eine Folge vor, die A nachher genau nachmachen muss. • Wechsel, wenn der Reifen mit einem Körperteil berührt wird. Andere Regeln erfinden!	
Inhalt	Ausdauer		
Ver-halten	Fantasie		
437	**Hüpf-Spiel**	Gruppenweise werden die Reifen in verschiedene Figuren ausgelegt, z. B. im Zick-Zack, im Kreis. Jede der Gruppen versucht, die Figur auf eine andere Art (von Reifen zu Reifen) zu durchhüpfen.	
Inhalt	Allg. Sprungkraft-schulung		
Ver-halten	Fantasie		
438	**Einfangen**	Fänger und Gejagte hüpfen auf einem Bein (auf Pfiff erfolgt jeweils Beinwechsel). Die Fänger versuchen, jemanden mit dem Reifen einzufangen, d. h., jemandem den Reifen über den Körper zu streifen. Gefangene übernehmen die Reifen.	
Inhalt	Kraftausdauer		
Ver-halten	Vorsicht		

3.5 Gymnastikstab

3 Springen

Nr.	Name der Spielform Ziele/Akzente	Idee/Beschreibung	Hinweise/Organisation
439	**Stab-Hoch-Springen**	A und B stehen sich gegenüber. A hält einen Stab waagerecht auf Kniehöhe (evtl. Hüfthöhe) B überspringt den Stab in verschiedenen Formen, z. B. Scherensprung, Hocke, Grätsche, Rösselsprung ... • A beschreibt mit dem Stab einen Kreis und B überspringt den Stab.	
Inhalt	Sprungkraft Koordination		
Ver- halten	Den Stab ruhig halten		
440	**Stabreihe**	Die Stäbe werden parallel in eine Reihe gelegt: Sprungschulung über die Stäbe in verschiedenster Form. Z. B.: • Einbeinsprünge • Doppelsprünge sw • Froschhüpfen • Sprungkombinationen, z. B. li–li–re, li–li–re • Laufsprünge li–re–li–re • Einbein-Slalomhüpfen um die Stäbe etc.	
Inhalt	Sprungschulung Rhythmus		
Ver- halten	Fröhliches Sprungkraft-Training		
441	**Hindernisspringen**	Zu zweit, zwei Stäbe liegen parallel nebeneinander auf dem Boden (ca. 70 cm Abstand). Zeigt einander Hüpfformen über und zwischen den beiden Stäben! (Vergleich Gummitwist). Alle Stäbe liegen in einer Doppelreihe: Sucht Hüpfformen durch die Gasse. Auch rhythmisch zu Musik! Auch A hinter B: B macht alles nach, was A vorspringt.	
Inhalt	Gestalten Rhythmus		
Ver- halten	Kooperation zu zweit		
442	**Indischer Bambustanz**	Mit Stäben, besser mit etwas längeren Bambusrohren oder Besenstielen. A und B fassen die Stäbe und klopfen: 2x auf den Boden klopfen, 1x Stäbe gegeneinander schlagen. C versucht, in diesen Stäben zu hüpfen, ohne eingeklemmt zu werden; z. B. 2x drinnen, 1x übergrätschen. • Auch mit 4 gekreuzten Stäben: In der Mitte zu springen ist besonders schwierig!	
Inhalt	Sprungkraft Reaktion		
Ver- halten	Kooperation		
443	**Sprung-Stab**	Die Übenden laufen in einer Kolonne rund um das Feld und haben den Stab re gefasst. Auf ein Zeichen, welches später immer in kürzeren Abständen folgt, fasst der Vorderste den Stab waagerecht an einem Ende und läuft in die entgegengesetzte Richtung, den Stab so haltend, dass ihn alle anderen in der Kolonne überspringen müssen. • 2 Stäbe hintereinander, die übersprungen werden müssen.	
Inhalt	Ausdauer		
Ver- halten	Sei fair!		

3 Springen

3.6 Langbank

Nr.	Name der Spielform Ziele/Akzente	Idee/Beschreibung	Hinweise/Organisation
444	**Hockstandsprünge**	Springt aus dem Hockstand am Boden mit einer Streckung des gesamten Körpers in den Hockstand auf die Langbank und von dort wieder mit einem Strecksprung in den Hockstand am Boden!	
Inhalt	Sprungkraft Koordination		
Ver- halten	Bewegungsqualität		
445	**Hürden-Lauf**	Mehrere Langbänke in verschiedener Anordnung: • Überspringen der Bankreihe mit einem bestimmten Schrittrhythmus (3-Schritt, 5-Schritt). Landung auf dem Schwungbein oder auf dem Sprungbein oder auf beiden Beinen. • Steigsprünge über die Bänke (ein Fuß setzt zum Absprung auf der Bank auf).	
Inhalt	Ausdauer		
Ver- halten	Gestellte Aufgabe exakt ausführen		
446	**Langbank- Rhythmus-Schulung**	Z. B. als Gruppenarbeit: Zeichnet verschiedene Möglichkeiten auf, wie die Langbänke aufgestellt werden könnten und erprobt an einer Aufstellung verschiedene Sprungkombinationen und Laufwege! Danach führen die Gruppen ihre Ergebnisse vor und alle anderen turnen nach.	
Inhalt	Rhythmus		
Ver- halten	Gestalten		
447	**Doppelbank**	Zwei Bänke werden kreuzweise aufeinandergestellt (obere Bank mit Sitzfläche nach unten). Verschiedene Formen von Überspringen: • Re abspringen und li landen. • Re abspringen und auf beiden Beinen landen. • Re abspringen und re landen. • Beidbeinig abspringen und landen etc.	
Inhalt	Sprungschulung		
Ver- halten	Anregung zu eigenen Formen		
448	**Graben-Springen**	Wer kann aus der Hocke auf der Langbank den weitesten „Graben" am Boden überspringen? (Landung auf der Matte, welche immer weiter von der Bank weggeschoben wird.)	
Inhalt	Sprungkraft Koordination		
Ver- halten	Vorsicht beim Absprung!		

3.7 Geräte

3 Springen

Nr.	Name der Spielform Ziele/Akzente	Idee/Beschreibung	Hinweise/Organisation
449	**Sprunggarten**	Viele Kastenteile (oder andere Hindernisse) in der Halle verteilt. • Wer überspringt in 2. Min. die meisten Kastenteile? • Als Gruppenwettkampf (z. B. in Dreiergruppen hintereinander). • Überspringen eines liegenden Kastenteils = 1 Punkt, aufgestellter Teil = 2 Punkte.	
Inhalt	Kraftausdauer		
Verhalten	Ehrlich zählen!		
450	**Sprungkonkurrenz**	Kästen mit unterschiedlich vielen Elementen. • Auf welchen Kasten kannst du gerade noch springen? • Welche Kasten kannst du noch überspringen? (Landung auf einer Matte).	
Inhalt	Sprungkraft		
Verhalten	Mut Selbsteinschätzung		
451	**Niedersprünge**	Sprung von einem Kasten hinunter. Wie hoch kannst du sofort auf einen anderen Kasten hochspringen? Auf 1, 2 ... Elemente? Kannst du auch niederspringen und direkt über ein Element weiterspringen? (Achtung Wirbelsäule! Kastenhöhe dem Alter und dem Trainingsstand anpassen.)	
Inhalt	Sprungkraft Koordination		
Verhalten	Hinweis auf weiche Landung		
452	**Einbeinrennen**	Die Paare stehen hinter der Grundlinie, halten eine Matte und legen ein Bein darauf. Welches Paar ist so hüpfend zuerst am Ziel? Beispiele: Kleiner Parcours, Slalom, eine Länge mit Beinwechsel usw. • Auch in Dreier- oder Vierergruppen.	
Inhalt	Kraftausdauer		
Verhalten	Kooperation		
453	**Anhänger**	Wer lässt sich nicht abhängen? A und B ziehen die Matte. C steht mit einem Fuß auf der Matte, mit dem anderen dahinter. Los gehts!	A+B C
Inhalt	Gleichgewichts- fähigkeit		
Verhalten	Miteinander Spaß		

3 Springen 3.8 Zauberschnur

Nr.	Name der Spielform Ziele/Akzente	Idee/Beschreibung	Hinweise/Organisation
454	**Spinnennetz**	Freies Laufen im Spinnennetz: Das Netz darf beim Übersteigen, Unten-durchkriechen und Überspringen nie berührt werden. • Verfolgungsläufe durchs „Labyrinth", z. B. mit Start vor den gegenüberliegenden Seiten. Anregung: Spinnennetz von den Schülern „spinnen" lassen!	
	Inhalt: Ausdauer		
	Verhalten: Seil nicht berühren!		
455	**Spinnenfangen 1**	Die Spinne versucht, die Fliege zu fangen. Hinweis: Möglichst schwere Ständer oder vorhandene Einrichtungen wie Reckstangen-Ständer, Haken an der Wand usw. verwenden und die Zauberschnur gut befestigen!	
	Inhalt: Schnelligkeit		
	Verhalten: Berührt = gefangen!		
456	**Spinnenfangen 2**	Schwarzer Mann: Fliegen außen, Spinne innen. Die Spinne versucht, die nach innen stürmenden Fliegen abzufangen, etc.	
	Inhalt: Ausdauer		
	Verhalten: Rücksicht der Mitspieler		
457	**Sprungschule**	• Scherprünge mit schrägem Anlauf über die Schnüre, einmal re, einmal li. • Jeder Pfosten muss 1x umkreist werden. Die Schnüre können dabei übersprungen oder durchkrochen werden. • Ausdauerschulung, Organschulung mit entsprechend vielen Durchgängen und niedrigerem Tempo.	SPRUNGGARTEN VOR DER STUNDE EINRICHTEN UND AUSPROBIEREN!
	Inhalt: Sprungschulung		
	Verhalten: Rücksicht auf die Anlage!		
458	**Rundlauf**	• Scherprüngen von beiden Seiten. • Hock- und Grätschsprünge. • Mit Matten: Wälzersprünge, Hechtrollen. • Stafette: Start bei der Wand: Wer hat zuerst 20 Sprünge? (Immer wieder zur Wand zurückkehren).	
	Inhalt: Je nach Sprungform		
	Verhalten: Fröhliches Gruppentraining		

3.8 Zauberschnur

3 Springen

Nr.	Name der Spielform / Ziele/Akzente	Idee/Beschreibung	Hinweise/Organisation
459	**Zonenspringen**	In die Weite oder in die Höhe. Wer seine Weite/Höhe geschafft hat, probiert es 1 m weiter re. Im Freien in die Sandgrube, in der Halle v. a. bei den Weitsprüngen auf die Weichmatte.	
Inhalt	Sprungkraft		
Verhalten	Selbsteinschätzung		
460	**Spirale**	Die Zauberschnur wird in einer Spirale ausgelegt: Sucht verschiedene Sprungformen über das Seil! Ein- und beidbeinig. • Mit Schlangenform, Zickzack …	
Inhalt	Ausdauer		
Verhalten	Fantasie		
461	**Wilde Schlange**	A hält ein Seilende fest, B gibt dem Seil durch Aufwärts/Abwärts- oder seitwärts-Bewegungen Schwung. (Das Seil schlängelt). Die Schüler springen in verschiedenen Formen über dieses unruhige Seil, ohne es zu berühren.	
Inhalt	Koordination		
Verhalten	Konzentration		
462	**Sprungfenster**	Zwei stehende Spieler bilden mit zwei Zauberschnüren ein „Fenster". Eine Schnur wird in Reichhöhe, die andere in Hüfthöhe gehalten. Die Spieler springen durchs „Fenster", ohne eines der beiden Seile zu berühren. • Verschiedene Absprungarten. • Verschiedene Landungen, z. B. auf dem Schwungbein, auf dem Sprungbein, beidbeinig …	
Inhalt	Sprungschulung		
Verhalten	Kooperation		
463	**Fangseil**	2 Spieler laufen mit dem gespannten Seil in der Halle umher und versuchen, jemanden mit dem Seil zu berühren. Die anderen entkommen der Berührung, indem sie immer wieder über das nahende Seil springen. Wer vom Seil berührt wird, löst seinen „Fänger" ab.	
Inhalt	Koordination		
Verhalten	Fänger: Seil tief halten!		

3 Springen 3.8 Zauberschnur

Nr.	Name der Spielform Ziele/Akzente	Idee/Beschreibung	Hinweise/Organisation
464	**Gummitwist**	Das bei den Kindern beliebte Gummitwist eignet sich ausgezeichnet zur Förderung von Sprungkraft und Gewandtheit! Verschiedene Sprungarten auf verschiedenen Höhen (Knöchel, Knie, Hüfte, Achsel) und in verschiedenen Abständen (hüftbreit, Füße geschlossen, weiter Grätschstand, Einbein). Wer einen Fehler macht, löst ab!	
Inhalt	Kraftausdauer Koordination		
Verhalten	Kooperation Spaß		
465	**Zauberfangen**	2 bis 4 fangen die frei im Feld herumlaufenden Hasen. Diese können sich durch einen Sprung über die Zauberschnur retten. Im „Bau" (= hinter der Zauberschnur) dürfen aber höchstens zwei Hasen sein. (Zauberschnur ca. auf Hüfthöhe). • Im Freien kann man sich durch einen Sprung auf die Hochsprungmatte retten.	
Inhalt	Ausdauer Schnelligkeit		
Verhalten	Risiko eingehen		
466	**Schräge Leine**	Wer kann die Leine noch mit dem Kopf berühren? Verschiedene Sprungtechniken, Absprungtechniken, Anlauflängen usw. vorgeben!	
Inhalt	Sprungkraft		
Verhalten	Selbsteinschätzung		
467	**Schräge Leine (liegend)**	Die Zauberschnur ist z. B. in einer Sandgrube schräg gespannt. Es werden verschiedene Sprungarten vorgegeben, z. B.: Abspringen mit einem Bein, mit beiden Beinen, mit oder ohne Anlauf usw. Dabei soll der Spieler immer vor dem jeweiligen Sprung wahrsagen, auf welcher Breite er gerade noch den Graben überspringen kann.	Distanz vom Absprung zur Leine den Voraussetzungen anpassen:
Inhalt	Sprungkraft		
Verhalten	Selbsteinschätzung		
468	**Zauber-Schleuder**	Gruppen von ca. 9 Spielern mit je einer Zauberschnur. A + B + C halten die Zauberschnur auf ca. Wadenhöhe im Dreieck gespannt. Unvermittelt lässt C die Schnur lospicken. Wer schafft es, nicht berührt zu werden, resp. die Schnur zu überspringen? A, B, C werden laufend gewechselt. • Wer schafft es nach 10x am wenigsten Beintreffer einzufangen? • Höhe der Zauberschnur variieren.	
Inhalt	Reaktion		
Verhalten	Ehrlich zählen		

3

Kapitel 4
Kräftigen

Wie und wo dehnen? / Wie und wo kräftigen?	120
4.1 Ohne Material	126
4.1.1 Beine	126
4.1.2 Rumpf	131
4.1.3 Arme/Schultern	136
4.1.4 Ganzkörperübungen	138
4.1.5 Liegestützvariationen	145
4.2 Bälle	150
4.2.1 Beine	150
4.2.2 Rumpf	151
4.2.3 Arme/Schultern	155
4.2.4 Ganzkörperübungen	156
4.3 Springseil	158
4.4 Gymnastikreifen	159
4.5 Gymnastikstab	161
4.6 Spielband	165
4.7 Langbank	166
4.8 Sprossenwand	168
4.8.1 Beine	168
4.8.2 Rumpf	169
4.8.3 Arme/Schultern	171
4.9 Geräte	173

4 Kräftigen

Wie und wo dehnen?/Wie und wo kräftigen?

Aus der folgenden Übersicht kann herausgelesen werden, welche Muskeln vor allem gekräftigt und welche eher gedehnt werden sollen (Einteilung nach SPRING et al.).

Dehnen: Tonische, zur Verkürzung neigende Muskeln	Kräftigen: Phasische, zur Abschwächung neigende Muskeln
1 **Hintere Unterschenkelmuskulatur** (= Wadenmuskulatur) U. a. zur Vermeidung und Behandlung von Achillessehnenproblemen. Oberer Teil der Wade wird mit gestrecktem, unterer Teil mit gebeugtem Knie gedehnt.	2 **Vordere Unterschenkelmuskulatur und Fußgewölbe** Bessere Fuß-Stabilisierung, weniger Übertreten, bessere Stoßdämpfung.
3 **Vordere Oberschenkelmuskulatur (Quadriceps) und vordere Hüftlendenmuskulatur (Iliopsoas)** ● Quadrizeps: v. a. oberer Teil. Iliopsoas (!): Einer, der am häufigsten verkürzten Muskeln (durch viel Sitzen!). Verkürzung kann Kreuzschmerzen auslösen, und zwar umso mehr, je schwächer der Gesäßmuskel ist.	3 **Vordere Oberschenkelmuskulatur** ● Quadrizeps: v. a. unterer Teil Kniestabilisation!

4 Kräftigen

Dehnen: Tonische, zur Verkürzung neigende Muskeln	Kräftigen: Phasische, zur Abschwächung neigende Muskeln
4 Hintere Oberschenkelmuskulatur ● Dehnen zur Vermeidung von Zerrungen, welche sehr häufig diese Muskeln betreffen.	**4 Hintere Oberschenkelmuskulatur** ● Meist wird nur der Kniestrecker auf der Vorderseite gekräftigt (z. B. Kniebeugen, Froschhüpfen ...). Damit kein Ungleichgewicht zwischen Vorder- und Hinterseite entsteht, muss auch der Kniebeuger (hinten) gekräftigt werden.
5 Innere Oberschenkelmuskulatur Bei Verkürzung können Leistenprobleme entstehen. Dehnung mit gestrecktem Knie.	
6 Hintere Hüftmuskulatur ● (Gesäßmuskeln)	**6 Hintere Hüftmuskulatur** ● (Gesäßmuskeln)

Die hintere Hüftmuskulatur muss gedehnt und gekräftigt werden, weil sie sich aus tonischen und phasisch reagierenden Muskeln zusammensetzt.

Verkürzter Gesäßmuskel kann Schmerzen im Gesäß auslösen, welche auch gegen die Oberschenkelhinterseite ausstrahlen können.	Gesäßmuskel dient der Beckenaufrichtung und -stabilisation. Bei Abschwächung kommt es zur Hohlkreuzhaltung und damit evtl. zu Rückenproblemen.
7 Rückenmuskulatur im Bereich der Lendenwirbelsäule ● Verkürzung führt zu vermehrter Hohlkreuzhaltung und damit oft zu Kreuzschmerzen.	**8 Rückenmuskulatur im Bereich der Brustwirbelsäule** ● Bei Abschwächung tritt oft eine vermehrte Rundrückenbildung auf. Wenn dazu die Rückenmuskulatur im Bereich der Lendenwirbelsäule verkürzt ist, kann dies zu einer Haltungsschwäche (Hohlrundrücken) führen.

4 Kräftigen

Dehnen: Tonische, zur Verkürzung neigende Muskeln	Kräftigen: Phasische, zur Abschwächung neigende Muskeln
9 Seitliche Rumpfmuskulatur Verstärkte Hohlkreuzhaltung bei Verkürzung. Nicht ausweichen beim Dehnen seitwärts!	**10 Bauchmuskulatur** Die Bauchmuskulatur neigt ausgesprochen zur Abschwächung. Die Extremitätenmuskeln können nur bei ausreichender Rumpfstabilisation (durch die Bauch- und Rückenmuskeln) ihre optimale Kraft entfalten (z. B. beim Werfen, Springen ...).
11 Brustmuskulatur Ein verkürzter Brustmuskel zieht die Schulterblätter nach vorn, was zur verstärkten Rundrückenhaltung führt.	
12 Schultergürtel- und Nackenmuskulatur Verkürzte Nacken- und Schultermuskeln verursachen oft Nackenschmerzen und führen zu einer Fehlstellung der Halswirbelsäule. **Wichtig:** Nicht Kopfkreisen, sondern langsam in eine Dehnstellung gehen und halten!	**12. Schultergürtel- und Nackenmuskulatur** Fixierung der Schulterblätter zur Vermeidung der Rundrückenhaltung durch die Schultermuskeln. Stabilisation des Kopfes; bei Sportarten mit starken Erschütterungen besonders wichtig (z. B. Skifahren, Gerätturnen, Hockey ...). Gewicht des Kopfes 3 bis 5 kg!

4 Kräftigen

Dehnen: Tonische, zur Verkürzung neigende Muskeln	Kräftigen: Phasische, zur Abschwächung neigende Muskeln
13 Hinterer Oberarmmuskel (Trizeps) Dehnen v. a. nach Sportarten, bei denen viele Überkopfbewegungen vorkommen (z. B. Werfen, Tennis, Schwimmen, Langlauf, Volleyball ...).	**13 Hinterer Oberarmmuskel (Trizeps-Unterarmstrecker)** Für viele Stützübungen im Gerätturnen (u. a.) wichtig.
14 Vordere Oberarmmuskulatur (Bizeps) Dosiertes Dehnen, damit der Kapselband-Apparat des Schultergelenkes nicht unter zu starkem Zug kommt.	**14 Vordere Oberarmmuskulatur (Unterarmbeuger)** Lässt sich relativ leicht trainieren (z. B. Liegestütz), wird v. a. im Gerätturnen und in den Kampfsportarten benötigt.
15 + 16 Äußere (15) und innere (16) Unterarmmuskulatur Bei häufiger Beanspruchung kann ein verkürzter Unterarmmuskel zu Sehnenansatzentzündungen führen (Tennis, Gerätturnen, Werfen, Fenster reinigen usw.).	**15 + 16 Äußere und innere Unterarmmuskulatur** Die Unterarmmuskulatur stabilisiert u. a. das Handgelenk und ist daher für viele (Stütz-)-Übungen z. B. im Gerätturnen wichtig.

! Die mit einem ● versehenen Muskelgruppen sollen beim Dehnen und Kräftigen beim Einlaufen besonders berücksichtigt werden.

4 Kräftigen

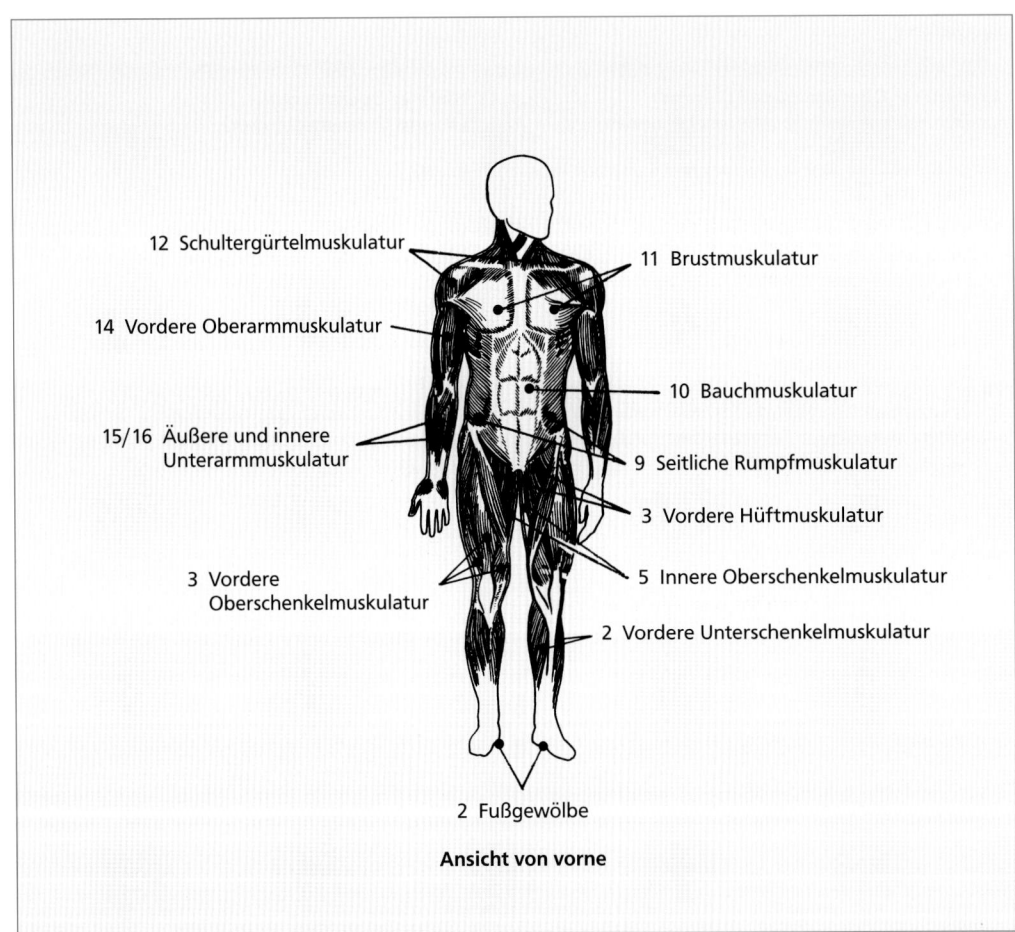

Ansicht von vorne

4 Kräftigen

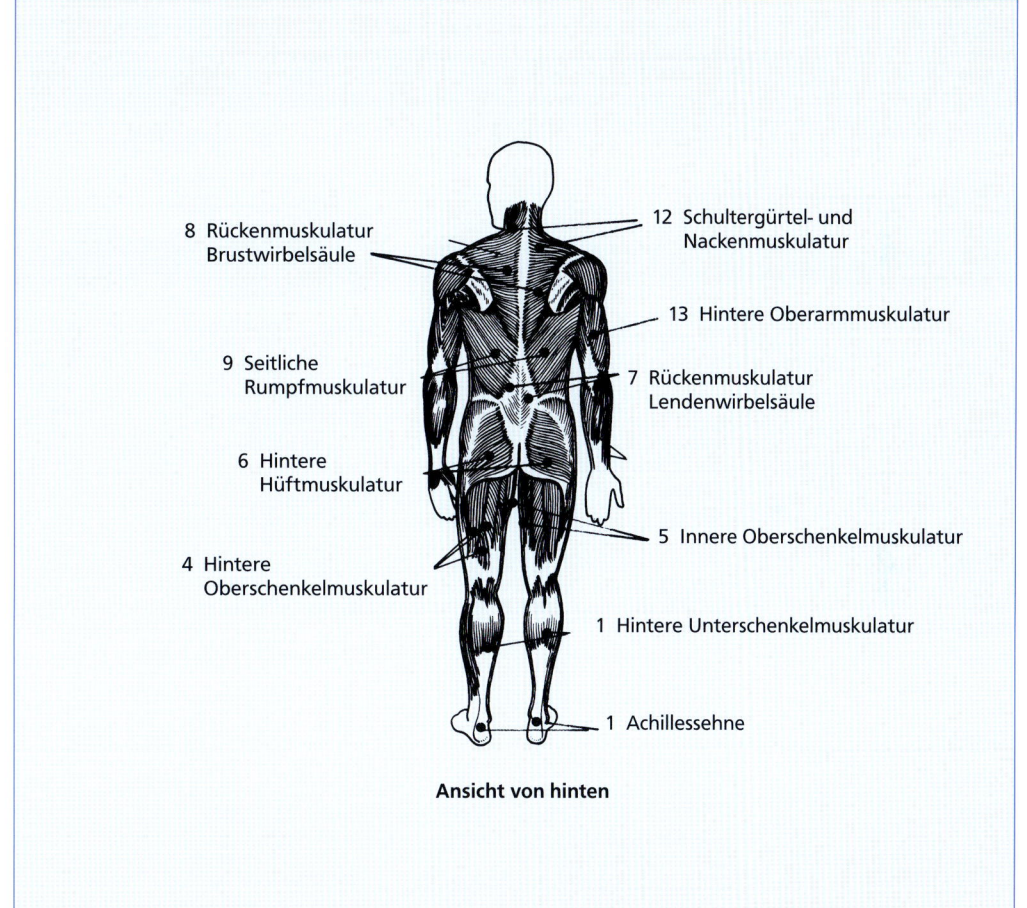

Ansicht von hinten

4 Kräftigen

4.1.1 Ohne Material (Beine)

Nr.	Name der Spielform Ziele/Akzente		Idee/Beschreibung	Hinweise/Organisation
469	**Storch im Sumpf**		Der Storch (Fänger) stolziert (hüpft) auf einem Bein herum (Bein darf gewechselt werden). Die Frösche im Sumpf fliehen vor ihm (mit Froschhüpfen), aber immer nach 5 Hüpfern müssen sie 5x quaken. Wen der Storch erwischt, der wird zum Storch. • Die Gefangenen lösen die Störche ab. • Die Gefangenen helfen den Störchen, bis es keine Frösche mehr gibt.	
	Inhalt	Beine Kraftausdauer		
	Ver- halten	Spielregeln einhalten! Spaß		
470	**Einbeiner**		B hält den re Fuß von A, der eine vorgegebene Strecke hüpft. Anschließend hüpft B dieselbe Strecke. Dann wird wieder gewechselt, bis beide mit beiden Beinen gehüpft sind. • Wer merkt einen Unterschied zwischen re und li Bein? • Als Stafette.	
	Inhalt	Beine Kraftausdauer		
	Ver- halten	Kooperation		
471	**Stoßpresse**		A und B in Rückenlage gegenüber, Fußsohlen gegeneinander, Beine angehockt. A streckt die Beine gegen den Widerstand von B und umgekehrt. • Gelingt es, dass der eine den anderen langsam von sich wegschieben kann? • Gelingt es, dass sich beide gleichmäßig voneinander wegschieben?	
	Inhalt	Beine		
	Ver- halten	Begegnung		
472	**Beinpresse**		B in Rückenlage, das li (re) Bein streckt er in die Luft. A stützt sich mit der Brust auf die li Fußsohle und hält sich am Fußgelenk fest. B beugt und streckt sein li Bein. • Wenn es einbeinig (noch) nicht geht, dann mit beiden Fußsohlen aufstützen! Vorsicht: Nicht zu tief (zu große Belastung der Kniegelenke!)	
	Inhalt	Beine		
	Ver- halten	Begegnung		
473	**Zieh- und Schiebe- Wettkämpfe 1**		A und B stehen Rücken an Rücken, jeder fasst mit der re Hand de li Fuß des anderen. Wer kann den Partner bis zu einem Mal ziehen? • Die Partner stehen voreinander und geben dem anderen je ein Bein zum Halten.	
	Inhalt	Beine		
	Ver- halten	Begegnung		

4.1.1 Ohne Material (Beine)

4 Kräftigen

Nr.	Name der Spielform Ziele/Akzente	Idee/Beschreibung	Hinweise/Organisation
474	**Zieh- und Schiebe-Wettkämpfe 2**	• Wie „Zieh- und Schiebe-Wettkampf 1", aber es werden die re Unterschenkel ineinander hakt und der andere so mit dem Bein rw gezogen. • Die Partner geben sich je die li Hand und halten mit der re Hand ihren eigenen re Unterschenkel. Jeder versucht, den anderen zum Lösen der re Hand zu zwingen.	
Inhalt	Beine		
Verhalten	Begegnung		
475	**Prellkampf**	A und B einander in der Hocke gegenüber. Rücken gegen Rücken. Durch Prellen mit dem Gesäß versucht jeder, den anderen zur Bodenberührung mit einem anderen Körperteil als mit den Füßen zu zwingen.	
Inhalt	Beine		
Verhalten	Begegnung		
476	**Beinscherenkampf**	A und B im Langsitz gegenüber, Beine leicht angehoben. A versucht, die Beine von B zusammenzudrücken, B seinerseits drückt die Beine von A auseinander. Kann A so stark drücken, dass sich die Füße von B berühren?	
Inhalt	Innere und äußere Oberschenkelmuskulatur		
Verhalten	Kooperation		
477	**Beinhakenkampf**	A und B in Rückenlage nebeneinander, A hält seinen Kopf dort, wo B die Füße hat. Beide geben sich die re (innere) Hand. Auf Zeichen heben beide ihr re (inneres) Bein, haken es ein und versuchen durch Ziehen mit dem Bein, den anderen auf die Seite zu drehen.	
Inhalt	Beine Rumpf		
Verhalten	Begegnung		
478	**Beinpresskampf**	Ausgangslage wie beim Beinhakenkampf. Beide heben das innere Bein senkrecht an, stemmen es mit den Kniekehlen gegeneinander und versuchen, das Bein des Partners nach hinten wegzudrücken.	
Inhalt	Beine Rumpf		
Verhalten	Begegnung		

4 Kräftigen

4.1.1 Ohne Material (Beine)

Nr.	Name der Spielform / Ziele/Akzente	Idee/Beschreibung	Hinweise/Organisation
479	**Wegstoßen**	A und B sitzen Rücken an Rücken und versuchen, sich gegenseitig bis zu einer bestimmten Marke (Linie) zu stoßen. Allfällige „Zusatzregeln" gegenseitig besprechen!	
Inhalt	Beine, Rumpf		
Verhalten	Fairer Wettkampf		
480	**Kniebeugen in Variationen**	Grundstellung, Gesicht zueinander, Arme in Vorhalte mit Handfassung. Gleichzeitiges Kniebeugen und Aufrichten. • Im Wechsel: A beugen, B strecken. • Senken bis in die Rückenlage mit angehockten Beinen, auch wechselseitig. • Einbeinig, anderes Bein vorstrecken. • Das freie Bein dem Partner in die Hand geben.	
Inhalt	Beine, Gleichgewicht		
Verhalten	Der Bessere passt sich an!		
481	**Hocke**	A und B stehen Rücken an Rücken, jeder verschränkt seine Arme vor der Brust. Langsames Kniebeugen bis zum rechten Winkel, verharren und wieder aufrichten. • Wer von beiden hält es länger aus? • Auch als Stoßkampf in der Hocke gegeneinander. Wer stößt den anderen zuerst über die Marke?	
Inhalt	Beine (Kraftausdauer)		
Verhalten	Begegnung		
482	**Voneinander Zueinander**	A und B im Kniestand gegenüber, Arme angewinkelt. Sich gegenseitig rw wegstoßen, den gestreckten Rumpf rw senken, abbremsen und wieder aufrichten.	
Inhalt	Beine – Oberschenkel Hüfte		
Verhalten	Spaß zu zweit		
483	**Fuß-Bremse**	A in Bauchlage, B fasst den re Fuß von A. A beugt und streckt gegen den Widerstand von B das re Knie. • Auch beide Beine gleichzeitig. • Auch in Rückenlage. A zieht das Knie gegen Widerstand von B Richtung Brust und streckt es ebenso (gegen Widerstand von B) wieder.	
Inhalt	Beine – Oberschenkel Hüfte vorne/hinten		
Verhalten	Zug dosieren		

4.1.1 Ohne Material (Beine)

4 Kräftigen

Nr.	Name der Spielform / Ziele/Akzente	Idee/Beschreibung	Hinweise/Organisation
484	**Fall nicht hin**	A im Kniestand, Arme in Nackenhalte. B drückt die Füße von A auf den Boden. A senkt und hebt den Oberkörper. • Auch mit Rumpfdrehen nach li und re nach dem Senken vw. • Auch den Oberkörper möglichst flach über den Boden legen und weit nach vorne strecken, ohne den Boden zu berühren.	
Inhalt	Beine – Rücken (Kraftausdauer)		
Verhalten	Vertrauen		
485	**Beinheben**	Grätschsitz gegenüber, Fußsohle an Fußsohle. Zuerst heben beide nur ein Bein leicht vom Boden ab, danach versuchen sie, beide Beine zusammen zu heben. • Mit Aufstützen der Hände hinter dem Körper. • Ohne Aufstützen, Arme verschränkt.	
Inhalt	Beine		
Verhalten	Kooperation		
486	**Schwankender Kniestand**	Arme am Körper angelegt. Langsam rw senken, ohne in den Hüften „einzubrechen" und wieder aufrichten. Nur soweit senken, dass man sich wieder hochdrücken kann. • Beim Senken den Oberkörper einmal nach re und einmal nach li drehen und wieder aufrichten.	
Inhalt	Beine – Rumpf (Kraftausdauer)		
Verhalten	Gleichgewicht spüren!		
487	**4-Füßler rücklings**	Abwechslungsweise das re und das li Bein nach vorne ausstrecken. • In rascher Folge. Das re Bein verlässt den Boden, bevor das linke aufsetzt. • Einbeiniger 4-Füßler rücklings. Heben und Senken der Hüfte bei vorgestrecktem Bein. • Mit Aufstützen auf den Schultern (statt auf den Händen).	
Inhalt	Beine – Hüfte hinten Rücken		
Verhalten	Spielregel einhalten!		
488	**Palme im Wind**	Auf beiden Füßen stehen und den Schwerpunkt vw und rw bis an die Grenzen verschieben. Die Füße sind fest verwurzelt. • Gewicht verlagern auf Außen-/Innenkanten der Füße, auf Fußballen und Fersen.	
Inhalt	Beine – Rumpf – Füße		
Verhalten	Gleichgewicht		

4 Kräftigen

4.1.1 Ohne Material (Beine)

Nr.	Name der Spielform Ziele/Akzente		Idee/Beschreibung	Hinweise/Organisation
489	**Zehen-ABC**		Zuerst den ganzen Fuß samt Zehen anziehen, danach den Fuß strecken, aber die Zehen angezogen lassen, dann auch die Zehen strecken. Wiederholen und Fuß wechseln. • Im Sitzen auch mit beiden Füßen gleichzeitig (oder um einen Takt verschoben). • Ganze Übung in umgekehrter Reihenfolge.	
	Inhalt	Beine Füße		
	Ver- halten	Koordination		
490	**Wurmgang**		Sich mit den Zehen vw ziehen (oder rw schieben). Sich mit Fußballen und Fersen seitwärts verschieben durch entsprechendes Öffnen und Schließen der Füße. Bemerkung: Natürlich ... alle Fußgymnastik barfuß ausführen.	
	Inhalt	Koordination Beweglichkeit		
	Ver- halten	Die eigenen Füße entdecken!		
491	**Zehen-Klavier**		Fuß und Zehen anziehen, dann jede Zehe einzeln strecken (mit der kleinen Zehe beginnen) und zurück. • Wer kann es mit beiden Füßen? • Wer kann gleichzeitig dasselbe mit den entsprechenden Fingern ausführen?	
	Inhalt	Koordination Beweglichkeit		
	Ver- halten	Körpererlebnis		
492	**Wandbank**		Beine mit etwas Abstand von der Wand. Rücken an die Wand gelehnt. Der Rücken gleitet an der Wand hinunter, bis der Winkel (Oberschenkel – Unterschenkel) etwas mehr als 90° beträgt. Auf 10 zählen und wieder hochrutschen. 3x wiederholen. • Zu zweit (etwa gleich starke): Wer kann länger in dieser Position bleiben?	
	Inhalt	Oberschenkel vorne		
	Ver- halten	Durchhalten		
493	**Wasserpumpe**		A und B halten sich gegenseitig an den Händen. Langsam tief gehen und wieder aufstehen. Wer kann es auch einbeinig?	
	Inhalt	Kraft der Beine		
	Ver- halten	Vertrauen		

4.1.2 Ohne Material (Rumpf) 4 Kräftigen

Nr.	Name der Spielform Ziele/Akzente		Idee/Beschreibung	Hinweise/Organisation
494	**Walze**		Rückenlage, Arme in Hochhalte gespannt über dem Boden, Beine in die Länge gezogen, 5 cm ab Boden. Wechsel von der Rücken- zur Bauchlage (evtl. mit Zwischenhalt in der Seitenlage). Arme und Beine bleiben immer gespannt über dem Boden. Erschwerung: In der Rückenlage sowie in der Seitenlage Zwischenhalt und Knie zur Brust ziehen und wieder strecken.	
	Inhalt	Rumpf Koordination		
	Ver- halten	Körperspannung		
495	**Kleine Walze**		Aus dem Langsitz mit leicht abgehobenen Beinen vom Langsitz zur Bauchlage und wieder zum Langsitz wechseln, ohne dass Hände oder Füße den Boden berühren. • Wer kann es ganz schnell? • Wer kann es ganz langsam? Was ist schwieriger?	
	Inhalt	Rumpf Koordination		
	Ver- halten	Körperspannung		
496	**Am Fels rütteln**		A im Grätschsitz. B versucht durch Schubsen und Stoßen A umzuwerfen. A verhindert dies durch eine gespannte Haltung. Mit oder ohne Zuhilfenahme der Hände.	
	Inhalt	Rumpf		
	Ver- halten	Begegnung Dosierung		
497	**Eidechse**		Rückenlage, Beine leicht gehockt. Beide Knie nach re-sw-abwärts legen. Oberkörper abheben, Kinn auf Brust drücken, Blick zur Hüfte. Senken und Beine nach li zur Seite schwenken, Oberkörper heben.	
	Inhalt	Bauch		
	Ver- halten	Konzentration		
498	**„Sit-up" zu zweit**		A und B in Rückenlage voreinander, Beine beieinander verhakt. Beide richten den Oberkörper auf, bis sich ihre Hände berühren (Arme gestreckt). Langsam wieder hinlegen, entspannen und Übung wiederholen.	
	Inhalt	Bauch		
	Ver- halten	Begegnung		

4 Kräftigen

4.1.2 Ohne Material (Rumpf)

Nr.	Name der Spielform Ziele/Akzente	Idee/Beschreibung	Hinweise/Organisation
499	**Guten Morgen**	Rückenlage. Kopf anheben und langsam 10x den Kopf nach re und nach li drehen. Langsam wieder ablegen und Übung 5–10x wiederholen. • Kopf anheben und Kinn während 3 Sek. stark zur Brust ziehen (ohne Hände). • Mit Kopfkreisen nach re und li. Atmen nicht vergessen!	
Inhalt	Bauch – Hals – Beweglichkeit (Nacken)		
Verhalten	Körperbewusstsein		
500	**Blitz**	Gespannte Seitenlage re, Arme in Hochhalte. Rasches Drehen, Aufsitzen und sich zu einem Päckchen zusammenziehen. Senken zur Seitenlage li und sich vor dem erneuten Aufrichten langmachen!	
Inhalt	Bauch Körperspannung		
Verhalten	Körperbeherrschung		
501	**Raupe**	Langsitz, Arme stützen hinter dem Körper. Beine gestreckt anheben, Hüfte nach re ausdrehen und Beine langsam re sw zur re Hand führen; dann zur anderen Seite (li Hand), Beine immer 10 cm über Boden.	
Inhalt	Rumpf Hüfte hinten		
Verhalten	Gleichgewicht		
502	**Kraftsitz**	A und B liegen auf dem Rücken nebeneinander, so dass A die Füße dort hat, wo B den Kopf hat. Auf Zeichen versucht jeder, sich aufzusetzen bzw. das Aufrichten des Partners (durch Zurückstoßen) zu verhindern.	
Inhalt	Rumpf		
Verhalten	Fairness		
503	**Bauch weg**	Arme vor Brust verschränkt, Rückenlage, Ferse fest auf den Boden pressen. Kopf und Schulter anheben (Kinn zur Brust ziehen) und in dieser Stellung 3 Sek. verharren. Darauf achten, dass die Füße immer gegen den Boden pressen. • Auch diagonales Heben, d. h., mit li Ellenbogen zu re Knie zielen und umgekehrt.	
Inhalt	Bauch		
Verhalten	Körperbewusstsein		

4.1.2 Ohne Material (Rumpf)   4   Kräftigen

Nr.	Name der Spielform / Ziele/Akzente	Idee/Beschreibung	Hinweise/Organisation
504	**Schere**	A in Rückenlage hält sich an einem Fuß von B und hebt die Beine zur Senkrechten. B zieht das re Bein nach hinten und stößt das li Bein kräftig zum Boden. A muss das Bein abbremsen, bevor sein Fuß auf dem Boden aufschlägt. • Auch beide Beine zusammen, evtl. muss B den Oberkörper von A mit einem Fuß belasten.	
Inhalt	Hüfte vorne		
Verhalten	Kooperation		
505	**Unbequemer Liegestuhl**	Zu zweit, A in Rückenlage (Beine vom Boden abgehoben). B erfasst die Füße von A. A hebt seinen Rumpf und senkt ihn möglichst langsam wieder zurück. Je höher B die Füße von A hält, desto schwieriger wird die Übung. Wie hoch geht's?	
Inhalt	Bauch		
Verhalten	Begegnung		
506	**Ekel-Zwerge**	Zu zweit im Schwebesitz gegenüber (ohne aufstützen der Hände), Fußsohlen gegeneinander. Wer kann den anderen zuerst rw oder zur Seite umwerfen bzw. zum Aufstützen mit den Händen zwingen? (Durch Fußtritte den Partner aus dem Gleichgewicht bringen).	
Inhalt	Bauch Gleichgewicht		
Verhalten	Begegnung		
507	**Marionette**	Rückenlage, Knie- und Hüftwinkel bei 90° fixiert. Versuche, dein Becken anzuheben und zu senken, als ob ein unsichtbarer Faden deine Knie ganz wenig in die Höhe ziehen würde (es geht nur einige cm!). • Der Übende hält sich an den Fesseln des hinter ihm stehenden Partners. Beim langsamen Senken können die Beine als zusätzliche Erschwerung gestreckt werden.	
Inhalt	Bauch		
Verhalten	Spannung bewusst erleben		
508	**Scheibenwischer**	Zu zweit: A in Rückenlage, Beine senkrecht in der Luft. B fixiert von hinten die Schultern von A. Beine sw senken und heben. Erschwerung: Das Gesäß wird mit den Beinen angehoben und soll den Boden nie berühren. Oder: Die Beine werden auf den Seiten jeweils nicht abgelegt, sondern direkt wieder hochgeführt.	
Inhalt	Bauch Hüfte hinten		
Verhalten	Vertrauen		

4 Kräftigen

4.1.2 Ohne Material (Rumpf)

Nr.	Name der Spielform Ziele/Akzente	Idee/Beschreibung	Hinweise/Organisation
509	**Lift**	Rückenlage mit leicht angewinkelten Beinen, Fußsohlen ganz aufsetzten, die Arme liegen neben dem Körper, Handflächen auf dem Boden. Den Rumpf während des Einatmens in die kleine Brücke heben, dann wieder Wirbel um Wirbel auf den Boden senken. In der Brücke die Schultern fest auf dem Boden spüren. • In der Brückenstellung 1 Bein nach vorne strecken und wieder zurückstellen.	
Inhalt	Rücken Hüfte hinten		
Verhalten	Körperbewusstsein		
510	**Hubstapler**	Liegestütz rücklings, auf den Unterarmen aufgestützt. Becken anheben, dann ein Bein vom Boden abheben, ohne in der Hüfte die Spannung zu verlieren, d. h., ohne in der Hüfte einzuknicken.	
Inhalt	Rücken Hüfte hinten		
Verhalten	Spannung spüren		
511	**Einfrieren**	Rückenlage, Kreuz gegen den Boden drücken, langsam von den Füßen bis zum Oberkörper spannen. Becken leicht vom Boden abheben, Arme vom Boden in die Vorhalte heben, ohne dabei das Becken zu senken.	
Inhalt	Rücken Hüfte		
Verhalten	Muskelspannung spüren		
512	**Betonieren**	Sitzen mit eng angezogenen Beinen. Hände langsam loslassen, ohne in der Wirbelsäule zusammenzufallen. Der Kopf ist die Verlängerung der Wirbelsäule. Übung ganz langsam ausführen und wiederholen. • A macht die Übung, B kontrolliert und korrigiert die Haltung.	
Inhalt	Rumpf		
Verhalten	Körperbewusstsein Haltungsgefühl		
513	**Wandkontakt**	Stand, mit dem Rücken gegen eine Wand gelehnt, Füße ca. 20 cm von der Wand entfernt. Rumpf vorbeugen, Arme und Kopf entspannt hängen lassen. Langsames Aufrichten, dabei Wirbel um Wirbel gegen die Wand drücken. Beim Aufrichten einatmen und Spannung aufbauen, beim Senken ausatmen und Spannung abbauen.	
Inhalt	Rücken		
Verhalten	Körperbewusstsein		

4.1.2 Ohne Material (Rumpf)   4   Kräftigen

Nr.	Name der Spielform Ziele/Akzente	Idee/Beschreibung	Hinweise/Organisation
514	**Trocken-Kraul**	Grundstellung: Oberkörper mit geradem Rücken vorneigen zum Winkelstand, Arme führen eine „Kraul-Bewegung" aus. • Langsam und sehr kontrolliert. • Schnell, wie ein Kraul-Sprint. • Rückwärts. • Der Spielleiter fungiert als Tempomat.	
Inhalt	Beine Rücken		
Verhalten	Augen zu: du schwimmst!		
515	**Bremser**	Zu zweit, A in Bauchlage, B drückt auf die Schulterblätter von A. A versucht, den Oberkörper gegen Widerstand zu heben. Widerstand nur so groß, dass es für A noch möglich ist. • A versucht nach dem Anheben noch nach re/li zu drehen.	
Inhalt	Oberer Rücken		
Verhalten	Begegnung Anpassung		
516	**Jumbo**	Zu zweit, A im Grätschwinkelstand, Arme im Nacken, B drückt die Ellenbogen von A abwärts. A versucht, den Rumpf gegen Widerstand langsam aufzurichten. Widerstand gut dosieren. B kontrolliert, ob der Rücken von A gerade ist.	
Inhalt	Rücken		
Verhalten	Begegnung		
517	**Hebebühne**	Zu zweit, A in Rückenlage, Hüft- und Kniewinkel bei 90° fixiert, B hält die Füße von A in der Luft. Oberkörper anheben (auch diagonal) und Fersen gleichzeitig nach unten drücken (B gibt aber nicht nach). Die Lendenwirbelsäule bleibt auf dem Boden. Übung langsam ausführen. Regelmäßig atmen!	
Inhalt	Bauch		
Verhalten	Richtig dosiert helfen		
518	**Kraftkurve**	Fersensitz, Arme nach hinten gestreckt, Kopf am Boden. Oberkörper mit gestrecktem Rücken anheben und weit nach vorne ziehen. Übung ganz langsam ausführen.	
Inhalt	Rücken		
Verhalten	Gleichgewicht		

4 Kräftigen 4.1.3 Ohne Material (Arme, Schultern)

Nr.	Name der Spielform / Ziele/Akzente	Idee/Beschreibung	Hinweise/Organisation
519	**Sitzleder**	A und B im Hocksitz gegenüber, Füße gegeneinandergestellt, Hände gefasst und ziehen. Wer das Gesäß vom Boden hebt, hat verloren. • Eigene Regeln dazu erfinden.	
Inhalt	Schultergürtel, Arme		
Verhalten	Fairer Wettstreit		
520	**Chinesisch boxen**	A und B in der Grätschstellung gegenüber, Handfläche senkrecht gegeneinandergehalten. Auf Zeichen versucht jeder, den anderen durch (ruckartiges) Ziehen und Schieben aus dem Gleichgewicht zu bringen, so dass beide Füße den Bodenkontakt verlieren.	
Inhalt	Arme		
Verhalten	Fair kämpfen		
521	**Armdrücken**	A und B in der Bauchlage gegenüber, beide halten den re Arm auf dem Ellenbogen aufgestützt und geben sich die re Hand, die li Hände liegen auf dem Boden (oder Handfassung). Wer kann den Unterarm des Gegners sw ablegen? • A in Bauchlage, re Arm rechtwinklig aufgestützt, B fasst von vorne die Hand. A versucht, den Arm gegen Widerstand von B zu strecken oder den gestreckten Arm zu beugen.	
Inhalt	Arme		
Verhalten	Begegnung		
522	**Flattern**	Grätschstellung, Arme in Seithalte gespannt. • Schnelle, kleine Armkreise vw und rw. • Schnelles Auf- und Abwippen der Arme, Handflächen zeigen einmal nach oben, dann nach unten. • Schnelles Vor- und Zurückwippen der Arme. • Dito, mit Armen in Vorhalte. Bewegungsumfang der Arme höchstens 20 cm! Aufrechte Haltung, nicht Bauch herausstrecken!	
Inhalt	Schultergürtel, Brust vorne		
Verhalten	Belastung spüren		
523	**Vogelstand**	In der Hocke, die Arme zwischen den Knien vor sich auf den Boden stützen, das Gesäß anheben und die Knie an den Oberarmen entlang hochdrücken, wobei die Füße den Boden verlassen. Wer kann so die Balance halten?	
Inhalt	Arme, Schultern		
Verhalten	Gleichgewicht		

4.1.3 Ohne Material (Arme, Schultern) — 4 Kräftigen

Nr.	Name der Spielform / Ziele/Akzente	Idee/Beschreibung	Hinweise/Organisation
524	**Zapfenzieher**		
Inhalt	Schultergürtel, Rumpf	A und B im Grätschsitz, Rücken an Rücken, Arme eingehakt. Wer kann den anderen zuerst auf die Seite drehen?	
Verhalten	Begegnung		
525	**Ellenbogenkampf**		
Inhalt	Schultergürtel, Arme	A und B gegenüber, Hände hinter dem Kopf verschränkt, Ellenbogen nach vorn. A versucht, die Ellenbogen von B auseinanderzudrücken, B versucht seinerseits, die Ellenbogen von A zusammenzudrücken. Wechseln.	
Verhalten	Für beide gleiche Regeln		
526	**Schlupfloch**		
Inhalt	Schultergürtel, Arm	A und B im Stand gegenüber, Hände gefasst. Jeder versucht gegen den Widerstand des anderen, mit dem Kopf unter dessen Armen durchzuschlüpfen.	
Verhalten	Geschickte Körpertäuschung		
527	**Bohnenstange**		
Inhalt	Schultergürtel, Brust	A und B (möglichst gleich groß) stehen Rücken an Rücken, Handdrücken in Hochhalte aufeinandergelegt. Beide drücken mit den Armen nach hinten. • Beide ziehen mit den Armen nach vorne.	
Verhalten	Partner spüren		
528	**Steh-auf-Männchen**		
Inhalt	Arme	Zu zweit, A im Strecksitz am Boden, li Bein angehockt, re Fuß gegen den Fuß von B gestemmt. B versucht, A über das gestreckte Bein in den Stand zu ziehen (mit geradem Rücken). • Bein- und Platzwechsel.	
Verhalten	Kooperation		

4 Kräftigen   4.1.4 Ohne Material (Ganzkörperübungen)

Nr.	Name der Spielform / Ziele/Akzente	Idee/Beschreibung	Hinweise/Organisation
529	**Wer hat Angst vor dem Rhinozeros?**	Normales Fangen. Beginn mit 2 bis 3 Fängern. Gefangen ist, wer vom Boden abgehoben werden kann. (Die Fänger heben gemeinsam einen Spieler vom Boden ab und zählen bis 3). Der gefangene Spieler hilft beim Fangen.	
Inhalt	Schnelligkeit		
Verhalten	Taktik Kooperation		
530	**Hampelmann zu zweit**	A sitzt auf dem Boden, hebt die Beine leicht ab und öffnet und schließt diese rhythmisch. B führt Grätschhüpfen zwischen den Beinen von A aus. • B muss beim Springen bis in die tiefe Hocke und wieder hochschnellen.	
Inhalt	Koordination		
Verhalten	Kooperation		
531	**Risiko**	Zu dritt, A und B in Rückenlage, Fußsohlen gegeneinander, C steht seitlich daneben. A und B heben die Beine etwas an und schwingen sie gleichmäßig nach re und li, wobei C jeweils über die Füße springt. • A und B grätschen und schließen die Beine. C springt in die gegrätschten Beine hinein und wieder hinaus.	
Inhalt	Koordination		
Verhalten	Kooperation		
532	**Handstandfangen**	Wie gewöhnliches Fangen, aber wer mit den Beinen in der Luft ist, kann nicht gefangen werden und der Fänger muss einen anderen Spieler verfolgen. • Wer den Handstand 3 Sek. steht, kann nicht mehr gefangen werden.	
Inhalt	Handstand		
Verhalten	Spielregeln einhalten		
533	**Karussell**	Zu zweit, B umfasst A von hinten unter den Armen im Flechtgriff vor der Brust und dreht sich im Kreis. A hebt die Beine an und lässt sich drehen.	
Inhalt	Koordination		
Verhalten	Vertrauen Spaß		

4.1.4	Ohne Material (Ganzkörperübungen)		4 Kräftigen

Nr.	Name der Spielform Ziele/Akzente	Idee/Beschreibung	Hinweise/Organisation
534	**Elefantenrüssel**	Zu zweit, A in Liegestütz vorlings umschließt mit den Beinen die Hüfte von B. B hält A an den Oberschenkeln. A hebt den Oberkörper vom Boden ab bis zur Waagerechten, zählt bis drei und senkt den Oberkörper wieder langsam zum Boden. Arme in Hoch- oder Nackenhalte. B mit geradem Rücken!	
Inhalt	Rücken Hüfte		
Ver- halten	Vertrauen		
535	**Ballett**	Zu zweit, A liegt in der Rückenlage, Beine gehockt und aufgestellt. B steht hinter ihm und ergreift seine Hände. B zieht A hoch, A drückt sich mit der Hüfte voran durch die Spannbeuge zum Stand. • Einbeinig, das andere Bein vorstrecken.	
Inhalt	Koordination		
Ver- halten	Vertrauen		
536	**Verkehrte Welt**	A und B stehen hintereinander. B macht einen Handstand gegen den Rücken von A und hängt seine Unterschenkel über dessen Schultern. A fixiert die Füße von B. B hebt und senkt seinen Oberkörper langsam (Rumpfheben vw).	
Inhalt	Bauch		
Ver- halten	Vertrauen		
537	**Sänfte tragen**	Zu dritt als Wettkampf. A und B nebeneinander, C wird in Schulterstütz getragen. Welche Gruppe schafft in 2 Min. am meisten Läufe? (Mit häufigem Rollentausch, so dass jeder getragen wird).	
Inhalt	Stützen		
Ver- halten	Kooperation		
538	**Keine Angst**	A sprintet vw und schiebt B. B lehnt gegen die Hände von A zurück und lässt sich mit leichtem Widerstand vw-stoßen. • Das Ganze rückwärts.	
Inhalt	Beine		
Ver- halten	Begegnung Vertrauen		

4 Kräftigen

4.1.4 Ohne Material (Ganzkörperübungen)

Nr.	Name der Spielform / Ziele/Akzente	Idee/Beschreibung	Hinweise/Organisation
539	**Winkelstützstafette**	Gruppe von 4 bis 6 Spielern sitzen nebeneinander im Winkelstütz rücklings. Der hinterste jeder Gruppe kriecht durch den entstandenen Tunnel und schließt an der Spitze wieder an. Welche Gruppe hat zuerst 3 Durchgänge?	
	Inhalt: Arme		
	Verhalten: Kooperation		
540	**Immer länger**	Bankstellung: Abwechslungsweise den re Arm und das li Bein (oder umgekehrt) anheben, in der Länge ziehen und wieder ablegen. • Im Wechsel mit Zusammenziehen (Ellenbogen zum Knie). • In der Bauchlage.	
	Inhalt: Vordere Hüft- und Brustmuskulatur		
	Verhalten: Nicht hochschnellen		
541	**Beinpresse**	A in Rückenlage, Arme und Beine senkrecht hochstrecken. B legt sich mit dem Bauch auf die Füße von A und gibt A die Hände. Während A die Beine beugt und streckt, macht B sich ganz steif (Gesäß und Bauch anspannen, Füße strecken).	
	Inhalt: Körperspannung		
	Verhalten: Kooperation Vertrauen		
542	**Im Lift**	A im Liegestütz rücklings auf dem Boden, Hände auswärtsgedreht. B hebt die Beine von A an. Dabei muss sich A spannen, so dass sich von den Schultern bis zu den Füßen eine Gerade ergibt (Gesäß hoch!). In unregelmäßigen Abständen lässt B nun das eine oder andere Bein von A los. A muss so gut spannen, dass das losgelassene Bein nicht absackt und zu Boden fällt. • Zusätzlich kann B A leicht vw und rw schieben.	
	Inhalt: Körperspannung		
	Verhalten: Spannung bewusst erleben		
543	**Scheibenwischer**	A und B stehen sich gegenüber, die Arme in Vorhalte, so dass sich die Hände gerade noch fassen können. Gewichtsverlagerung nach vorne, ohne dass sich die Füße verschieben und Arme langsam über die Seithalte in Hockhalte führen. Spannen, Bauch einziehen!	
	Inhalt: Körperspannung		
	Verhalten: Vertrauen		

4.1.4 Ohne Material (Ganzkörperübungen) — 4 Kräftigen

Nr.	Name der Spielform / Ziele/Akzente	Idee/Beschreibung	Hinweise/Organisation
544	**Toter Mann**	Zu dritt (zwei „Träger", ein „toter Mann"): C liegt gespannt in Rückenlage, Arme am Körper angelegt. A + B heben C zum Stand und legen ihn wieder zurück. • C liegt gespannt in der Rückenlage, Arme am Körper angelegt; spannen! A und B heben C an Gesäß und Rücken zum Stand und legen ihn zur Bauchlage ab (Griff unter Schulter und Hüfte). Langsam! • C in Seitenlage.	
Inhalt	Körperspannung		
Verhalten	Vertrauen		
545	**Palme im Wind 1**	C steht mit angelegten Armen gespannt da und lässt sich von A und B hin und her schieben. Die Füße bleiben immer am selben Ort, Hüfte nicht entspannen. • Mit leichter Flugphase (aber mit sanftem Auffangen!) und mit geschlossenen Augen. • Evtl. auch mit 4 Personen die auffangen und schieben.	
Inhalt	Körperspannung		
Verhalten	Vertrauen		
546	**Palme im Wind 2**	C liegt in Bauchlage, Arme in Hochhalte. A und B heben ihn langsam in den Handstand und senken ihn zur Rückenlage. Im Handstand muss C seine Hände auswärtsdrehen, um abgelegt werden zu können.	
Inhalt	Körperspannung		
Verhalten	Vertrauen		
547	**Handstandprobe**	A macht gegen B einen Handstand und spannt so fest er kann (Beine zusammenpressen). B versucht, die gespannten Beine von A zu öffnen (sw auseinanderziehen oder vw-rw stoßen/ziehen).	
Inhalt	Körperspannung Schultergürtel		
Verhalten	Spannung bewusst machen		
548	**Handstandwandern**	A schwingt gegen B in den Handstand. Wer kann im Handstand die größte Distanz gehen? • Vw und rw • Die Spannung muss immer beibehalten werden! (Bauch einziehen, Gesäß zusammenklemmen).	
Inhalt	Schultergürtel Arme		
Verhalten	Vertrauen		

4 Kräftigen 4.1.4 Ohne Material (Ganzkörperübungen)

Nr.	Name der Spielform / Ziele/Akzente	Idee/Beschreibung	Hinweise/Organisation
549	**Hahnenkampf**	Beide Partner stehen auf einem Bein, die Arme sind auf dem Rücken verschränkt. Wer kann durch Rempeln und Anspringen den anderen aus dem Gleichgewicht bringen (= Abstehen mit dem anderen Bein)?	
Inhalt	Beine		
Ver-halten	Körpertäuschung Taktik		
550	**Piratenkampf**	Ca. 10 Spieler befinden sich in einem markierten Kreis. Jeder gegen jeden. Wer kann die anderen aus dem Kreis stoßen, zerren, tragen …? • Auch in zwei Mannschaften. Welche Partei hat das „Schlachtfeld" zuerst geräumt? Bemerkung: Für gewisse Gruppen sind Einschränkungen nötig.	
Inhalt	Je nach Regeln		
Ver-halten	Taktik Fairness		
551	**Fitz-Maschine**	Die Partner stehen sich mit Handfassung re (li) gegenüber. Jeder versucht, den anderen so zu sich heranzuziehen, dass er ihm mit der li (re) Hand auf das Gesäß (auf den Rücken) schlagen kann. • Auf die Füße treten. • Schlag auf die Unterschenkel.	
Inhalt	Schnelligkeit		
Ver-halten	Körperbeherrschung		
552	**Grenzstreit**	Handfassung re, Stand nebeneinander im Grätschstand, die re Füße gegeneinandergestemmt. Jeder versucht den Gegner zu sich heranzuziehen, so dass dieser das li Bein vom Boden lösen muss. • Durch Stoßen, bis der Gegner den rechten Fuß lösen muss.	
Inhalt	Reaktion Arme		
Ver-halten	Taktik		
553	**Schulterstoßen**	Die Partner sind einander gegenüber, und zwar auf allen vieren. Die beiden re (li) Schultern werden gegeneinandergestemmt. Wer hat den Gegner zuerst über die gegnerische Linie gestoßen? • Im Stand, Hände auf den Schultern des Gegners.	
Inhalt	Reaktion		
Ver-halten	Begegnung		

4.1.4 Ohne Material (Ganzkörperübungen) — 4 Kräftigen

Nr.	Name der Spielform / Ziele/Akzente	Idee/Beschreibung	Hinweise/Organisation
554	**Hockstoßkampf**	Die Partner sind einander gegenüber im Hockstand, Handflächen gegeneinandergepresst. Wer bringt den Partner zuerst aus dem Gleichgewicht? • Im Kniestand mit Handfassung.	
Inhalt	Gleichgewicht		
Verhalten	Fairer Wettkampf		
555	**Bankhebekampf**	A in Bankstellung, B kriecht unter ihn und versucht, A aufzuheben, indem er aufwärts drückt. B leistet Widerstand und versucht mit aller Kraft, auf dem Boden zu bleiben.	
Inhalt	Körperspannung		
Verhalten	Begegnung Spaß		
556	**Auf dem Boden bleiben**	B steht hinter A und versucht, A hochzuheben. A versucht, mit den Füßen und/oder Händen in Bodenkontakt zu bleiben. • A im Kniestand. • Andere Ausgangsstellung suchen.	
Inhalt	Körperspannung		
Verhalten	Spielregeln einhalten		
557	**Hochziehkampf**	Jeder versucht in der Hocke, den anderen über eine festgelegte Strecke zu ziehen. Dabei darf das Gesäß den Boden nicht berühren. • Beide halten sich nur an der re/li Hand.	
Inhalt	Körperspannung		
Verhalten	Gleichgewicht		
558	**Sperren**	Zu zweit, A liegt möglichst steif auf dem Bauch (Beine und Arme gespreizt). B versucht, ihn mit aller Kraft auf den Rücken zu drehen.	
Inhalt	Körperspannung		
Verhalten	Begegnung Spaß		

4 Kräftigen 4.1.4 Ohne Material (Ganzkörperübungen)

Nr.	Name der Spielform / Ziele/Akzente	Idee/Beschreibung	Hinweise/Organisation
559	**Schloss knacken**	Zu zweit. Grätschsitz, Rücken an Rücken, Arme eingehakt. Wer kann den Partner zuerst auf die Seite drehen? Wer kann dies ganz langsam (= der Starke) oder ganz plötzlich (= der Schnelle)?	
Inhalt	Reaktion		
Verhalten	Begegnung		
560	**Seilziehen ohne Seil**	Zwei Paare stehen sich gegenüber. Jeweils der hintere jeden Paares fasst seinen Vordermann um die Hüfte. Die beiden Vorderen reichen sich die Hände. Welches Paar kann die anderen über die Linie oder bis zu einem festgelegten Mal ziehen?	
Inhalt	Kooperation		
Verhalten	Fairness		
561	**Schwinger-König**	B versucht, A aus der breiten Knieliegestützstellung zu bringen. Die Knie von B müssen immer auf dem Boden bleiben! Wie lange braucht B? Wer kann von (fast) niemand aus dem Gleichgewicht gebracht werden (= Schwingerkönig)?	
Inhalt	Körperspannung		
Verhalten	Fairness		
562	**Kranken-Transport**	Wer kann seinen Partner auf dem Rücken transportieren, ohne dass dieser hinunterfällt? Der „Kranke" darf sich an den Hüften des „Krankenwagens" halten. Geht es auch ohne zu halten?	
Inhalt	Dosierung der Kraft		
Verhalten	Gleichgewicht und Körpergefühl		
563	**Hartes Gesäß**	A liegt in Bauchlage mit völlig gespannter Gesäßmuskulatur. B versucht (vorsichtig!), auf das Gesäß von A zu stehen. Wie lange kann B stehen? • Gelingt es A, durch Veränderung der Muskelspannung im Gesäß den Partner B „abzuwerfen"?	
Inhalt	Spannung im Gesäß		
Verhalten	Gleichgewicht Vertrauen		

4.1.5 Ohne Material (Liegestützvariationen)   4 Kräftigen

Liegestützvariationen

Die „Liegestütz" ist eine der bekanntesten und wirksamsten Übungen überhaupt. Sie kann von praktisch jedem überall und ohne Hilfsmittel ausgeführt werden, und die Variationsmöglichkeiten sind unzählig. Mit „Liegestütz" meint man landläufig „Kräftigung der Arme", vergisst aber, dass das reine Halten der Liegestützstellung fast den ganzen Körper beansprucht. So tragen die Beine einen schönen Teil des Körpergewichts (Das merkt man besonders gut, wenn man versucht, „Liegestütz" ohne Beine, d. h., im Handstand durchzuführen). Auch die gesamte Rumpfmuskulatur wird zur Stabilisation des Beckens benötigt, die Brustmuskulatur wird je nach Armhaltung mehr oder weniger beansprucht. Was die Bauchmuskeln bei der Liegestütz leisten, spürt man am besten, wenn man vor dem Ausführen der „Liegestütz" eine Serie Bauchmuskelübungen macht; die „Liegestütze" fallen einem danach recht schwer!

Und noch eine!
Und noch ei ....
Und noch ....
Und no ....
Und ....
U ....

4 Kräftigen

4.1.5 Ohne Material (Liegestützvariationen)

Nr.	Name der Spielform Ziele/Akzente	Idee/Beschreibung	Hinweise/Organisation

564 **Zirkel**

Inhalt: Arme, Körperspannung

Verhalten: Durchhalten

In Liegestützstellung.
- Kreisen mit den Armen um die Füße herum.
- Kreisen mit den Füßen um die Arme (= Zentrum) herum.
- Auch als Wettbewerb. Wer hat zuerst eine „Runde" zurückgelegt?
- Zu zweit. Sucht eigene Wettbewerbsformen in der Liegestützstellung!

565 **Einfache Liegestütz-Variationen**

Inhalt: Ganzer Körper, Arme

Verhalten: Spannung halten

- Liegestütz mit den Händen in doppelter Schulterbreite (Brustmuskel).
- Liegestütz auf den Fäusten, Fingerspitzen.
- Einbeinliegestütz. Abwechslungsweise wird beim Senken das re oder li Bein angehoben.
- Einarmiger Liegestütz. Beine gegrätscht, freier Arm auf dem Rücken.
- Liegestütz mit Hochschnellen. Wer kann in der Luft 1-, 2-, 3x klatschen?
- Liegestütz auf den Unterarmen. Zuerst den einen, dann den anderen Arm strecken und wieder nacheinander auf die Unterarme senken.
- Liegestützwechsel. Wechsel von der Liegestützstellung rücklings durch Drehung um die Längsachse zur Liegestützstellung vorlings, fortgesetzt!

Bei sehr gutem Trainingszustand können die Füße auch leicht erhöht aufgesetzt werden (z. B. an der Sprossenwand oder auf einem Kastenelement).

566 **Seit-Liegestütz**

Inhalt: Arme, Körperspannung

Verhalten: Körper kontrollieren

Seitenlage, den bodennahen Unterarm direkt unter der Schulter aufsetzen, Beine bei gespanntem Körper fest übereinanderhalten. Langsam den Oberkörper sw anheben und den freien Arm zur Hochhalte mit maximaler Streckung führen – senken.

4.1.5 Ohne Material (Liegestützvariationen) — 4 Kräftigen

Nr.	Name der Spielform / Ziele/Akzente	Idee/Beschreibung	Hinweise/Organisation
567	**Rundlauf**	A und B im Liegestütz sw gegenüber, re Hand (evtl. in einem Reifen, Seil) aufgestützt, li Hand in die Hüfte gestemmt. Auf Kommando laufen beide so schnell wie möglich um ihre Stützhand und versuchen, sich gegenseitig einzuholen, bzw. den Gegner in der Höhe der Hüfte zu berühren.	
Inhalt	Arme Koordination		
Verhalten	Regeln einhalten		
568	**Nackenziehkampf**	A und B im Liegestütz gegenüber, mit der re Hand fassen sie den Nacken des anderen: Wer zwingt den anderen zuerst auf den Bauch? • Auch mit Handfassung. • Im Liegestütz gegenüber ohne Fassung. Den Partner durch Wegziehen einer Hand aus dem Gleichgewicht bringen.	
Inhalt	Reaktion		
Verhalten	Begegnung Fairness		
569	**Jeder gegen jeden**	Ganze Gruppe in beschränktem Raum im Liegestütz. Jeder versucht, die anderen zur Aufgabe der Liegestützstellung zu zwingen. • Wer bringt zuerst 5 (10) andere zu Fall?	
Inhalt	Arme Kraftausdauer		
Verhalten	Fairness		
570	**Schulterkampf**	A und B im Liegestütz gegenüber, li Schultern aneinandergestemmt. Jeder versucht, den anderen mit der Schulter über eine Linie zu schieben oder zur Aufgabe der Liegestützstellung zu zwingen.	
Inhalt	Kraftausdauer		
Verhalten	Begegnung Fairness		
571	**Trefferquote**	A und B im Liegestütz gegenüber. Jeder versucht, dem anderen möglichst oft auf die Handrücken zu schlagen. Wer trifft in 1 Min. häufiger? • Auch andere Spieler gegeneinander.	
Inhalt	Arme Reaktion		
Verhalten	Fröhlicher Wettstreit		

4 Kräftigen

4.1.5 Ohne Material (Liegestützvariationen)

Nr.	Name der Spielform Ziele/Akzente	Idee/Beschreibung	Hinweise/Organisation
572	**Doppeldecker**	A in Rückenlage, Arme in Vorhalte, Hände fassen die Fußknöchel von B. B in Liegestütz auf den Unterschenkeln von A. Beide beugen und strecken die Arme (gleichzeitig oder wechselweise).	
	Inhalt: Koordination, Körperspannung		
	Verhalten: Kooperation, Vertrauen		
573	**Schubkarren**	A in Liegestütz, ganzer Körper gespannt (Becken nicht hängen lassen). B steht hinter A und hält dessen Beine. Während A die Arme beugt und streckt, macht B Kniebeugen (miteinander oder gegengleich).	
	Inhalt: Koordination		
	Verhalten: Kooperation		
574	**Schubkarren defekt**	Ausgangstellung wie „Schubkarren". Kann A einen Arm in die Luft strecken und sich einarmig hochstoßen bzw. in den Beugestütz senken? • Liegestütz rücklings. Auch mit Drehen um die Längsachse und abwechslungsweise vorlings/rücklings.	
	Inhalt: Koordination, Arme		
	Verhalten: Kooperation		
575	**Doppelliegestütz**	A in Rückenlage, Arme in Hochhalte, B steht hinter A und stütz sich auf dessen Arme. Gleichzeitiges Beugen und Strecken der Arme.	
	Inhalt: Koordination		
	Verhalten: Kooperation		
576	**Doppelbock**	A in Bankstellung, B macht Bankstellung auf A, indem er seine Füße bei den Schultern von A einhakt und sich mit den Händen auf die Knöchel von A stützt. Welches Paar kann so am weitesten „laufen", ohne auseinanderzubrechen? • Als Stafette.	
	Inhalt: Gleichgewicht		
	Verhalten: Kooperation, Spaß		

4.1.5   Ohne Material (Liegestützvariationen)   **4   Kräftigen**

Nr.	Name der Spielform Ziele/Akzente	Idee/Beschreibung	Hinweise/Organisation
577	**Zugbrücke**	A in Rückenlage, Arme in Vorhalte, B liegt rücklings mit gegrätschten Beinen über A. A stützt B an den Schultern und beugt und streckt die Arme.	
Inhalt	Arme Körperspannung		
Verhalten	Vertrauen		
578	**Wagenheber**	B liegt über A, den Körper steif wie ein Brett. A beugt und streckt die Arme.	
Inhalt	Körperspannung Arme		
Verhalten	Vertrauen		
579	**Liegestütz-Twist**	Der Rumpf beschreibt möglichst große Kreise nach re und nach li. • Mit Liegestütz rücklings. • In Bankstellung. • Im Vierfüßlerstand.	
Inhalt	Arme Beweglichkeit		
Verhalten	Körperbeherrschung		
580	**Liegestütz-Sprünge**	Versuche im Liegestütz von einer Hand auf die andere zu hüpfen! • Wer kann mit beiden Händen wegstoßen und in der Luft 1x, (2x, 3x) klatschen? • Wer kann mit Händen und Füßen gleichzeitig vom Boden wegspringen?	
Inhalt	Schnellkraft der Arme – Koordination		
Verhalten	Mut zum Risiko		
581	**Liegestütztango**	Im Liegestütz, einzeln oder in Gruppen. Nach vorgegebenen Melodien sollen die entsprechenden „Tanzschritte" mit den Händen getanzt werden. Geht es auch zu zweit oder sogar in der Gruppe?	
Inhalt	Arme Rhythmus		
Verhalten	Konzentration		

4 Kräftigen

4.2.1 Bälle (Beine)

Nr.	Name der Spielform / Ziele/Akzente		Idee/Beschreibung	Hinweise/Organisation
582	**Revierkampf**		A und B in Kauerstellung gegenüber, jeder hält einen (Medizin-)Ball vor der Brust. Wer kann den anderen mit dem Ball zuerst aus einem kleinen Feld (über eine Linie, aus dem Gleichgewicht) stossen?	
	Inhalt	Oberschenkel Gleichgewicht		
	Verhalten	Gleiche Spielregeln		
583	**Wechsel-Sprünge**		Versuche, von einem Bein in einem hohen Sprung seitwärts auf das andere Bein zu springen. Gleichzeitig mit der Landung musst du den Ball 1x prellen.	
	Inhalt	Sprungkraft Koordination		
	Verhalten	Timing bewusst erleben		
584	**Zick-Zack**		Rolle dir den Ball leicht vorwärts und springe, hüpfe in verschiedenen Formen links und rechts über den Ball, ohne diesen zu berühren.	
	Inhalt	Sprungkraft		
	Verhalten	Fantasie Kreativität		
585	**Ball-Schieber**		Springe wechselseitig von einem Fuss auf den anderen und versuche durch leichtes Antippen mit den Fusssohlen, den Ball in eine gewünschte Richtung zu treiben. • Als Wettbewerb.	
	Inhalt	Ballgefühl Koordination		
	Verhalten	Vergleich: links/rechts		
586	**Der schiefe Turm**		Schneidersitz, jeder mit einem Medizinball in Hochhalte. Aufrichten der Wirbelsäule und den Oberkörper so weit wie möglich vorneigen, der Rücken bleibt dabei gerade. • Mit verschiedenen Bällen. • A macht die Übung, B korrigiert die Haltung.	
	Inhalt	Rücken Schultergürtel		
	Verhalten	Bin ich gerade?		

4.2.2 Bälle (Rumpf) — 4 Kräftigen

Nr.	Name der Spielform Ziele/Akzente	Idee/Beschreibung	Hinweise/Organisation
587	**Mal links, mal rechts**	A im Kniestand, den (Medizin-)Ball über dem Kopf. B fixiert die Fußgelenke von A. Nun versucht A, den Boden mit dem rechten Ellenbogen vor dem linken Knie (und umgekehrt) zu berühren. Gelingt dies? Wer kann es auch weiter vorne?	
Inhalt	Rücken und Schultergürtel		
Verhalten	Miteinander trainieren		
588	**Brückenbau**	Jeder mit einem Ball im Kniestand. Den Oberkörper vorneigen bis in die Horizontale und den Ball in der Hochhalte weit nach vorne strecken und so (wenn es geht!?) einige Sekunden „verweilen". • Den Ball schnell auf- und abwärts federn. • Den Ball weit vor dem Körper auf den Boden legen und wieder aufheben. Dasselbe auch im Stand!	Rücken gerade
Inhalt	Rücken, Schultergürtel und Arme		
Verhalten	Gleichgewicht		
589	**Schieb- und Ziehkampf**	Zu zweit gegenüber in Bauchlage an einer Linie. Der Ball liegt auf der Linie. Nun versucht jeder, den Ball über die Linie zum anderen zu schieben. • Jeder versucht (umgekehrt) dem Partner den Ball wegzuziehen.	
Inhalt	Rücken und Schultergürtel		
Verhalten	Spiel fair!		
590	**Treffball**	4–6 Spieler bilden in Bauchlage einen Kreis und rollen sich einen Medizinball in rascher Folge zu. 1–2 Spieler stehen in der Kreismitte und versuchen, dem Ball auszuweichen. • Mit 2 Bällen. • Der Ball darf in verschiedenen Arten bis auf Kniehöhe geworfen werden.	
Inhalt	Rücken/Schultern Reaktion		
Verhalten	Miteinander		
591	**Flipper**	Spielgedanke wie „Treffball", aber die Spieler stehen in einem Außenstirnkreis mit gegrätschten Beinen, Fuß an Fuß. Nun wird der Ball rw durch die gegrätschten Beine gerollt. Wer wird in der Mitte (nicht) getroffen?	
Inhalt	Schultergürtel Beweglichkeit		
Verhalten	Beine strecken wenn es geht		

4 Kräftigen

4.2.2 Bälle (Rumpf)

Nr.	Name der Spielform / Ziele/Akzente	Idee/Beschreibung	Hinweise/Organisation
592	**Doppelt gedreht**	Alle mit einem (Medizin-)Ball in Rückenlage, den Ball mit den Füßen gefasst. Beine mit dem Ball heben, über die flüchtige Kerze über den Kopf bringen, dort mit dem Ball kleine Kreise (vertikal) beschreiben.	
Inhalt	Rücken – Beine Beweglichkeit		
Verhalten	Probieren, auch wenn es nicht klappt		
593	**Kraftprotz**	Alle mit einem (Medizin-)Ball in Bauchlage, Ball in der Hochhalte, Füße bleiben am Boden. • Den Ball mehrmals leicht vom Boden abheben. • Den Ball abheben und den Oberkörper nach re und nach li ausdrehen. • Aus der Seitlage versuchen.	
Inhalt	Rücken – Schultergürtel – Arme		
Verhalten	Spannung spüren		
594	**Drehwurm**	Alle mit einem (Medizin-)Ball zwischen den Füßen in Rückenlage. Versuchen, sich fortwährend von der Rücken- in die Bauchlage und zurückzudrehen, ohne den Ball zu verlieren oder am Boden abzusetzen.	
Inhalt	Rumpf Koordination		
Verhalten	Schaffen wir das alle?		
595	**Planetenstreit**	A und B in Rückenlage gegenüber, mit den Füßen halten beide den Ball fest. Jeder versucht, dem anderen den Ball zu entreißen. • Im Sitzen, mit oder ohne Aufstützen der Arme.	
Inhalt	Bauch – Hüfte vorn – Beine		
Verhalten	Begegnung		
596	**Spiegelbild**	A und B in Rückenlage gegenüber, Kopf an Kopf, Hände in Seithalte gefasst, beide haben je einen Ball zwischen die Füße geklemmt: Ball und Beine zur Senkrechten heben und den Ball in einer Scheibenwischerbewegung sw nach re und li senken.	
Inhalt	Bauch Hüfte		
Verhalten	Begegnung		

4.2.2 Bälle (Rumpf) 4 Kräftigen

Nr.	Name der Spielform Ziele/Akzente	Idee/Beschreibung	Hinweise/Organisation
597	**Kreis-Verkehr**	Zu zweit im Langsitz gegenüber, beide halten einen (Medizin-)Ball zwischen den Füßen. Jeder kreist seine Füße um diejenigen des anderen. • Mit/ohne Aufstützen der Hände.	
Inhalt	Bauch – Hüfte vorne Gleichgewicht		
Verhalten	Kooperation		
598	**Klammer-Ball**	Alle im Langsitz mit einem Ball zwischen den Füßen. Hände aufgestützt, Knie leicht gebeugt, Füße leicht vom Boden abheben. Wer kann den Ball länger über dem Boden halten? • A hält den Ball mit den Beinen hoch, B versucht, A den Ball durch Schläge mit der flachen Hand aus den Beinen zu schlagen.	
Inhalt	Bauch Hüfte vorne		
Verhalten	Fairness		
599	**Wälzer**	Jeder liegt mit einem Ball zwischen den Füßen in Rückenlage auf dem Boden. Ball drehen nach re und li, so dass abwechslungsweise das re und das li Bein oben ist. Der Rücken bleibt dabei auf dem Boden.	
Inhalt	Bauch – Hüfte vorne Koordination		
Verhalten	Nicht gleich aufgeben!		
600	**Bein-Wurf**	Zu zweit, A in Rückenlage, B steht hinter A. A hält einen (Medizin-)Ball zwischen den Füßen und wirft diesen durch Zurückschwingen der Beine zum Partner. • B steht vor A. A hält den Ball in der Kerze zwischen den Füßen und wirft ihn durch einen kräftigen Kippschlag zum Partner.	
Inhalt	Bauch Hüfte vorne		
Verhalten	Kooperation		
601	**Kreisender Ball**	Jeder in Rückenlage mit einem Ball, Hüft- und Kniewinkel bei 90° gehalten. Versuchen, den Ball durch leichtes Anheben des Oberkörpers um die Unterschenkel zu kreisen.	
Inhalt	Bauch Hüfte vorne		
Verhalten	Gleichgewicht spüren		

4 Kräftigen

4.2.2 Bälle (Rumpf)

Nr.	Name der Spielform Ziele/Akzente	Idee/Beschreibung	Hinweise/Organisation
602	**Schere**	Wechselweise ein Bein hochspreizen und den Ball zwischen den Beinen durch in die andere Hand übergeben. (Dabei sollen beide Beine immer über Boden bleiben).	
Inhalt	Bauch Hüfte vorne		
Ver- halten	Gleichgewicht suchen		
603	**Teppichleger**	Bauchlage, Ball in Hochhalte. Oberkörper anheben und den Ball möglichst weit unter den Körper rollen, ohne mit der Brust den Ball zu berühren. Dann den Ball zurück- und möglichst weit nach vorne in die Hochhalte rollen bis zur totalen Streckung des ganzen Körpers. Dann den Oberkörper wieder möglichst langsam senken.	
Inhalt	Rücken Schultergürtel		
Ver- halten	Langsam heben!		
604	**Mal oben, mal unten**	Bauchlage, Hüfte heben und den Ball unter dem Körper durch auf die andere Seite geben. Hüfte senken und den Ball hinter dem Rücken möglichst hoch übergeben (= Den Ball um den Rumpf kreisen).	
Inhalt	Brust Rücken		
Ver- halten	Langsam heben und senken!		
605	**Vom Fuß zum Kinn**	Rückenlage. Der Ball kommt zu den Füßen, die Hände auf die Oberschenkel. Die Beine langsam anheben, so dass der Ball über die Beine gegen die Hüfte bis zum Kinn rollt. Dann den Oberkörper anheben, damit der Ball wieder zu den Füßen rollt.	
Inhalt	Körperspannung Ballgefühl		
Ver- halten	Fein dosieren beim Heben und Senken		
606	**Über Stock und Stein**	Liegestütz, ein Ball neben den Füßen. Mit den Füßen zuerst re, dann li über den Ball steigen und wieder zurück. Becken gespannt, nicht hängen lassen. • Evtl. zwei verschiedene Bälle, einer re, einer li. Beide Bälle übersteigen und zurück.	
Inhalt	Ganzer Körper		
Ver- halten	Nicht schummeln		

4.2.3 Bälle (Arme, Schultern)   4 Kräftigen

Nr.	Name der Spielform Ziele/Akzente	Idee/Beschreibung	Hinweise/Organisation
607	**Kugelstoßen verkehrt**	Zu zweit im Kauersitz gegenüber, mit dem Rücken zueinander, Abstand ca. 5 m. Leicht in sich zusammensinken und anschließend den Medizin-Ball rw über den Kopf zum Partner werfen.	
Inhalt	Schultergürtel Arme – Rücken		
Verhalten	Rücksicht auf andere!		
608	**Star Wars**	Zu viert mit zwei Medizinbällen. A und B stoßen sich einen Medizinball zu (hin und her). C und D versuchen ebenfalls durch Zustoßen eines Medizinballes, den Ball von A und B im Flug zu treffen. Wechsel nach 10 Versuchen. • Mit verschiedenen Bällen ausprobieren.	
Inhalt	Arme (Stoßkraft)		
Verhalten	Flugbahneinschätzung		
609	**Streitball**	A und B halten gemeinsam einen Medizinball fest und versuchen, sich den Ball gegenseitig zu entreißen. • Der Ball darf mit den Armen umklammert werden.	
Inhalt	Arme ganzer Körper		
Verhalten	Fairness		
610	**Steinschlag**	A und B halten je einen (Medizin-)Ball und stehen sich gegenüber. Jeder versucht durch verschiedene Schlagbewegungen mit seinem Ball, dem anderen den Ball aus den Händen zu schlagen.	
Inhalt	Arme ganzer Körper		
Verhalten	Fairness		
611	**Hand-Wechsel-Prellen**	Liegestützstellung den Ball in einer Hand. Wer kann einhändig prellen? • Wer kann es auch wechselseitig? • Zu zweit, Rhythmus vorprellen und nachprellen.	
Inhalt	Koordination Ballgeschicklichkeit		
Verhalten	Selbsteinschätzung		

4 Kräftigen 4.2.4 Bälle (Ganzkörperübungen)

Nr.	Name der Spielform / Ziele/Akzente	Idee/Beschreibung	Hinweise/Organisation
612	**Rollball**	Zwei Parteien, Fortbewegung nur als „Schubkarren" zu zweit (A im Liegestütz, B hält A an den Oberschenkeln). Durch geschicktes Ballrollen versuchen beide Parteien, beim Gegner ein Tor zu schießen. Als Tore dienen Matten, Langbänke, Handballtore oder die ganze Hallenstirnseite. • Kleines Spielfeld! • Erst am Ende des Einlaufens!	
	Inhalt: Geschicklichkeit, Arme		
	Verhalten: Kooperation		
613	**Schweres Schnappball**	2 Parteien, gewöhnliches Schnappball, aber mit dem Medizinball gespielt. Welche Mannschaft erzielt zuerst 10 Pässe hintereinander? • Auch in Form von Tigerball zu dritt oder zu viert. A und B (und C) spielen sich den Ball zu, D versucht, den Ball zu erhaschen bzw. zu berühren. • Wurfarten vorschreiben, auch mit den Füßen möglich.	
	Inhalt: Arme		
	Verhalten: Taktik		
614	**Schwerer Ballkrieg**	Zwei Parteien, durch eine Mittellinie oder durch Langbänke getrennt, versuchen, möglichst viele Medizinbälle ins gegnerische Feld zu rollen (oder zu werfen). Zugerollte Bälle dürfen sofort wieder zurückgerollt werden. Bei Spielabbruch wird gezählt, in welcher Spielhälfte mehr Bälle liegen.	
	Inhalt: Arme, Schnelligkeit		
	Verhalten: Pfiff = Stop!		
615	**Liegestützkampf**	Jeder Spieler im Liegestütz mit einem Ball zwischen die Füße geklemmt. Jeder versucht, dem anderen den Ball mit den Händen wegzuschlagen. Wer den Ball verliert, läuft eine Strafrunde. • Der Ball darf nur noch mit den Füßen weggekickt werden. • Spielfeld einschränken!	
	Inhalt: Arme		
	Verhalten: Spielregeln einhalten!		
616	**Stolperball**	Zu zweit gegenüber mit Handfassung. In der Mitte des Paares liegt ein Ball. Beide versuchen, den anderen in den Ball hineinzuziehen.	
	Inhalt: Arme		
	Verhalten: Begegnung, Fairness		

4.2.4 Bälle (Ganzkörperübungen)

4 Kräftigen

Nr.	Name der Spielform Ziele/Akzente	Idee/Beschreibung	Hinweise/Organisation
617	**Fallobst**	Einarmige Liegestützposition. Der Ball wird mit der einen Hand hochgeworfen und mit der anderen gefangen. Wer hat in einer Minute am meisten Fänge?	
Inhalt	Arme Koordination		
Verhalten	Zuerst üben!		
618	**Rad drehen**	Zu zweit mit einem Ball. A im Liegestütz, Hände auf einen Ball gestützt, B hält A an den Oberschenkeln. A rollt den Ball vw, d. h., er stützelt auf dem Ball vw. • Auch als Stafette mit Rollentausch. • Nicht zu lange Distanzen, lieber 2x Rollenwechsel.	
Inhalt	Koordination		
Verhalten	Kooperation		
619	**Kreiswanderung**	Jeder mit einem Ball im Liegestütz, Füße auf dem Ball. Mit den Armen im Kreis um den Ball (= Zentrum) herumstützeln. • Rücklings • Mit den Händen auf dem Ball. Mit den Füßen um den Ball herumwandern.	
Inhalt	Arme		
Verhalten	Vorsichtig!		
620	**Pendelball**	Zu zweit im Liegestütz gegenüber, Abstand 2 bis 5 m. Sich den Ball mit der li und der re Hand zuwerfen/zurollen. • Auch mit 2 Bällen probieren. • Ist es möglich den Ball/die Bälle in einem gleichmäßigen Rhythmus hin- und herzurollen/werfen?	
Inhalt	Arme Ballgeschicklichkeit		
Verhalten	Kooperation		
621	**Tunnel-Bau**	Mehrere Gruppen à 6–10 Spieler. Die Spieler bilden nebeneinander aufgestellt (Vierfüßler-Stand, Becken hoch) einen Tunnel. Jeder berührt seinen Nachbarn. Der Hinterste mit Ball läuft nach vorne, rollt den Ball durch den Tunnel und stellt sich vorne als weiteres Tunnelteil dazu. Der Hinterste erwartet den Ball und rennt nach vorne, etc. • Welche Gruppe hat zuerst eine bestimmte Strecke zurückgelegt? • Dasselbe aber in der Liegestützstellung.	
Inhalt	Schnelligkeit		
Verhalten	Spielregeln einhalten		

4 Kräftigen 4.3 Springseil

Nr.	Name der Spielform Ziele/Akzente	Idee/Beschreibung	Hinweise/Organisation
622	**Zweispänner**	Zwei Spieler nebeneinander ziehen mit dem Seil um die Hüften einen Dritten. Der Hintere leistet Widerstand. • Der Kutscher variiert den Widerstand. • Der Kutscher bestimmt die Richtung mit Kommando. Rechts – links, right – left, a destra – a sinistra, etc. (andere Sprachen).	
Inhalt	Beine		
Ver-halten	Kooperation Konzentration		
623	**Winkelzug**	A und B im Grätschwinkelstand gegenüber, Springseile ineinander eingehängt (kreuzweise). Beide ziehen mit gestrecktem Rücken ihr Seil leicht nach hinten (3 bis 7 Sek. spannen, dann wieder lösen). Wer kann so den anderen aus dem Gleichgewicht bringen? • In Bauchlage. Wer ist schwerer?	
Inhalt	Obere Rücken-muskulatur		
Ver-halten	Langsam		
624	**Störrischer Esel**	Zu zweit. A kreist ein Seil dem Boden nac,. B in Liegestütz. B versucht, mit den Beinen jedes Mal, wenn das Seil kommt, hochzuschnellen, so dass das Seil ohne Berührung weiterkreisen kann. • Mit den Händen hochschnellen. • Mit dem ganzen Körper hochschnellen (d. h., Hände und Füße sind kurz in der Luft).	
Inhalt	Ganzer Körper Koordination		
Ver-halten	Miteinader wetteifern		
625	**Partner-Seilziehen**	Zu zweit, beide halten ein Seilende, die Seilmitte (Knoten, Bändel) befindet sich über einer Linie. Wer kann den anderen über die Linie ziehen? • Verschiedene Körperstellungen ausprobieren!	
Inhalt	Ganzer Körper		
Ver-halten	Begegnung Wettkampf		
626	**Seilziehen übers Kreuz**	Zwei Springseile werden in der Mitte überkreuzt und im Kreuz ausgelegt. An jedem Ende zieht ein Spieler. Vier Malstäbe (oder andere Zeichen, z. B. Bändel) werden hinter den Ziehenden im Viereck aufgestellt. Wer kann die anderen so zu sich ziehen, dass er seinen Malstab berühren kann? • Mit zwei überkreuzten Ziehtauen, an denen vier Gruppen ziehen.	
Inhalt	Ganzer Körper		
Ver-halten	Alle gemeinsam beginnen!		

4.4 Gymnastikreifen 4 Kräftigen

Nr.	Name der Spielform / Ziele/Akzente	Idee/Beschreibung	Hinweise/Organisation
627	**Seiltanzen**	Barfuß. Die Spieler versuchen, vw und rw auf dem am Boden liegenden Reifen zu balancieren. • Auch blind. • Viele Reifen liegen am Boden nebeneinander. Auf den Reifen balancierend einen Weg durch die Reifenbahn suchen.	
Inhalt	Füße / Gleichgewicht		
Verhalten	Körpergefühl		
628	**Nest-Hocker**	Jeder sitzt in einem Reifen. Abwechslungsweise mit den Zehen den Boden außerhalb des Reifens berühren, mit den Fersen innerhalb. • Mit beiden Füßen gleichzeitig. • Mit beiden Füßen gegengleich. • Ohne Abstützen der Hände (gerader Rücken!). • Zu zweit. A erfindet eine Abfolge, B macht nach.	
Inhalt	Rumpf / Füße		
Verhalten	Gleichgewicht spüren!		
629	**Heiligenschein**	Reifen waagerecht, mit Außengriff gefasst. Drehen vom Schwebesitz über die Bauchlage zum Schwebesitz. Der Reifen soll dabei in der Horizontalen bleiben. • Wer kann es auch mit senkrecht gehaltenem Reifen? • Zu zweit. B hält die Füße und hilft beim Drehen.	
Inhalt	Rumpf Koordination		
Verhalten	Orientierung		
630	**Kreisen**	Sitz im Reifen. Beine anheben und mit den Zehen dem Reifen entlang nach rechts und nach links wandern. Wer ist am schnellsten wieder beim Ausgangspunkt?	
Inhalt	Rumpf		
Verhalten	Konzentration		
631	**Gedränge**	Kreis mit 3 bis 8 Spielern, Handfassung. Jeder versucht, mit einem Fuß in den Reifen, welcher in der Kreismitte liegt, zu stehen bzw. durch Schieben und Ziehen zu verhindern, dass dies einem anderen gelingt. • Wie oben, aber umgekehrt. Jeder versucht, den anderen in den Reifen zu ziehen bzw. zu verhindern, selbst den Reifen berühren zu müssen.	
Inhalt	Ganzer Körper		
Verhalten	Begegnung / Spaß		

4 Kräftigen 4.4 Gymnastikreifen

Nr.	Name der Spielform Ziele/Akzente	Idee/Beschreibung	Hinweise/Organisation
632	**Gedränge mit Flucht**	Spielgedanke wie bei „Gedränge". Sobald ein Spieler den Reifen unfreiwillig betreten hat, löst sich der Kreis auf und alle flüchten zu einem Freimal (oder zur Hallenwand). Der fehlbare Spieler versucht, einen anderen zu fangen. Gelingt ihm dies, erhält der Gefangene den Strafpunkt, welchen sonst der „Schuldige" erhalten hätte.	
Inhalt	Ganzer Körper Schnelligkeit		
Verhalten	Begegnung		
633	**Herr im Haus**	A und B stehen im Reifen. Jeder versucht, den anderen aus dem Haus zu drängen. • Ohne Hände (nur mit Rempeln). • Auf einem Bein, die re Hand hält den freien Fuß. • Rücken an Rücken mit/ohne Einsatz von Armen und Händen. • Nur mit der Körperseite (welche Seite geht besser?).	
Inhalt	Ganzer Körper Beine		
Verhalten	Begegnung		
634	**Zieh- und Schiebekämpfe**	Viele, der im Kapitel „Kraft ohne Material" beschrieben Zieh-, Stoß- und Gleichgewichtskämpfe können auch mit Reifen durchgeführt werden, z. B.: • In den Reifen ziehen. Zu zweit mit Handfassung. Jeder versucht, den anderen in den Reifen zu ziehen. • Über die Linie ziehen oder schieben. • Hockstand, aus dem Gleichgewicht bringen.	
Inhalt	Ganzer Körper		
Verhalten	Fair kämpfen		
635	**Reifen-Handstand**	Reifen am Boden, Hände im Reifen aufgestützt. Wer kommt mit einer Hockwende oder einem Rad auf die andere Seite? • Auch viele Reifen in der Halle verstreut. Freies Laufen und bei jedem Reifen eine Hockwende oder ein Rad ausführen.	
Inhalt	Rad/Hockwende Schultergürtel		
Verhalten	Selbstständig üben		
636	**Reifen-Hochsprung**	Dreiergruppen. A und B halten den Reifen hüfthoch (und laufen evtl. vw). C stützt sich auf die Schultern von A und B und springt in den Reifen hinein und wieder hinaus, oder schlüpft unter dem Reifen durch. • Diese Übungen können auch in einer Kolonne mit mehreren Dreiergruppen (Trägern und Läufern) geturnt werden.	
Inhalt	Arme		
Verhalten	Kooperation		

4.5 Gymnastikstab

4 Kräftigen

Nr.	Name der Spielform Ziele/Akzente	Idee/Beschreibung	Hinweise/Organisation
637	Zieh- und Schiebekämpfe	Viele der im Kapitel „Kraft ohne Material" gezeigten Zieh-, Schiebe- und Gleichgewichtskämpfe können auch mit Stab ausgeführt werden und erhalten dadurch einen besonderen Reiz. Z. B.: • Über die Linie ziehen. • Über die Linie stoßen • Aus dem Gleichgewicht bringen im Hockstand. • Stab längs, Stab quer.	
Inhalt	Ganzer Körper		
Ver-halten	Fair kämpfen		
638	Zehenspitzengefühl	Im Sitzen den Stab mit den Fußsohlen hin- und herrollen. • Mit jedem Fuß einzeln. • Mit beiden Füßen zusammen. • Stab mit beiden Füßen und mit den (gestreckten Beinen) so hoch wie möglich heben. • Mit Turnschuhen, mit Socken, barfuß.	
Inhalt	Füße – Bauch Hüfte vorne		
Ver-halten	Konzentration		
639	Schaukel	Zu zweit im Kniestand gegenüber, Stab gemeinsam in Vorhalte gefasst. Langsam vw und rw „schaukeln", ohne in den Hüften einzuknicken.	
Inhalt	Rumpf – Hüfte Oberschenkel		
Ver-halten	Kooperation		
640	Kniebeuge	Zu zweit im Hocksitz gegenüber, beide halten den Stab waagerecht in der Vorhalte. Abwechslungsweise aufrichten und setzen (d. h. A im Sitz, B im Stand). • Beide gleichzeitig aufrichten und setzen.	
Inhalt	Beine		
Ver-halten	Koordination		
641	Sonntagsfahrer	A und B im Hockstand gegenüber, A mit vorgestelltem li Bein, B mit rückgestelltem re Bein. Jeder hält ein Stabende in Vorhalte. Abwechselnd Vor- und Zurückschieben des Rumpfes (Die Füße bleiben dabei auf der Stelle). Nach der Verschiebung kommt B in die Stellung von A und umgekehrt.	
Inhalt	Beine		
Ver-halten	Kooperation		

4 Kräftigen

4.5 Gymnastikstab

Nr.	Name der Spielform Ziele/Akzente	Idee/Beschreibung	Hinweise/Organisation
642	**Froschhüpfen mit Zug**	Zu zweit, A in Kauerstellung, Stab in Vorhalte, B steht vor A und fasst den Stab ebenfalls. Fortgesetztes Froschhüpfen, wobei B durch Ziehen am Stab Hilfe leistet.	
Inhalt	Beine		
Verhalten	Kooperation		
643	**Sprintbremse**	A steht vor B, beide halten den Stab. A versucht mit hohem Knieheben, gegen den Widerstand von B vw zu sprinten. • B gibt einmal mehr, einmal weniger Widerstand. • A sagt die Richtung an in die B (rw) geht (B muss umdenken, da er ja rw geht).	
Inhalt	Ganzer Körper Beine		
Verhalten	Kooperation Konzentration		
644	**Beine hoch**	Zu zweit gegenüber mit 1 m Abstand, Rücken an Rücken. Langsitz, Stäbe waagerecht neben den Schultern gefasst. Beide heben 1 Bein leicht vom Boden ab. Abwechslungsweise im gemeinsamen Rhythmus. • Wer kann beide Beine gleichzeitig abheben?	
Inhalt	Hüfte vorne Beine		
Verhalten	Kooperation		
645	**Stabgerangel**	Zu zweit im Sitzen gegenüber, ein Stab liegt zwischen den Partnern auf dem Boden. Beide versuchen, sich mit den Zehen an den Stab zu krallen und diesen dem Partner wegzuziehen. Mit oder ohne Aufstützen der Hände (aber sicher barfuß!). • Eigene Regeln aufstellen.	
Inhalt	Füße Rumpf		
Verhalten	Begegnung Fantasie		
646	**Stabtransport**	Im Stehen oder Sitzen versuchen, den liegenden Stab mit den Zehen zu fassen und ein Stück mit dem Fuß durch die Halle zu transportieren. • Als Stafette. • Mit Übergeben des Stabes an einen Partner. • Gibt es noch andere Möglichkeiten den Stab zu transportieren ohne die Hände zu benutzen?	
Inhalt	Füße		
Verhalten	Kooperation Fantasie		

4.5 Gymnastikstab

4 Kräftigen

Nr.	Name der Spielform Ziele/Akzente	Idee/Beschreibung	Hinweise/Organisation
647	**Stabgymnastik**	Aus der Hochhalte den Stab auf die Schulterblätter und weiter in die Tiefhalte im Rücken senken, dann den Stab wieder in die Hochhalte zurückführen. • Im Schneidersitz mit geradem Rücken. • In Bauchlage mit gleichzeitigem Aufbäumen. • Auch gegen leichten Widerstand des Partners.	
Inhalt	Rücken – Schultergürtel – Arme		
Verhalten	Bin ich gerade?		
648	**Stabrampe**	Neigehaltung, Stab auf den Handflächen. Den Stab über Arme und Rücken rollen lassen und wieder zurück, bis der Stab in den Händen liegt. Dabei den Rücken gerade halten.	
Inhalt	Rücken Schultergürtel		
Verhalten	Taktiler Körpersinn		
649	**Wäsche falten**	Zu zweit in der Grätschstellung gegenüber, je einen Stab in der Tiefhalte gefasst. Rumpf senken und die Stäbe dabei in die Seithalte heben, danach Rumpf wieder heben und die Stäbe in die Ausgangsstellung senken. Dabei immer den Rücken gerade halten (keinen „Buckel" beim Senken!).	
Inhalt	Rücken Schultergürtel		
Verhalten	Kooperation		
650	**Gerader Rücken**	A im aufrechten Kniesitz, Rücken gegen den von B senkrecht gehaltenen Stab. Beim Ausatmen das Becken aufrichten und mit der Lendenwirbelsäule den Stab fühlen (d. h., den ganzen Rücken gegen den Stab drücken). Beim Einatmen das Becken kippen und die Lendenwirbelsäule vom Stab lösen (Hohlkreuz).	
Inhalt	Rücken Hüfte		
Verhalten	Körperbewusstsein		
651	**Müllschlucker**	Zu zweit in Rückenlage gegenüber, Kopf gegen Kopf, beide halten den Stab in der Hochhalte. Beide heben gleichzeitig die Beine, so dass sie mit den Füßen den Stab berühren können und senken die gestreckten, gespannten Beine wieder, wobei das Gesäß möglichst lange in der Luft bleiben soll (= Hüfte strecken).	
Inhalt	Bauch – Hüfte Beweglichkeit		
Verhalten	Kooperation		

4 Kräftigen

4.5 Gymnastikstab

Nr.	Name der Spielform / Ziele/Akzente	Idee/Beschreibung	Hinweise/Organisation
652	**Stab-Lift**	Zu zweit gegenüber mit den Rücken zueinander, beide halten auf jeder Seite einen Stab in der Seithalte. Stab senken zur Tiefhalte und heben in die Hochhalte. So gerade stehen wie eine Säule (Hohlkreuz vermeiden). • Schnelle Ausführung ohne Widerstand. • Langsame Ausführung, Partner gibt Widerstand.	
	Inhalt: Rücken – Schultergürtel – Arme		
	Verhalten: Kooperation		
653	**Doppelliegestütz mit Stab**	Zu zweit. A in Rückenlage, hält einen Stab in Vorhalte, B hinter A in Liegestütz auf dem Stab. • A beugt, B streckt die Arme. • A und B beugen und strecken die Arme gleichzeitig. • Auch in einer anderen Position möglich, z. B. B stützt mit den Händen auf den aufgestellten Knien von A.	
	Inhalt: Ganzer Körper		
	Verhalten: Koordination, Kooperation		
654	**Schubkarren**	Zu zweit. A in Liegestütz, den Stab unter seinen Füßen auf dem Boden. B hebt die Beine von A mit dem Stab auf (gerader Rücken!!). Schubkarren fahren über eine bestimmte Strecke. • Kein Durchhängen, Gesäß und Bauch spannen! • Jeder gegen jeden. Die Paare versuchen, sich gegenseitig die Stützhand wegzuziehen.	
	Inhalt: Ganzer Körper, Arme		
	Verhalten: Kooperation		
655	**Das bewegliche Reck**	A in Rückenlage, Stab in der Vorhalte waagerecht gefasst, B steht hinter A. A zieht und drückt die gestreckten Arme gegen den Widerstand von B vor und zurück. Dabei soll immer ca. die gleich große Kraft wirken, d. h., bei den Wendepunkten werden keine Pausen gemacht, sonder die Bewegungsrichtung unverzüglich geändert.	
	Inhalt: Brust, Schultergürtel		
	Verhalten: Kooperation		
656	**Die lebende Reckstange**	• Felgaufzug, Felgabschwung. • Knieauf-, -abschwung. • Kniehangpendel, „Glockenabsprung" (Napoleon). • Hockwende, Übersprünge. • „Treppensteigen" mit Helfer auf den Stäben sowie „Seiltanzen". • Unter- und Umschwünge etc.	
	Inhalt: Ganzer Körper		
	Verhalten: Kooperation, Fantasie		

4.6 Spielband

4 Kräftigen

Nr.	Name der Spielform / Ziele/Akzente	Idee/Beschreibung	Hinweise/Organisation
657	**Büffelschwanzjagd**	Paare im Huckepack, der Obere hat einen „Büffelschwanz" (= Spielband) im Hosenbund. Jedes Paar, v. a. aber der Obere, muss versuchen, möglichst viele Bänder zu erbeuten. Gestohlene Schwänze werden als Trophäen umgehängt. Das Spiel dauert maximal 2 Min., danach erfolgt Rollentausch. Erbeutetes Band = 1 Punkt; bis zum Schluss verteidigter Schwanz = 2 Punkte.	
Inhalt	Ganzer Körper		
Verhalten	Kooperation		
658	**Büffelschwanzfangen**	Paare im Huckepack, der Obere hat einen „Schwanz" im Hosenbund. 2–4 Fängerpaare haben keinen Schwanz. Hat ein Fängerpaar einen Schwanz erbeutet, wird das gefangene Paar ohne Schwanz zum Fänger.	
Inhalt	Ganzer Körper		
Verhalten	Kooperation		
659	**Mannschaftsjagd**	Spielidee wie „Büffelschwanzjagd", aber die Paare werden in zwei Mannschaften mit verschiedenen Bändchen eingeteilt. Welche Mannschaft hat zuerst alle Schwänze des Gegners erobert?	
Inhalt	Ganzer Körper		
Verhalten	Kooperation		
660	**Herdenfang**	Alle Huckepackpaare bis auf ein Fängerpaar tragen einen Büffelschwanz. Wer den Schwanz verloren hat, hilft beim Fangen. Das Spiel läuft, bis die ganze „Herde" eingefangen worden ist. • Alle diese „Schwanzfangspiele" können auch im brusttiefen Wasser gespielt werden.	Wie Nr. 657 Achtet auf richtiges „Lasten-Tragen" mit geradem Rücken!
Inhalt	Ganzer Körper		
Verhalten	Kooperation		
661	**Fußkunst**	Versuche, ein Spielband an den Barren, an die Sprossenwand oder an das Reck zu knüpfen, ohne dabei die Hände zu gebrauchen! Versuche auch, verschiedene kleinere Hallengeräte mit den Füßen vom Boden aufzuheben!	
Inhalt	Füße Koordination		
Verhalten	Geduld!		

4 Kräftigen

4.7 Langbank

Nr.	Name der Spielform Ziele/Akzente		Idee/Beschreibung	Hinweise/Organisation
662	**Beinpresse**		Der Partner sitzt auf der Langbank. (Je nach Sitzort ergibt sich eine mehr oder weniger große Belastung). Versuchen, den Partner und die Langbank mit den Beinen hochzustoßen. Zuerst ohne Partner auf der Langbank probieren. • Die Langbank kann dabei auch in die Sprossenwand eingehängt werden.	
	Inhalt	Beine		
	Verhalten	Konzentriert üben		
663	**Bank-Akrobatik**		Strecksitz vorlings vor der Bank, Fersen auf der Bank, Stütz hinter dem Körper. Gesäß heben in den Liegestütz rücklings, Beine parallel zum Boden. Einen Fuß abheben, das entsprechende Bein beugen und senkrecht hochstrecken und wieder auf die Bank legen. Bein jedes Mal wechseln.	
	Inhalt	Hüfte hinten Rücken		
	Verhalten	Gleichgewicht		
664	**Flugzeug**		Bauchlage quer über die Bank, Arme gebeugt vor der Brust auf den Boden gestützt. Arme strecken und dann den re (li) Arm in die Hochhalte heben. Der Oberkörper wird dabei ebenfalls angehoben. • Beide Arme zur Hochhalte zu heben.	
	Inhalt	Rücken Schultergürtel		
	Verhalten	Gleichgewicht		
665	**Seitschere**		Seitlage auf der Langbank, Hände fassen die Bank. Heben und Senken der gestreckten Beine. • Ein Partner fixiert die Beine. Heben und Senken des Oberkörpers.	
	Inhalt	Bauch		
	Verhalten	Helfen		
666	**Bank-Volley**		A und B liegen sich auf dem Bauch gegenüber, zwischen ihnen steht die Langbank (quer). Gemeinsam den Oberkörper heben und sich den Ball über die Langbank übergeben – liegen und entspannen, dann wiederholen. • Verschiedene Bälle ausprobieren.	
	Inhalt	Rücken Schultergürtel		
	Verhalten	Kooperation		

4.7 Langbank   4 Kräftigen

Nr.	Name der Spielform / Ziele/Akzente	Idee/Beschreibung	Hinweise/Organisation
667	**Bank-Kreisen**	Bauchlage vor einem Langbankende. Durch Heben und Senken des Oberkörpers soll ein Ball in einem vertikalen Kreis um das Langbankende gekreist werden. Nach li, nach re.	
	Inhalt: Rücken – Schultergürtel – Arme		
	Verhalten: Langsam ist wirkungsvoller		
668	**Auf und hin – ab und her**	Zu zweit in Rückenlage gegenüber, die Unterschenkel liegen auf der Langbank, die Füße sind ineinander verhakt. Beide heben miteinander den Oberkörper und A übergibt B über die Langbank einen (Medizin-)Ball – Senken zur Rückenlage und wiederholen.	
	Inhalt: Bauch Hüfte vorne		
	Verhalten: Spaß zu zweit		
669	**Bank-Stütz-Varianten**	Liegestütz vorlings mit Stütz am Bankrand. Rückspreizen des re und li Beines im Wechsel mit Beugen und Strecken der Arme. • Auch Sitz rücklings vor der Langbank, Hände auf der Bank. Beugen und Strecken der Arme.	
	Inhalt: Rumpf – Schultergürtel – Arme		
	Verhalten: Langsam		
670	**Langbank-Seilziehen**	Bei welcher Mannschaft fällt zuerst ein Wettkämpfer von der Bank? Wer „gefallen" ist, schließt hinten wieder an und der Wettkampf beginnt von vorne. • Das Spiel ist fertig, wenn der erste „Gefallene" wieder vorne sitzt.	
	Inhalt: Ganzer Körper		
	Verhalten: Taktik		
671	**Sitzkampf**	Sitz Rücken an Rücken auf einer (oder zwei) Langbänken. • Stoßkampf: Wer sitzt zuerst nicht mehr auf der Langbank? • Ziehkampf: Wer muss zuerst die Füße vom Boden heben oder wer zieht den anderen zu sich herüber?	
	Inhalt: Ganzer Körper		
	Verhalten: Fair kämpfen		

4 Kräftigen

4.8.1 Sprossenwand (Beine)

Nr.	Name der Spielform Ziele/Akzente	Idee/Beschreibung	Hinweise/Organisation
672	**Ballettgrundschule**	Sprossenwand in Hüfthöhe fassen und Oberkörper senken zur Standwaage. Beugen und Strecken des Standbeines. Das andere Bein wird so weit wie möglich zurückgespreizt.	
Inhalt	Beine Hüfte hinten		
Verhalten	Langsam		
673	**Zusatzgewicht**	Zu zweit. A steht auf der 4. oder 5. Sprosse und streckt ein Bein nach hinten, B fasst dieses Bein und leistet Widerstand, während A sein Standbein beugt und streckt. • B liegt gespannt auf dem Rücken und lässt sich wie ein Brett von A hochziehen.	
Inhalt	Beine – Arme Körperspannung		
Verhalten	Kooperation Vertrauen		
674	**Huckepack**	Zu zweit. B sitzt auf den Schultern von A, A steht mit den Zehen auf der untersten Sprosse. A hebt sich und seinen Reiter mehrmals in den Zehenstand hoch. • Leichte Kniebeugen.	
Inhalt	Unterschenkel Beine		
Verhalten	Vertrauen		
675	**Einbein-Froschhupf**	Mit dem Rücken zur Sprossenwand und ein Bein rw ca. auf Kniehöhe einhängen. Abwechslungsweise mit den Händen den Boden berühren und hochschnellen zum Anziehen des Standbeines in der Luft. • Auch ohne Sprossenwand möglich. Der Partner hält das zurückgestreckte Bein des Übenden.	
Inhalt	Beine		
Verhalten	Nur mutig hoch!		
676	**Affen-Sprünge**	Stand vor der Sprossenwand, Griff in Schulterhöhe. Sprung zum Stand auf der 1., 2., 3. ... Sprosse, tiefes Kniewippen zum Hochstoßen und Niederspringen (Hände bleiben an der Sprosse). Wer springt höher hinauf? • Wer kann von einer Sprosse auf eine andere springen? (Hände und Füße gleichzeitig loslassen bzw. zupacken).	
Inhalt	Beine Koordination		
Verhalten	Etwas Mut!		

4.8.2 Sprossenwand (Rumpf)

4 Kräftigen

Nr.	Name der Spielform Ziele/Akzente	Idee/Beschreibung	Hinweise/Organisation
677	**Notbremse**	Zu zweit. A in Rückenlage, unterste Sprosse gefasst, B steht vor A, der die Beine zur Senkrechten hebt. B schnellt die Füße von A Richtung Boden. A muss die Beine abbremsen, bevor sie den Boden berühren.	
Inhalt	Bauch Hüfte vorne		
Ver-halten	Begegnung		
678	**Scheibenwischer (hängend)**	Hang rücklings. Mit dem li Bein zum re Arm überkreuzen und umgekehrt. Beine gehockt oder gestreckt. Auch beide Beine als „Scheibenwischer" nach re und nach li heben.	
Inhalt	Bauch Hüfte vorne		
Ver-halten	Langsam!		
679	**Scheibenwischer (liegend)**	Rückenlage vor der Sprossenwand, unterste Sprosse gefasst. „Scheibenwischer", Beine im rechten Winkel sw re und li ablegen bzw. bis knapp über den Boden führen.	
Inhalt	Bauch		
Ver-halten	Ganz langsam!		
680	**Fuß-Ball-Transport 1**	Mehrere Spieler hängen in 2 m Abstand an der Sprossenwand und übergeben sich einen Ball mit den Füßen. • Vor dem Übergeben Beine zur Waagerechten heben. • Auch mit mehrere Bällen.	
Inhalt	Ganzer Körper		
Ver-halten	Kooperation		
681	**Fuß-Ball-Transport 2**	Zu dritt. A und B übergeben den Ball hin und her. Wie viele Übergaben schaffen sie in 1 Min.? C hebt die heruntergefallenen Bälle auf und bringt sie wieder ins Spiel. Welche Gruppe hat nach 3 Runden (Positionen tauschen) am meisten Punkte?	
Inhalt	Ganzer Körper		
Ver-halten	Kooperation		

4 Kräftigen

4.8.3 Sprossenwand (Arme, Schultern)

Nr.	Name der Spielform / Ziele/Akzente	Idee/Beschreibung	Hinweise/Organisation
692	**Gespannt wie ein Brett**	A in Bauchlage, Ristgriff an der zweiten Sprosse, Körper spannen. B hebt die Beine von A an. A versucht sich wie ein Brett heben zu lassen, ohne in Schultern oder Hüften einzuknicken. • A versucht, gegen Widerstand von B die Arme anzuziehen.	
Inhalt	Schultergürtel Rumpf		
Verhalten	Begegnung Vertrauen		
693	**Liegestützkampf**	A und B nebeneinander im Liegestütz, Füße auf einer unteren Sprosse. Wer bringt den anderen durch Ziehen und Stoßen zur Aufgabe der Stützstellung?	
Inhalt	Schultergürtel Arme – Rumpf		
Verhalten	Fair kämpfen		
694	**Freistilklettern**	Kniestand vor der Sprossenwand. Aufwärts- und abwärtshangeln vorlings mit angewinkelten Beinen (wie ein „Freistil-Kletterer"). • A und B bilden eine Klettergruppe. B versucht, den gleichen Kletterweg wie A zu klettern. (Gegenseitig sichern!)	
Inhalt	Schultergürtel Arme		
Verhalten	Stell dir vor: 50 m Tiefe!		
695	**Wandhandstand**	A im Querstand re, Rumpfbeugen re sw, Arme in Hochhalte heben. Dann die 3. und 8. Sprosse fassen und seitspreizen des li Beines (siehe Skizze!). Anhocken mit dem re Bein, vorspreizen und senken auf den Boden. B hält mit beiden Händen das li Bein von A (Unter- oder Oberschenkel, je nach Kraft. • B hält beide Beine. A senkt und hebt das obere li Bein.	
Inhalt	Schultergürtel Rumpf – Hüfte		
Verhalten	Vertrauen Orientierung		
696	**Du bringst mich nicht los!**	A steht auf der Sprossenwand, B auf dem Boden. B versucht, A von der Sprossenwand loszureißen. Denkt dabei an die Fairness-Spielregeln: • Spiel fair! • Spiel intensiv! • Tu niemandem weh!	
Inhalt	Schultergürtel Arme		
Verhalten	Fair kämpfen		

4.8.2 Sprossenwand (Rumpf) — 4 Kräftigen

Nr.	Name der Spielform / Ziele/Akzente	Idee/Beschreibung	Hinweise/Organisation
677	**Notbremse**	Zu zweit. A in Rückenlage, unterste Sprosse gefasst, B steht vor A, der die Beine zur Senkrechten hebt. B schnellt die Füße von A Richtung Boden. A muss die Beine abbremsen, bevor sie den Boden berühren.	
Inhalt	Bauch, Hüfte vorne		
Verhalten	Begegnung		
678	**Scheibenwischer (hängend)**	Hang rücklings. Mit dem li Bein zum re Arm überkreuzen und umgekehrt. Beine gehockt oder gestreckt. Auch beide Beine als „Scheibenwischer" nach re und nach li heben.	
Inhalt	Bauch, Hüfte vorne		
Verhalten	Langsam!		
679	**Scheibenwischer (liegend)**	Rückenlage vor der Sprossenwand, unterste Sprosse gefasst. „Scheibenwischer", Beine im rechten Winkel sw re und li ablegen bzw. bis knapp über den Boden führen.	
Inhalt	Bauch		
Verhalten	Ganz langsam!		
680	**Fuß-Ball-Transport 1**	Mehrere Spieler hängen in 2 m Abstand an der Sprossenwand und übergeben sich einen Ball mit den Füßen. • Vor dem Übergeben Beine zur Waagerechten heben. • Auch mit mehrere Bällen.	
Inhalt	Ganzer Körper		
Verhalten	Kooperation		
681	**Fuß-Ball-Transport 2**	Zu dritt. A und B übergeben den Ball hin und her. Wie viele Übergaben schaffen sie in 1 Min.? C hebt die heruntergefallenen Bälle auf und bringt sie wieder ins Spiel. Welche Gruppe hat nach 3 Runden (Positionen tauschen) am meisten Punkte?	
Inhalt	Ganzer Körper		
Verhalten	Kooperation		

4 Kräftigen

4.8.2 Sprossenwand (Rumpf)

Nr.	Name der Spielform / Ziele/Akzente	Idee/Beschreibung	Hinweise/Organisation
682	**Ballschleuder**	Zu zweit mit einem (Medizin-)Ball. A schleudert den Ball mit den Beinen zu B, B bringt den Ball zurück. • B wirft den Ball zu A, der stößt ihn mit den Fußsohlen zurück. • Auch an Ringen oder am hohen Reck möglich (aber schwieriger).	
Inhalt	Bauch Hüfte vorne		
Verhalten	Kooperation		
683	**Scharnier**	Rückenlage vor der Sprossenwand, unterste Sprosse gefasst. Beine und Oberkörper zur Kerze heben, so dass sie parallel zur Sprossenwand sind (Hüftwinkel = 180°). Langsames Senken des ganzen Körpers wie ein Brett, d. h., ohne Einknicken der Hüfte bis zur Rückenlage.	
Inhalt	Bauch – Hüfte Brust		
Verhalten	Wer kann es langsam?		
684	**Rückwärts-Spann**	Hang rücklings. Gestreckte Beine und Hüfte langsam rückwärts abheben. Spannung 3 Sek. halten und langsam wieder lösen. • Auch nur mit einem Bein oder abwechslungsweise links- rechts-links ... ganz langsam!	
Inhalt	Rücken Hüfte hinten		
Verhalten	Spannung halten		
685	**Flop-Bewegung**	Strecksitz rücklings an der Sprossenwand, Ristgriff über dem Kopf. Schwungvolles Vorhochdrücken des Rumpfes in den Spannbogenstand – Rückenbewegung zum Sitz.	
Inhalt	Rücken Hüfte hinten		
Verhalten	Spannen – entspannen		
686	**Schräglage**	Rückenlage, Fersen auf der 3. Sprosse. Hüfte anheben, auf 10 zählen und wieder senken. Mehrere Serien. • Wer kann mit geschlossenen Augen seine Knickstellung in den Hüften genau angeben (Wie viel °?).	
Inhalt	Rücken – Hüfte hinten – Beine		
Verhalten	Körpergefühl		

4.8.3 Sprossenwand (Arme, Schultern)   4 Kräftigen

Nr.	Name der Spielform / Ziele/Akzente	Idee/Beschreibung	Hinweise/Organisation
687	**Sprossen-Spicker**	Stand vor der Sprossenwand, ca. 1 m Entfernung. Fallen lassen vw in den Beugestütz und wieder abdrücken. Der Rumpf bleibt dabei gespannt, nicht durchhängen! • Auf immer tiefer liegende Sprossen stützen.	
Inhalt	Schultergürtel / Arme		
Verhalten	Mutig rückwärts!		
688	**Hau Ruck**	Hang vorlings an der Sprossenwand, Ristgriff. Rückschwingen der Beine und schnelles Anhocken der Beine zum Hockstand auf einer mittleren Sprosse (Arme bleiben lang), aufrichten in den Stand, senken zur Ausgangsstellung.	
Inhalt	Koordination		
Verhalten	Etwas Mut!		
689	**Hang-Stand**	Ausgangsstellung siehe Skizze. Rumpf und Beine mit leichtem Schwung (oder langsam) in den Hocksturzhang heben und strecken. Dann langsam senken in die Ausgangsstellung zurück. • Bei Unsicherheit oder zu wenig Kraft 2 Partner die auf beiden Seiten an den Schultern halten.	
Inhalt	Schultergürtel Rumpf – Koordination		
Verhalten	Mut		
690	**Wand-Liegestütz**	Liegestütz vorlings, Füße auf der 5. Sprosse. Arme beugen, strecken und danach das Becken anheben, so dass der Rumpf senkrecht zum Boden steht.	
Inhalt	Arme / Rumpf		
Verhalten	Mutig hoch!		
691	**Handstand-Aufbau**	Liegestütz, Füße in der untersten Sprosse. Langsam rw hochsteigen bis in den Handstand und zurück. • Im Handstand eine halbe Drehung um die Längsachse ausführen, so dass der Rücken zur Wand zeigt (evtl. mit Hilfe). • Aufschwingen in den Handstand gegen die Sprossenwand, eine halbe Drehung ausführen, abrollen vw.	
Inhalt	Handstand Schultergürtel		
Verhalten	Gleichgewicht		

4 Kräftigen 4.8.3 Sprossenwand (Arme, Schultern)

Nr.	Name der Spielform Ziele/Akzente	Idee/Beschreibung	Hinweise/Organisation
692	**Gespannt wie ein Brett**	A in Bauchlage, Ristgriff an der zweiten Sprosse, Körper spannen. B hebt die Beine von A an. A versucht sich wie ein Brett heben zu lassen, ohne in Schultern oder Hüften einzuknicken. • A versucht, gegen Widerstand von B die Arme anzuziehen.	
Inhalt	Schultergürtel Rumpf		
Ver-halten	Begegnung Vertrauen		
693	**Liegestützkampf**	A und B nebeneinander im Liegestütz, Füße auf einer unteren Sprosse. Wer bringt den anderen durch Ziehen und Stoßen zur Aufgabe der Stützstellung?	
Inhalt	Schultergürtel Arme – Rumpf		
Ver-halten	Fair kämpfen		
694	**Freistilklettern**	Kniestand vor der Sprossenwand. Aufwärts- und abwärtshangeln vorlings mit angewinkelten Beinen (wie ein „Freistil-Kletterer"). • A und B bilden eine Klettergruppe. B versucht, den gleichen Kletterweg wie A zu klettern. (Gegenseitig sichern!)	
Inhalt	Schultergürtel Arme		
Ver-halten	Stell dir vor: 50 m Tiefe!		
695	**Wandhandstand**	A im Querstand re, Rumpfbeugen re sw, Arme in Hochhalte heben. Dann die 3. und 8. Sprosse fassen und seitspreizen des li Beines (siehe Skizze!). Anhocken mit dem re Bein, vorspreizen und senken auf den Boden. B hält mit beiden Händen das li Bein von A (Unter- oder Ober-schenkel, je nach Kraft. • B hält beide Beine. A senkt und hebt das obere li Bein.	
Inhalt	Schultergürtel Rumpf – Hüfte		
Ver-halten	Vertrauen Orientierung		
696	**Du bringst mich nicht los!**	A steht auf der Sprossenwand, B auf dem Boden. B versucht, A von der Sprossenwand loszureißen. Denkt dabei an die Fairness-Spielregeln: • Spiel fair! • Spiel intensiv! • Tu niemandem weh!	
Inhalt	Schultergürtel Arme		
Ver-halten	Fair kämpfen		

4.9 Geräte

4 Kräftigen

Nr.	Name der Spielform / Ziele/Akzente	Idee/Beschreibung	Hinweise/Organisation
697	**Huckepacklauf**	Mattenbahn mit dünnen und dicken Matten. Huckepacklauf über die Mattenbahn schnell. Mehrere Durchgänge. • Auch Huckepacklauf über andere kleine Hindernisse wie Langbänke, Kastenteile usw. • Huckepack auf Schulter oder am Rücken.	
Inhalt	Ganzer Körper		
Verhalten	Begegnung Vertrauen		
698	**Matten hoch!**	Sitz zu zweit gegenüber, Mattenenden auf den Unterschenkeln. Die Matte mit den Beinen anheben und wieder senken! • Hände hinter dem Rücken abstützen/nicht abstützen.	
Inhalt	Hüfte vorne Beine		
Verhalten	Kooperation		
699	**Schwebende Mattenbahn**	Die Spieler liegen an der Längsseite der Matten auf dem Bauch nebeneinander. Die Hände werden unter die Matten geschoben. Können die Matten (bzw. die ganze Mattenbahn) angehoben werden? • In Rückenlage auch?	
Inhalt	Schultergürtel Arme		
Verhalten	Kooperation		
700	**Doppeldecker**	Zu zweit. A im „Handstand", Füße auf den Schultern von B. A stützelt oder „springt" (= beidhändiges, gleichzeitiges Abstoßen) über die Mattenbahn. B fixiert die Füße.	
Inhalt	Ganzer Köper		
Verhalten	Kooperation		
701	**Mattenschieben**	Jeder (oder zu zweit) mit einer Matte. Liegestütz rücklings davor. Die Matte soll mit den Fersen zur anderen Seite geschoben werden. Wer ist zuerst? Evtl. muss die Matte umgedreht werden, damit sie besser gleitet.	
Inhalt	Ganzer Körper		
Verhalten	Spielregeln einhalten!		

4 Kräftigen

4.9 Geräte

Nr.	Name der Spielform / Ziele/Akzente	Idee/Beschreibung	Hinweise/Organisation
702	**Gleitmatte**	A in Liegestütz vorlings vor der Matte (glatte Seite nach unten), B hält die Beine von A. A soll die vor ihm liegende Matte abwechselnd mit der li und re Hand bis zu einer Wendemarke schieben, dort Aufgabenwechsel. Welches Paar ist zuerst im Ziel?	
Inhalt	Ganzer Körper		
Verhalten	Kooperation		
703	**Matten-Sprung-Kombinationen**	• Absprung li, Landung re, Zwischenschritt und Absprung re, Landung li, usw. • Absprung li, Landung re, Zwischenschritt und li abspringen usw. • Absprung li, Landung li, zwei Schritte und Absprung re, Landung re. • Schlusssprung mit Zwischenhupf. • Schlusssprung ohne Zwischenhupf. • Hüpfen auf einem Bein mit und ohne Zwischenhupf. • Verschiedene Sprungformen zu zweit nebeneinander (auch mit Handfassung). • Die gleichen Sprungformen von Matte zu Matte über die Zwischenräume. • Eigene Formen finden und vorzeigen.	
Inhalt	Beine und Fußgelenke		
Verhalten	Fantasie		
704	**Stützkraft-Stafette**	Zu dritt mit einem Barren und einem Medizinball. A stützelt mit dem Ball zwischen den Füßen zu B, B stützelt zurück zu C, C zu A … Welche Gruppe hat zuerst 10 Durchgänge?	
Inhalt	Schultergürtel Arme		
Verhalten	Spielregeln einhalten!		
705	**Mal oben – mal unten**	Liegehang unter dem Reck. Arme beugen und strecken. • Zu zweit. A macht Liegestütz auf der Reckstange. B hält die Füße von A!	
Inhalt	Schultergürtel Arme		
Verhalten	Kooperation, Vertrauen		

4.9 Geräte 4 Kräftigen

Nr.	Name der Spielform Ziele/Akzente	Idee/Beschreibung	Hinweise/Organisation
706	**Ziehkampf**	Zu zweit mit einem Kastenteil. • Den anderen über eine Linie ziehen. • Dito, aber in den Kasten hineinstehen. • Den Kasten von außen auf Brusthöhe tragen und den anderen so über die Linie stoßen.	
Inhalt	Ganzer Körper		
Verhalten	Vorsicht!		
707	**Seitwärtsgang**	Von einer Seite in das Kastenteil stützeln (in Liegestütz) und auf der anderen Seite wieder hinaus. Alleine oder mehrere hintereinander. Von re nach li und von li nach re.	
Inhalt	Ganzer Körper Arme		
Verhalten	Mutig abstoßen!		
708	**Hochgestellt**	Kastendeckel (oder Langbank). Liegestütz mit Füßen auf dem Kastendeckel. Mit den Händen im Halbkreis um den Kasten stützeln. • Auch als Verfolgungsrennen zu zweit rundherum. Start einander gegenüber.	
Inhalt	Arme Schultergürtel		
Verhalten	Körper gut spannen		
709	**Kraftmaschine**	Kastendeckel auf dem Boden: A im Liegestütz mit den Füßen auf dem Kasten. B überspringt den Kasten und kriecht unter A durch. A beugt und streckt bei jedem Sprung von B die Arme. • Welches Paar macht in 2x 1 Min. (mit Wechsel) mehr Durchgänge? • Wer schafft innerhalb des Paares mehr Durchgänge?	
Inhalt	Ganzer Körper		
Verhalten	Kooperation		
710	**Haie füttern**	Zu zweit. A steht auf einem Kastendeckel, mit einem Ball zwischen den Füßen, Ringe brusthoch gefasst. A stößt vom Kasten ab und pendelt im Stütz (oder im Beugehang, Beugestütz) zum offenen Kastenteil („Hai"), wo er den Ball fallen lässt und zurückpendelt. B holt den Ball jeweils zurück und legt ihn auf den Kastendeckel. Welches Paar schafft am meisten Bälle?	
Inhalt	Schultergürtel Arme		
Verhalten	Timing		

4 Kräftigen

4.9 Geräte

Nr.	Name der Spielform Ziele/Akzente	Idee/Beschreibung	Hinweise/Organisation
711	**Hängender Fußballer**	Zu zweit. A im Stütz an den Ringen, B wirft ihm einen Ball zu. A versucht, den Ball mit den Füßen zurückzukicken. • Dasselbe im Hangen (Ringe sprunghoch).	
Inhalt	Arme Koordination		
Ver-halten	Kooperation		
712	**Liegestützkampf**	Zu zweit gegeneinander. Beide hängen ihre Füße in je einen Ring und gehen in Liegestütz. Wer kann den anderen durch Ziehen, Stoßen o. Ä. auf den Bauch oder zum Aushängen der Füße zwingen? • Beide Füße in einem Ring. • Ein Fuß im Ring, der andere auf dem Boden.	
Inhalt	Schultergürtel Arme		
Ver-halten	Fair kämpfen		
713	**Ziehkampf erschwert**	Zu zweit in Liegestütz, die Füße sind in einem Paar Ringe eingehängt. Wer kann den anderen bis zum Mattenrand (Linie) ziehen?	
Inhalt	Ganzer Körper		
Ver-halten	Fair kämpfen		
714	**Haifischbecken**	Ringe 10 bis 20 cm über Boden. Zu zweit gegeneinander. Jeder steht mit einem Fuß in einem Ring und versucht, den Gegner zum Abstehen zu zwingen (ins Haifischbecken).	
Inhalt	Ganzer Körper		
Ver-halten	Fair kämpfen		
715	**Stützkampf**	Im Stütz nebeneinander am Reck oder auf einem Barrenholm. Jeder versucht, dem anderen auf die nähere Hand zu schlagen.	
Inhalt	Schultergürtel Arme		
Ver-halten	Fair kämpfen		

4.9 Geräte 4 Kräftigen

Nr.	Name der Spielform Ziele/Akzente	Idee/Beschreibung	Hinweise/Organisation
716	**Flohzirkus**	Jeder Floh – mit einer Ausnahme – hat sein Podestchen (Reifen, Matte, Kasten, Langbank, etc.). Nur ein Floh hüpft allein durch den Zirkus. Wenn er ruft: „Achtung Feinde!" müssen alle anderen Flöhe sofort hüpfend die Plätze tauschen. Wer kein Podestchen mehr erwischt, hält als nächster nach dem Feind Ausschau.	
Inhalt	Beine Schnelligkeit		
Ver- halten	Fairness		
717	**Lendenheber**	Zweiergruppen. A liegt auf einem Kasten oder einer Langbank. Ein Bein liegt auf dem Kasten, das andere hängt seitlich abwärts (dehnen). B hält dieses Bein am Fuß fest und gibt Widerstand während A versucht, sein Bein zu heben (kräftigen).	
Inhalt	Lenden		
Ver- halten	Kooperation		
718	**Arm-Bremse**	zu zweit. A legt die Oberarme auf den Kasten und winkelt die Unterarme an. A versucht, die Ellenbogen zu beugen, während B Widerstand gibt und versucht, den Winkel zu vergößern. • A versucht, die Fäuste seitwärts auswärts zu drücken, gegen den Widerstand von B. Ebenso einwärts.	
Inhalt	Unterarme		
Ver- halten	Kooperation		
719	**Kohle-Transport**	Stafette. In einem Kastenteil sind Bälle verstaut. A nimmt einen Ball zwischen die Füße. A muss diesen Ball in den leeren Kasten bringen ohne den Ball mit den Füßen zu berühren. A läuft zurück, Handschlag an B, etc. bis alle 2 Bälle transportiert haben. • Man darf sich auf dem Hinweg nur über die Reifen (Inseln) bewegen.	
Inhalt	Ganzer Körper Schnelligkeit		
Ver- halten	Regeln einhalten		
720	**Reifenwechsel**	A hängt über einem Bock (Kasten). B fixiert die Füße. A wechselt die Reifen von einem Malstab zum anderen. Wenn A fertig ist, wechseln und B legt sie wieder zurück. • Einfacher: Statt Malstäbe Kegel oder Hütchen aufstellen.	
Inhalt	Rücken		
Ver- halten	Kooperation		

Kapitel 5
Dehnen

5.1	**Ohne Material**..	180
5.1.1	Beine..	180
5.1.2	Rumpf/Wirbelsäule	182
5.1.3	Arme/Schultern...	185
5.1.4	Prinzip der Vorermüdung	186
5.2	**Bälle**	188
5.3	**Springseil**	191
5.4	**Gymnastikreifen**..	193
5.5	**Gymnastikstab**	194
5.6	**Spielband**..	196
5.7	**Langbank**	197
5.8	**Sprossenwand**	198
5.9	**Geräte**	200
5.10	**Stretching-Basisprogramme: Top Ten**	201

Hinweis: Siehe auch S. 120 ff.:
Wie und wo dehnen – Wie und wo kräftigen?

5 Dehnen

5.1.1 Ohne Material (Beine)

Nr.	Name der Spielform / Ziele/Akzente	Idee/Beschreibung	Hinweise/Organisation
	Dehnen (Stretching)	• Gedehnt wird der **warme Muskel** (nach dem Spiel oder der Kräftigungsübung). • Dehnen kann erhitzte Gemüter **beruhigen** (nach einem Wettkampfspiel), am Schluss der Stunde. • Mit Dehnen kann das **Körperbewusstsein** gefördert werden (welcher Muskel wird gedehnt? Wo spüre ich den Zug? Wie stark ist der Zug? Wie fühlt sich ein gespannter/entspannter Muskel an? Etc. • Ein kleines **Dehnprogramm** kann über längere Zeit gemacht werden. Erfolge stellen sich relativ rasch ein und können gut gespürt und überprüft werden (Beweglichkeitstests). • Dehnübungen können auch eine **Hausaufgabe** sein (z. B. vor oder nach den schriftlichen Hausaufgaben). • Es gibt viele schöne Dehnübungen mit lustigen Namen im **Yoga** (Yoga für Kinder, siehe Literaturliste).	
721	**Beinlift** Inhalt — Oberschenkel hinten Verhalten — Gleichgewicht	A im Fersensitz vor B. B legt ein Bein auf die Schulter von A und steht möglichst aufrecht. A fixiert das Bein von B und richtet sich langsam auf bis in den Kniestand. Nach dem Aufrichten bewegt sich A leicht vw und rw. B bleibt mit dem Standbein wie verwurzelt auf dem Boden. B darf jederzeit Stopp rufen. Evtl. stützt sich B mit einer Hand an der Wand ab. • Geht es auch noch, wenn A noch weiter aufsteht?	
722	**Adlerflug** Inhalt — Oberschenkel hinten, Wirbelsäule Verhalten — Gleichgewicht	Den re Fuß von innen fassen und das Bein schräg nach außen strecken. Abwechslungsweise re und li (Flügelschlag). • Wer kann beide Beine gleichzeitig strecken, ohne das Gleichgewicht zu verlieren?	

5.1.1   Ohne Material (Beine) — 5 Dehnen

Nr.	Name der Spielform / Ziele/Akzente	Idee/Beschreibung	Hinweise/Organisation
723	**Seitenlage**	Seitenlage. Das obere, gebeugte Bein von innen an der Ferse fassen und langsam strecken. Dann das gestreckte Bein festhalten und Richtung Kopf ziehen. Seite wechseln.	
Inhalt	Hüfte innen		
Verhalten	Jeder so weit er kann		
724	**Wigwam**	Grätschstellung, vornüber neigen und die Hände auf den Boden stützen. • Ellenbogen anwinkeln und die Hände zwischen die Füße bringen. • Wer kann sogar noch den Kopf auf den Boden bringen?	
Inhalt	Beininnenseite Hüfte		
Verhalten	Gleichgewicht		
725	**Hund**	Vierfüßlerstand. Die Hüfte zur Decke stoßen, die Arme und die Beine strecken, dabei die Fersen zum Boden drücken (wie ein Hund, der sich nach dem Schlafen streckt). Die Achselhöhlen Richtung Boden schieben. Zurück in den Vierfüßlerstand und wiederholen.	
Inhalt	Beinrückseite Schultergürtel		
Verhalten	Gut atmen		
726	**Schmetterling**	Grätschsitz. Die Knie anwinkeln und mit den Händen die Füße zueinander schieben, so dass die Fußsohlen sich berühren. Möglichst gerade sitzen und die Knie zum Boden drücken. Nun fängt der Schmetterling an zu flattern, d.h., ganz sanft rhythmisch mit den Knien wippen. • Wer kann ganz regelmäßig mit den „Flügeln" schlagen?	
Inhalt	Oberschenkel innen Hüfte		
Verhalten	Nicht gleich aufgeben		
727	**Sonnenrad**	Grätschsitz im Kreis (3–10), oder ein kleiner Innenkreis und ein größerer Außenkreis. Die Füße berühren die des Nachbarn, die Hände liegen auf den Beinen. Einer sagt: „Links", „Rechts" oder „Mitte". Re/li = zum jeweiligen Fuß hin dehnen. Mitte = mit beiden Armen nach vorne ziehen.	
Inhalt	Oberschenkel Hüfte		
Verhalten	Begegnung		

5 Dehnen

5.1.2 Ohne Material (Rumpf/Wirbelsäule)

Nr.	Name der Spielform Ziele/Akzente		Idee/Beschreibung	Hinweise/Organisation
728	**Dehnungs-Samba**		Grätschsitz. Mit den Händen beim re Fuß 2x auf den Boden schlagen, 2x hinter dem Rücken in die Hände klatschen, 2x beim li Fuß auf den Boden schlagen ... Ganze Klasse im gleichen Metrum.	
	Inhalt	Wirbelsäule		
	Ver-halten	Rhythmisch und langsam		
729	**Kreisender Schneider**		Schneidersitz. Abrollen sw und überrollen (über den Rücken) zum Schneidersitz. Hinweise: Fußsohlen gegeneinanderhalten und mit beiden Händen fest zusammendrücken!	
	Inhalt	Wirbelsäule Koordination		
	Ver-halten	Experimentieren		
730	**Kreisender Kopf**		Fersensitz, Arme hängen locker herab oder sind hinter dem Kopf verschränkt. Der Kopf zeichnet (samt dem Oberkörper) einen möglichst großen, vertikalen Kreis über dem Boden. Dabei den Kopf beim Rückweg zur Brust und zuvorderst in den Nacken mit weit ausgestrecktem Hals nehmen.	
	Inhalt	Wirbelsäule		
	Ver-halten	Gleichgewicht		
731	**Klappbett**		Gebeugte Beine, den Rumpf nach vorne beugen und Schultern, Nacken, Arme locker hängen lassen. Dann die Fußgelenke von innen her fassen. Durch Zug mit den Armen, Bauch zu den Oberschenkeln ziehen und gleichzeitig die Beine soweit als möglich strecken.	
	Inhalt	Hüfte – Wirbelsäule Beine		
	Ver-halten	Gut atmen		
732	**Wiege-Schaukel**		Weiter Grätschstand, Hände hinter dem Kopf verschränkt. Den Rumpfvorbeugen und mit den Ellenbogen abwechselnd re und li langsam auf den Boden tippen (übers Kreuz). • Beide Ellenbogen tippen gleichzeitig auf den Boden.	
	Inhalt	Wirbelsäule (Rotation) Oberschenkel hinten		
	Ver-halten	Langsam		

5.1.2 Ohne Material (Rumpf/Wirbelsäule)   5 Dehnen

Nr.	Name der Spielform Ziele/Akzente	Idee/Beschreibung	Hinweise/Organisation
733	**Senkrechtstarter**	Zu zweit in Rückenlage gegenüber, Beine senkrecht in der Luft, Gesäß an Gesäß. Beine grätschen und sich zwischen den Beinen durch die Hände reichen. Durch gegenseitigen Zug an den Händen die Oberkörper heben und zueinander ziehen. • Die Bein bleiben geschlossen, die Hände greifen außen an den Beinen durch.	
Inhalt	Wirbelsäule Oberschenkel hinten		
Ver-halten	Langsam ziehen! Gleichgewicht		
734	**Einbein-Roller**	Zurückrollen zum Berühren des Bodens mit den Füßen hinter dem Kopf. Rasches Vorrollen und versuchen, nur mit einem Bein aufzustehen und das andere gestreckt nach vorne zu halten. • Einfacher: Mit beiden Füßen aufstehen. • Wer es schnell kann, versucht es langsam.	
Inhalt	Wirbelsäule		
Ver-halten	Je langsamer desto schwieriger		
735	**Knoten**	Die Partner stehen sich gegenüber mit Handfassung. Beide übersteigen mit den Beinen die Arme, führen eine Drehung aus und steigen mit den Beinen wieder aus. Alles ohne Loslassen der Hände.	
Inhalt	Wirbelsäule (Rotation)		
Ver-halten	Begegnung		
736	**Sonnenblume**		
Inhalt	Wirbelsäule Hüfte		
Ver-halten	Gut atmen	Alle liegen bäuchlings im Kreis mit ca. 1 m Abstand zum Nachbarn. Die Hände neben den Schultern aufstützen und langsam strecken. Dabei Bauch und Hüfte hängen lassen und den Blick nach oben richten. Diese Stellung etwas halten. Dann zum Fersensitz schieben, die Arme ausgestreckt. In dieser Stellung entspannen und tief „ins Becken" atmen. Alles wiederholen und die Übung mit der Entspannungsstellung beenden.	Entspannung

5 Dehnen

5.1.2 Ohne Material (Rumpf/Wirbelsäule)

Nr.	Name der Spielform Ziele/Akzente	Idee/Beschreibung	Hinweise/Organisation
737	**Doppelspann**	Zu zweit im Stand Rücken an Rücken, Arme in Hochhalte gefasst. Beide machen gleichzeitig einen großen Schritt re vw (ohne die Hände zu lösen), verharren einige Sekunden und gehen dann wieder in die Ausgangsstellung. Dito, Schritt li vw. • Wie oben, aber vw nebeneinanderstehen und einen großen Schritt nach außen machen. Darauf achten, dass weder Oberkörper noch Arme ausweichen.	
Inhalt	Wirbelsäule Brust		
Verhalten	Begegnung		
738	**Schildkröte**	Langsitz mit geradem Rücken. Die Arme einzeln durch die leicht gebeugten Knie schlängeln. Die Handflächen zeigen nach oben. Die Hände weit nach hinten ziehen. Die Beine so weit als möglich strecken.	
Inhalt	Wirbelsäule		
Verhalten	Beruhigen		
739	**Pflug**	Rückenlage, Knie angewinkelt, Arme neben dem Körper. Knie nun anziehen und neben den Ohren ablegen. • Ist es möglich noch die Beine zu strecken? Vorsicht bei Nackenproblemen!	
Inhalt	Wirbelsäule Beine		
Verhalten	Langsam		
740	**Unterschwung**	Zu zweit mit gefassten Händen gegenüberstehen. Mit den Armen einen großen (vertikalen) Kreis schwingen und sich selbst unter den Armen durchdrehen (A dreht nach li, B nach re). Auch bei einer halben Drehung stoppen und in der Bogenspanne kurz verweilen.	
Inhalt	Brust Wirbelsäule		
Verhalten	Kooperation		
741	**Ellenbogentanz**	Stand, Hände hinter dem Kopf verschränkt, Ellenbogen zurückziehen. Wechselseitig das re oder das li Knie nach außen sw hochziehen und mit dem entsprechenden Ellenbogen dieses Knie berühren (durch Seitneigen des Oberkörpers). Kein Ausweichen mit Hüfte und Ellenbogen!	
Inhalt	Wirbelsäule		
Verhalten	Nicht ausweichen!		

5.1.3 Ohne Material (Arme/Schultern)   5 Dehnen

Nr.	Name der Spielform / Ziele/Akzente	Idee/Beschreibung	Hinweise/Organisation
742	**Kuh**	Schneidersitz. Beine noch mehr kreuzen, so dass die Knie übereinander und die Füße neben den Hüften liegen. Die li Hand hinter den Rücken zwischen die Schulterblätter schieben, Handfläche nach außen. Die re Hand kommt der li von oben entgegen (Handfläche zum Rücken) und greift die Finger der li Hand. Gerade sitzen und Schultern entspannen. Beine und Arme wechseln.	
Inhalt	Schultern, Hüfte		
Verhalten	Sorgfältig aufbauen		
743	**Gebetshaltung**	Die Handflächen hinter dem Rücken aufeinanderlegen, die Finger zeigen nach unten. Dann die Hände so drehen, dass sie nach oben zeigen. Die Hände so weit wie möglich nach oben schieben. Die Finger sollen sich dabei berühren. • Evtl. mit Hilfe.	
Inhalt	Schultern, Arme		
Verhalten	Nicht gleich aufgeben		
744	**Schulterrollen**	Leichte Grätschstellung, Arme in Seithalte. Schulterblätter so nah wie möglich an die Wirbelsäule heranziehen. Dann soweit als möglich hinausziehen (etwas wegstoßen wollen). • Gleichzeitig re wegstoßen, li heranziehen, wechseln. • Arm vorne einrollen, dann hinten heranziehen. Arme einzeln/zusammen. • Gegengleich: Li Arm vorne einrollen, re Arm hinten heranziehen, wechseln.	
Inhalt	Schultergürtel, Arme: Kraft		
Verhalten	Durchhalten		
745	**Fisch**	Rückenlage, Arme neben dem Körper, Handflächen zum Boden. Den Brustkorb anheben und auf die Ellenbogen stützen, diese nahe zueinander stoßen, so dass sie parallel liegen. Die Hände flach unter das Steißbein schieben (Daumen nebeneinander), so dass man leicht auf den Handrücken sitzt. Nun den Kopf langsam in den Nacken legen. Wenn es geht so weit nach hinten legen, dass der Scheitel den Boden berührt.	
Inhalt	Brustwirbelsäule, Brustkorb		
Verhalten	Gut atmen		
746	**Armdrücker**	Zu zweit gegenüber. A im Grätschwinkelstand, Hände im Nacken verschränkt. B zieht die Ellenbogen von A bis zum Anschlag rw hoch. • Mit gestreckten Armen, welche hochgezogen werden.	
Inhalt	Brust		
Verhalten	Vorsichtig ziehen		

5 Dehnen

5.1.4 Ohne Material (Vorermüdung)

Nr.	Name der Spielform / Ziele/Akzente	Idee/Beschreibung	Hinweise/Organisation
747	**Arm-Spanner vorwärts**	Grätschsitz, Arme in Vorhalte. **Kräftigen:** Arme gegen Wiederstand zur Seite auseinanderziehen. **Dehnen:** Gestreckte Arme vor der Brust überkreuzen und auseinanderziehen.	K: D:
Inhalt	Schultergürtel Oberarm außen		
Verhalten	Vorsichtig ziehen		
	Diese Dehntechnik sollte nur mit diszipliniertren und motivierten Gruppen ausgeführt werden (Verletzungsgefahr!).	Bevor du zu weiteren Übungen nach dem Prinzip der Vorermüdung gehst, sollen die folgenden Überlegungen diese Idee verdeutlichen: Das Vorermüdungsprinzip nutzt die Tatsache aus, dass sich ein ermüdeter Muskel leichter dehnen lässt als ein „frischer". Die Kräftigung erfolgt in den nun folgenden Beispielen statisch, das heißt, der Übende versucht, einen unüberwindbaren Widerstand des Partners zu überwinden. Diese Anstrengung soll ca. 7 Sek. dauern. Danach entspannt sich der Übende, und sein Partner führt ihn langsam bis zum „Anschlag" in die Dehnstellung (soweit gehen, bis der Übende STOPP sagt). Dort 10 bis 15 Sek. verweilen und sich möglichst entspannt auf diese Dehnstellung konzentrieren.	Die beiden Buchstaben K und D bedeuten: K = Kräftigung D = Dehnung
748	**Bein-Spanner rücklings**	Rücklage, ein Bein gestreckt abgehoben. **Kräftigen:** Das gestreckte Bein gegen Widerstand abwärts drücken. **Dehnen:** Bein Richtung Oberkörper drücken. (Dabei evtl. Knie mit der Hand fixieren, damit das Bein gestreckt bleibt).	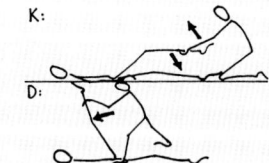
Inhalt	Oberschenkel hinten		
Verhalten	Dosieren		

5.1.4 Ohne Material (Vorermüdung)   5 Dehnen

Nr.	Name der Spielform / Ziele/Akzente	Idee/Beschreibung	Hinweise/Organisation
749	**Bein-Spanner**	Bauchlage, ein Bein rw abgehoben. **Kräftigen:** Das Bein gegen den Widerstand auf den Boden abwärts drücken. **Dehnen:** Das Bein rw hochdrücken. (Dabei evtl. das Gesäß des Partners mit einem Fuß beschweren, damit es nicht abheben kann). • Mit gebeugtem Bein.	K: D:
Inhalt	Oberschenkel vorne Hüfte vorne		
Ver-halten	Vertrauen		
750	**Scher-Spanner**	Rückenlage, die Beine gegrätscht in der Luft. **Kräftigen:** Die Beine gegen Widerstand zusammenziehen. **Dehnen:** Die Beine seitwärts-abwärts Richtung Boden auseinanderspreizen.	K: D:
Inhalt	Hüfte innen		
Ver-halten	Langsam!		
751	**Rücken-Spanner**	Grätschsitz, Blick geradeaus, aufrechte Haltung. **Kräftigen:** Oberkörper gegen Widerstand rückwärts drücken. **Dehnen:** Oberkörper vw-abwärts drücken. Der Partner schiebt in der Mitte des Rückens.	K: D:
Inhalt	Oberschenkel hinten Wirbelsäule		
Ver-halten	Gefühl für den Partner		
752	**Brust-Spanner**	Langsitz, Arme in Hochhalte, Ellenbogen möglichst gestreckt. **Kräftigen:** Arme vw-abwärts ziehen. **Dehnen:** Arme rw-hochziehen. Damit der Rücken gerade bleibt, muss ein Unterschenkel sw gegen den Rücken gestemmt werden.	K: D:
Inhalt	Brust Oberarme innen		
Ver-halten	Sorgfältig		
753	**Arm-Spanner rückwärts**	Langsitz mit leicht angewinkelten Beinen, die Arme hinter dem Rücken lang strecken. **Kräftigen:** Arme gegen den Widerstand auseinanderziehen. **Dehnen:** Arme gegeneinander drücken und leicht aufwärts ziehen. • In Bauchlage.	K: D:
Inhalt	Arme innen		
Ver-halten	Auf Signal des Partners hören		

5 Dehnen

5.2 Bälle

Nr.	Name der Spielform Ziele/Akzente	Idee/Beschreibung	Hinweise/Organisation
754	**Kugellager**	Hürdensitz, das gestreckte Bein wird auf den Ball gelegt, die Arme stützen seitlich ab. Gesäß anheben und mit der Oberschenkelmuskulatur auf dem Ball vor- und zurückgleiten.	
Inhalt	Oberschenkel hinten Kraft: Arme		
Verhalten	Ohne Abstützen versuchen		
755	**Hürden-Kreis**	Hürdensitz. Den Ball in einem möglichst großen Kreis um den Körper rollen. Nach re und li. Wer kann es mit gestrecktem vorderem Bein?	
Inhalt	Oberschenkel hinten Hüfte innen		
Verhalten	Bewegungsqualität		
756	**Achter-Schlaufe**	Weite Ausfallstellung sw. Abwechselnde Gewichtsverlagerung nach re und li und den Ball in einer 8 um die Füße rollen. • Im Grätschstand.	
Inhalt	Hüfte innen		
Verhalten	Schwerpunkt immer tief halten!		
757	**Ball-Twist**	Zu zweit im Grätschstand, Rücken an Rücken. Beiden fassen den Ball zwischen den Beinen und ziehen, zuerst leicht, dann immer etwas kräftiger.	
Inhalt	Wirbelsäule Kraft: Arme		
Verhalten	Gleich stark ziehen wie der Partner		
758	**Teppichleger**	Im Grätschstand. Den Ball möglichst weit zwischen den Beinen nach hinten und in Richtung Liegestütz nach vorne rollen. Wie weit kommst du nach hinten (= dehnen), wie weit nach vorne (= kräftigen)?	
Inhalt	Oberschenkel hinten Wirbelsäule		
Verhalten	Selbsteinschätzung		

5.2 Bälle

5 Dehnen

Nr.	Name der Spielform Ziele/Akzente	Idee/Beschreibung	Hinweise/Organisation
759	**Spar-Wurf**	Zu zweit im Hürdensitz gegenüber, Abstand 3 bis 5 m. Sich einen Ball so zuwerfen, dass der andere ihn gerade noch vor den Füßen fangen kann, indem er seinen Rumpf stark vorneigt.	
Inhalt	Oberschenkel hinten Wirbelsäule		
Ver- halten	Kooperation		
760	**Eingewickelt**	Oberkörper vorneigen und den Ball um Füße, Knie, Oberschenkel und Hüfte rollen, danach wieder abwärts. • Der Ball soll den Körper dabei berühren. • Der Ball soll den Körper dabei nicht berühren.	
Inhalt	Oberschenkel hinten Wirbelsäule		
Ver- halten	Beine ganz strecken		
761	**Perlenmuschel**	Langsitz. Den Ball zwischen die Füße klemmen (mit gestreckten Beinen), rw durch die Kerze rollen und den Ball hinter dem Kopf mit den Füßen in die Hände übergeben. Beine dabei möglichst gestreckt lassen. Wer kann den Ball hinter dem Kopf deponieren und ihn wieder mit den Füßen holen?	
Inhalt	Oberschenkel hinten Wirbelsäule		
Ver- halten	Langsam ausführen		
762	**Kobra**	Bauchlage. Stütze dich mit beiden Händen auf den Ball und versuche, dich so hochzustoßen, dass die Hüfte noch den Boden berührt.	
Inhalt	Wirbelsäule Brust – Bauch		
Ver- halten	Hüfte auf dem Boden spüren		
763	**Seitenwind**	Leichte Grätschstellung, den Ball (Tennis-, Handball) in der re Hand in Hochhalte. Seitbeugen der Oberkörpers nach li, Ball fallen lassen und mit der re Hand fangen. Seite wechseln.	
Inhalt	Wirbelsäule Rumpf seitlich		
Ver- halten	Spannung suchen und wirken lassen		

5 Dehnen 5.2 Bälle

Nr.	Name der Spielform Ziele/Akzente		Idee/Beschreibung	Hinweise/Organisation
764	**Satellit**		Zu zweit Rücken an Rücken im Sitz (Schneidersitz, Grätschsitz …) den Ball beidhändig in der Hochhalte gefasst, Arme und Körper gut gestreckt. Langsames Kreisen des Balles über den Köpfen. Die Rücken sollen sich dabei auf der ganzen Länge berühren.	
	Inhalt	Wirbelsäule (Rotation) Kraft: Rücken		
	Verhalten	Langsam Augen schließen!		
765	**Deckenschraube**		Sitz mit gegrätschten und angehockten Beinen, den Ball mit beiden Händen über dem Kopf halten, Arme und Oberkörper gut strecken. Oberkörper drehen sw nach li und nach re.	
	Inhalt	Wirbelsäule (Rotation) Kraft: Rücken		
	Verhalten	Gerader Rücken!		
766	**Schaukelstuhl**		Kniestand, den Ball beidhändig gefasst. Li und re neben die Füße absitzen und mit dem Ball gegengleich so weit außen wie möglich den Boden berühren.	
	Inhalt	Wirbelsäule (Rotation) Becken		
	Verhalten	Je langsamer desto schwieriger		
767	**Durchhänger**		Kniestand, Hände auf den Ball stützen und die Schultern durchhängen lassen. Den Ball nach rechts rollen, so dass eine Köperseite mehr gedehnt wird, dort bleiben, dann wieder in die Mitte zurück, etwas bleiben und dann noch auf die andere Seite. Bei der ganzen Übung nur Schultern durchhängen lassen, das Becken hängt nicht, sondern soll stabilisiert werden.	
	Inhalt	Schultern Arme		
	Verhalten	Langsam und sorgfältig		
768	**Hinterrücks**		Hürdensitz, den Ball mit beiden Händen hinter dem Rücken soweit als möglich rw rollen und wieder zurück. Die Arme bleiben gestreckt.	
	Inhalt	Brust Hüfte innen		
	Verhalten	Bewegungsqualität!		

5.3 Springseil 5 Dehnen

Nr.	Name der Spielform Ziele/Akzente	Idee/Beschreibung	Hinweise/Organisation
769	**Stehauf-Männchen**	Bauchlage, das Seil vierfach in der Hochhalte. Zuerst strecken und lang werden, dann „klein" werden und mit gestreckten Beinen immer näher zu den Händen und zum Seil „wandern" bis zum Stand. Dann wieder zurück zur Bauchlage.	
Inhalt	Oberschenkel hinten Wirbelsäule		
Ver-halten	Gegenseitig beobachten!		
770	**Überkopf**	Seil mehrfach zusammengelegt ziemlich eng hinter dem Rücken fassen. Oberköper nach vorne beugen und die Arme über Kopf nehmen und in diese Stellung hineinsinken. Kopf locker baumeln lassen. Langsam wieder zurück in die Ausgangsstellung.	
Inhalt	Arme Schultern		
Ver-halten	Kopf leeren		
771	**Bogenspanner**	A und B stehen sich gegenüber mit dem Rücken zueinander, eine Seillänge Abstand. Die beiden Seile sind in der Mitte überkreuzt, jeder hält seine beiden Seilenden. Arme sw führen und gleichzeitig einen Ausfallschritt vw machen. Dadurch werden Brust und Arme gedehnt. Einige Sekunden verharren und dann wieder entspannen. Hohlkreuz vermeiden!	
Inhalt	Brust Oberarm vorne		
Ver-halten	Nicht reißen		
772	**Einsteigen**	Grundstellung, vierfaches Seil in Vorhalte. Das Seil vw und rw übersteigen, ohne es loszulassen. • Auch mit Überspringen. • Seil vorne übersteigen, hinter dem Rücken hochführen und wieder übersteigen.	
Inhalt	Wirbelsäule Koordination		
Ver-halten	Wetteifern: Wer schafft es?		
773	**Übergabe**	A und B im Grätschsitz, Rücken gegen Rücken. A hält das vierfache Seil in Vorhalte, dreht den Oberkörper sw nach re und übergibt das Seil an B, welcher seinen Oberkörper ebenfalls nach re dreht und das Seil übernimmt. Danach drehen beide nach li und B übergibt das Seil an A (Das Seil beschreibt eine 8).	
Inhalt	Oberschenkel hinten Wirbelsäule		
Ver-halten	Begegnung		

5 Dehnen　　　　　　　　　　　　　　　　　　　　　　　　　　　　5.3　Springseil

Nr.	Name der Spielform Ziele/Akzente	Idee/Beschreibung	Hinweise/Organisation
774	**Ruderboot**	A und B im Lang- oder Hürdensitz gegenüber, die Fußsohlen berühren sich. Beide halten das vierfache Seil in Vorhalte (A hält außen, B dazwischen). Langsames Senken und Vorneigen des Oberkörpers im Wechsel, Blick geradeaus. • Wie weit geht es mit gebeugtem und wie weit mit geradem Rücken!	
Inhalt	Oberschenkel hinten Wirbelsäule		
Verhalten	Langsam wirkt mehr und besser!		
775	**Zerreißprobe**	Rückenlage, das Seil vierfach zusammengelegt in der Vorhalte gefasst. Ein Bein beugen und mit der Fußsohle gegen das gespannte Seil aufwärts drücken, bis das Knie gestreckt ist. Die Ferse soll dabei gegen die Decke zeigen. Das andere Bein auf dem Boden in die Länge ziehen. • Mit beiden Beinen gleichzeitig (Rücken bleibt am Boden). • Dehnung verstärken durch Abwärtsziehen der Fußspitzen.	
Inhalt	Beine hinten		
Verhalten	Schön langsam!		
776	**Seilzug**	Langsitz, das Seil um die Füße legen und an beiden Enden halten. Rumpfbeugen vw unter gleichzeitigem Seilzug mit gestreckten Armen. • Unterschied: Gebeugter Rücken – gestreckter Rücken.	
Inhalt	Oberschenkel hinten Wirbelsäule		
Verhalten	Wo dehnst du jetzt? Spürst du es?		
777	**Gummi-Mensch**	Grätschsitz (oder Grätschstand), halbiertes Seil über dem Kopf gespannt. Ohne die Arme zu beugen oder das Seil zu lösen, den linken Fuß mit der rechten Hand berühren und umgekehrt? Wer kann das Seil mit beiden Armen hinter einem Fuß ablegen und wieder zurückholen (Knie strecken!)?	
Inhalt	Oberschenkel hinten Wirbelsäule		
Verhalten	Beine möglichst immer strecken!		
778	**Vier-Takt**	Grätschstand, doppeltes Seil in der Hochhalte. Mit der rechten Hand den linken Fuß berühren – zurück zur Hochhalte – mit der linken Hand den rechten Fuß berühren – Hochhalte. Das Seil bleibt dabei immer gespannt.	
Inhalt	Oberschenkel hinten Wirbelsäule		
Verhalten	Wie beweglich bist du?		

5.4 Gymnastikreifen   5 Dehnen

Nr.	Name der Spielform Ziele/Akzente	Idee/Beschreibung	Hinweise/Organisation
779	**Steuerrad**	Grätschsitz, Reifen zwischen den gestreckten Beinen auf den Boden gelegt. Abwechselnd mit der re oder der li Hand dem Reifen entlang nach vorne fahren. Gibt es einen Unterschied zwischen re und li? • Mit beiden Händen gleichzeitig. • Den Reifen weiter nach vorne legen.	
Inhalt	Oberschenkel hinten Hüfte innen		
Verhalten	Spürst du, wo gedehnt wird?		
780	**Birne auswechseln**	Schneidersitz, Reifen waagerecht über dem Kopf in der Hochhalte gefasst. Drehen des Oberkörpers nach li und nach re. Der Reifen soll dabei stets in der Horizontalen über dem Kopf bleiben. Der Rücken bleibt gerade (Kraft).	
Inhalt	Wirbelsäule (Rotation)		
Verhalten	Wo Kraft? Wo Dehnung?		
781	**Teller-Service**	Schneidersitz oder Grätschsitz. Wer kann den Reifen mit beiden Händen durch eine Drehung des Oberkörpers hinter sich ablegen und ihn von der anderen Seite wieder holen?	
Inhalt	Wirbelsäule (Rotation)		
Verhalten	Langsam und leise		
782	**Scheinwerfer**	Schneidersitz, Reifen senkrecht in der Hochhalte gefasst. Den Reifen mit gestreckten Armen weit zur Seite ziehen, bis der Reifen den Boden berührt. Dabei nicht nach vorne ausweichen (Kraft: Rumpf).	
Inhalt	Rumpf seitlich Wirbelsäule		
Verhalten	Wo Kraft? Wo Dehnung?		
783	**Fallschirm**	Mit beiden Händen den Reifen waagerecht über dem Kopf halten. Dabei den Körper möglichst gerade und lang machen. Die re Seite in die Länge ziehen, zur Mitte, dann die li Seite langziehen, zurück zur Mitte. Ruhig stehen, alles langziehen, den Reifen fallen lassen, ohne dass er den Körper berührt.	
Inhalt	Körperseiten		
Verhalten	Lang – länger		

5 Dehnen 5.5 Gymnastikstab

Nr.	Name der Spielform Ziele/Akzente	Idee/Beschreibung	Hinweise/Organisation
784	**Storch**	In der Bauchlage oder im Stand, das Becken in aufrechter Haltung fixiert, Stab waagerecht an beiden Enden gefasst hinter dem Gesäß. Ein Fuß wird mit dem Rist am Stab eingehängt. Mit dem Unterschenkel gegen den Stab drücken, bis die Arme nach hinten hochgehoben werden. Danach entspannen und Becken nach vorne drücken, so dass der Oberschenkel (Vorderseite) gedehnt wird. Mehrmals wiederholen.	
Inhalt	Oberschenkel vorne		
Verhalten	Hüften nach vorne. Spürst du warum?		
785	**Sturmboot**	Zu zweit im Grätschsitz gegenüber, Füße gegeneinandergestemmt, Stab waagerecht gefasst. A neigt seinen Oberkörper so weit zurück, dass das Gesäß von B abgehoben wird. B muss dabei seine Beine gut durchstrecken!	
Inhalt	Oberschenkel vorne Hüfte innen		
Verhalten	Vorsichtig ziehen		
786	**Langsitz-Rudern**	Grätschsitz oder Langsitz, Stab waagerecht an beiden Enden gefasst. Oberkörper vorneigen (Blick geradeaus) und den Stab vor den Füßen ablegen und wieder zurückholen. Die Beine bleiben dabei möglichst gestreckt. • Stab ablegen, unter den Beinen nach hinten rollen, rw-hoch über den Kopf und wieder vor die Füße legen.	
Inhalt	Oberschenkel hinten Wirbelsäule		
Verhalten	Wo sind meine Grenzen?		
787	**Zauberstab**	Schneidersitz, Stab mit gestrecktem Arm vor dem Körper senkrecht auf den Boden gestellt. Mit beiden Händen dem Stab entlang hoch- und hinuntergreifen, der Stab soll dabei immer senkrecht bleiben. • Mit geschlossenen Augen: Wie hoch bist du jetzt, ... jetzt ...?	
Inhalt	Wirbelsäule		
Verhalten	Konzentration		
788	**Wanderstab**	Auf den Stab gestützt. Den Fuß oberhalb des Fußgelenkes fassen und gegen das Gesäß ziehen. • Schrittstellung, das hintere Bein gestreckt. Hüfte nach vorne schieben, bis der Zug in der Wade spürbar wird. Beide Fußspitzen zeigen gerade nach vorne. • Wie oben, aber hinteres Bein leicht beugen (dehnt Achillessehne).	
Inhalt	Oberschenkel vorne Wade		
Verhalten	Wo spürst du es?		

5.5 Gymnastikstab 5 Dehnen

Nr.	Name der Spielform / Ziele/Akzente	Idee/Beschreibung	Hinweise/Organisation
789	**Wellengang**	Zu zweit im Grätschsitz gegenüber, Füße gegeneinandergestemmt, Stab in Vorhalte waagerecht gefasst. Abwechselnd Rumpfbeugen vw und rw und Rumpfbeugen sw zur entgegengesetzten Seite. • Gegeneinander (einer bietet etwas Widerstand).	
Inhalt	Oberschenkel hinten Wirbelsäule		
Verhalten	Kooperation		
790	**Decke tapezieren**	Zu zweit mit zwei Stäben in der Hochhalte, Rücken zueinander. Rumpfkreisen nach re und nach li. (Die Stäbe sollen über den Köpfen einen möglichst großen horizontalen Kreis beschreiben). • A bremst, B zieht. • Zu dritt.	
Inhalt	Wirbelsäule (Rotation) Kraft: Rumpf		
Verhalten	Kooperation		
791	**Liegestuhl**	Strecksitz, Rücken an Rücken, Stab in der Hochhalte von beiden waagerecht gefasst. Wechselseitiges Rumpfbeugen vw mit Hochziehen des Partners in die Spannbeuge. • Mit leichtem Nachfedern. • Rumpfbeugen vw gegen Widerstand des Partners.	
Inhalt	Brust – Bauch Oberschenkel hinten		
Verhalten	Spannen Entspannen		
792	**Stab-Walzer**	Zu zweit gegenüber, Stäbe waagerecht an den Enden gefasst. Stabschwingen nach re und li und in einer „Walzerdrehung" die Stäbe über den Kopf schwingen und selbst in entgegengesetzter Richtung mit drei (Walzerschritten) untendurch drehen (der eine dreht nach li, der andere nach re). • Auch zu Walzermusik.	
Inhalt	Schultergürtel Wirbelsäule		
Verhalten	Kooperation		
793	**Auskugeln**	Bauchlage, Stab in der Hochhalte breit gefasst. Arm rw führen und den Stab zum Gesäß führen, dann wieder zurück zur Hochhalte. Langsam! So eng wie möglich! • Gleiche Übung in verschiedenen Positionen (Kniestand, Schneidersitz, Stand, etc.).	
Inhalt	Brust Oberarme vorne		
Verhalten	Beweglichkeit testen		

5 Dehnen

5.6 Spielband

Nr.	Name der Spielform Ziele/Akzente		Idee/Beschreibung	Hinweise/Organisation
794	**Kreisband**		Grundstellung, das Band in Hochhalte gefasst. Senken des Oberkörpers und das Band unter den Füßen (mit gestreckten Beinen) durchschieben durch Anheben zuerst der Zehen, dann der Fersen. Danach das Band hinter dem Rücken und über den Kopf hochheben und wieder zur Hochhalte bringen. • Wer schafft es mit gestreckten Beinen?	
	Inhalt	Oberschenkel hinten Wirbelsäule		
	Verhalten	Nicht schummeln!		
795	**Pfeffermühle**			
	Inhalt	Hüfte innen Oberschenkel hinten Wirbelsäule	Langsitz zu zweit gegenüber, Fußsohle gegeneinander, das Band mit einer Hand in der Vorhalte gefasst, die andere Hand stützt seitlich neben dem Körper. Oberkörper vor- und zurückbeugen. • Im Grätschsitz, Band mit beiden Händen gefasst. Mit den Händen zwischen den Beinen einen große „Pfeffermühle" drehen, d. h., mit dem Oberkörper einen weiten Kreis beschreiben.	
	Verhalten	Langsam und miteinander		
796	**Handtuch**		Schneidersitz, Langsitz oder Sitz auf einer Langbank, etc. Das Band hinter dem Rücken fassen von unten. Das Handtuch leicht nach oben und unten ziehen (wie trockenrubbeln). Dabei den Rücken gerade halten und die Ellenbogen nach hinten drücken. • Geht eine Seite besser als die andere? • Wie fühlt es sich nachher an?	
	Inhalt	Schultern		
	Verhalten	Körpergefühl		
797	**Bär**		Hänge das Spielband an beide Füße. Versuche nun, die Beine völlig zu strecken. • Wer kann dies auch, ohne je die Füße auf dem Boden abzustellen?	
	Inhalt	Oberschenkel hinten Wirbelsäule		
	Verhalten	Gleichgewicht		

5.7 Langbank   5 Dehnen

Nr.	Name der Spielform Ziele/Akzente	Idee/Beschreibung	Hinweise/Organisation
798	**Bank-Rudern**	Zwei Bänke im Abstand von ca. 1 m parallel nebeneinander, die Übenden sitzen zu zweit gegenüber, Handfassung in Schulterhöhe, die Beine gegen den untersten Teil der gegenüberstehenden Bank gestellt. Abwechselnd den Oberkörper vor- und zurückbeugen. Beine bleiben möglichst gestreckt. • Welches Paar findet eine Variation dieser Übung?	
Inhalt	Oberschenkel hinten Wirbelsäule		
Ver- halten	Fantasie		
799	**Beweglichkeitstest**	Kauerstellung auf der Bank, Bankkante gefasst. Hochdrücken der Hüfte bis die Beine gestreckt sind, ohne mit den Händen loszulassen. • Beim Hochdrücken wird ein Bein rw hochgespreizt zur Standwaage. • Einfacher: Stand an der Vorderkante der Bank. Oberkörper hängen lassen, Beine bleiben gestreckt. Wie weit kommst du mit den Fingerspitzen?	
Inhalt	Oberschenkel hinten Wirbelsäule		
Ver- halten	Wie steht es bei dir?		
800	**Kniefall**	Ausfallschritt mit einem Bein auf der Langbank, Oberkörper aufrecht. Hüfte leicht vorschieben und Dehnung einige Sekunden wirken lassen. Hände auf dem Oberschenkel aufstützen. Beinwechsel.	
Inhalt	Hüfte vorne		
Ver- halten	Es soll nicht schmerzen!		
801	**Verneigen**	Kniestand vor der Bank, die Hände auf der Bank aufgestützt, den Kopf locker hängen lassen. Schultern und Brust Richtung Boden drücken. • Becken einmal stabilisieren, einmal hängen lassen (Unterschied).	
Inhalt	Brust Wirbelsäule		
Ver- halten	Durchhängen erlaubt		
802	**Bank-Schieben**	Versuche, das gestreckte Bein möglichst weit nach vorne zu stoßen. Gleiche Übung, aber seitwärts (Richtung Spagat).	
Inhalt	Hüfte vorne		
Ver- halten	Ganz langsam		

5 Dehnen

5.8 Sprossenwand

Nr.	Name der Spielform / Ziele/Akzente	Idee/Beschreibung	Hinweise/Organisation
803	**Kletteraffe**	Stand auf der dritten Sprosse, mit den Händen auf Brusthöhe fassen. Mit dem Gesäß im Hangwinkelstand Richtung Boden wippen, und mit den Händen immer näher zu den Füßen hinabsteigen. Auf jeder Sprosse von neuem federn. Mit gegrätschten oder geschlossenen Beinen.	
Inhalt	Innere Hüftmuskulatur – Wirbelsäule		
Verhalten	Wie tief kommst du?		
804	**Ballett-Stellung**	Querstand re vor der Sprossenwand, re Bein in Hüfthöhe auf die Sprosse stellen, Arme in Hochhalte. Rumpfbeugen re sw zum eingehängten Bein – Aufrichten – tiefes Rumpfbeugen vw, die Hände berühren beim Standbein den Boden und zurück in die Ausgangsstellung.	
Inhalt	Hüfte innen Rumpf seitlich		
Verhalten	Langsam wie ein Ballett-Tänzer		
805	**Armbrust**	Stand rücklings zur Sprossenwand. Sprosse auf Schulterhöhe fassen, die Hände soweit zueinander rutschen wie es geht. Stellung halten. Dann langsam mit dem Oberkörper durch Kniebeugung nach unten und vorne verlagern. Stellung langsam lösen.	
Inhalt	Oberarme vorne Schultern		
Verhalten	Behutsam ausführen		
806	**Rückschritt**	Stand vorlings auf der 7. bis 10. Sprosse, Ristgriff auf Beckenhöhe. Rückspreizen des li Beines mit gleichzeitigem Beugen des re Knies. Mit der li Fußspitze den Boden berühren, einige Sekunden verharren und dann wieder in die Ausgangsstellung zurückkehren. Beinwechsel.	
Inhalt	Hüfte vorne		
Verhalten	Vergleiche mit den anderen		
807	**Kletterwand-Rettung**	B hängt rücklings an der Sprossenwand, A kriecht unter seinen Rücken und drückt mit seinem gewölbten Rücken gegen den Rücken von B. B lässt sich passiv nach vorne drücken und dehnen.	
Inhalt	Hüfte vorne		
Verhalten	Kooperation		

5.8 Sprossenwand   5 Dehnen

Nr.	Name der Spielform / Ziele/Akzente	Idee/Beschreibung	Hinweise/Organisation
808	**Pfeil und Bogen**	Seitstand zur Sprossenwand, li Unterarm stützt sich ca. auf Kniehöhe auf eine Sprosse. Das re Knie beugen und das li Bein unten durchgestreckt von sich wegschieben, bis es in der Hüftaußenseite zieht.	
Inhalt	Hüfte hinten		
Verhalten	Merke ich wo es zieht?		
809	**Brustraus**	Sitz rücklings gegen die Sprossenwand, Arme greifen in Hochhalte. Oberkörper und Brust vordrücken (von der Sprossenwand weg) und diese Stellung 10 bis 15 Sek. halten. • Auch im Wechsel mit starkem Zurückdrücken des oberen Teils der Wirbelsäule (Rundrücken) gegen die Sprossenwand. • Beim Vordrücken einatmen, beim Zurückdrücken ausatmen. • Dasselbe mit dem unteren Rücken.	
Inhalt	Brust Wirbelsäule		
Verhalten	Körpergefühl		
810	**Durchhänger**	Bauchlage vor der Sprossenwand, Oberkörper anheben und 3. oder 4. Sprossen fassen. Man kann sich passiv „in die Arme hineinhängen" (Kopf hängen lassen, Brust Richtung Boden ziehen).	
Inhalt	Brust Bauch		
Verhalten	Augen schließen		
811	**Halbmond**	Querstand vor der Sprossenwand, re Seite dicht an der Sprossenwand, die re Hand fasst eine Sprosse in Hüfthöhe, die li Hand fasst unter dem Kopf. Rumpfbeugen re sw, dabei den Rumpf von der Sprossenwand wegdrücken, die Füße bleiben am Ort. Nicht nach vorne oder hinten ausweichen. Seitenwechsel.	
Inhalt	Rumpf seitlich		
Verhalten	Langsam!		
812	**Hängebrücke**	Kniewinkelstand mit Ristgriff auf Schulterhöhe. Den Kopf hängen lassen und Brust Richtung Boden ziehen. • Im Grätschwinkelstand. • Im Grätschwinkelstand von Sprosse zu Sprosse abwärts greifen.	
Inhalt	Brust		
Verhalten	Spürst du die Spannung?		

5 Dehnen 5.9 Geräte

Nr.	Name der Spielform Ziele/Akzente	Idee/Beschreibung	Hinweise/Organisation
813	**Auf der Kante**		
Inhalt	Hüfte	Rückenlage auf einem Kasten (o. Ä.), mit dem Gesäß am Kastenende. Ein Bein zur Brust ziehen, das andere Bein entspannt hängen lassen. Wie weit hinunter hängt das Bein? (Guter Beweglichkeitstest).	
Ver-halten	Vor allem gut für Läufer!		
814	**Bauch raus!**		
Inhalt	Oberschenkel vorne Hüfte vorne	Stand vor dem Kasten (o. Ä.). Ein Bein rückwärts hochheben und den Fußrist auf den Kasten legen. Hüfte nach vorne drücken. Versuche auch, das Standbein leicht zu beugen!	
Ver-halten	Sind deine Hüftbeuger verkürzt?		
815	**Kasten-Walzer**		
Inhalt	Oberschenkel vorne Brust	A und B halten einen Kastenteil (o. Ä.) und schwingen ihn sw nah rechts und links und führen ihn in einem großen Kreis über die Köpfe. Dabei müssen beide eine Dehnung in entgegengesetzter Richtung unter dem Kasten ausführen (= Walzerdrehung).	
Ver-halten	Spaß zu zweit		
816	**Rollmops**		
Inhalt	Lendenwirbelsäule	Auf der Vorderkante von einem Kastenteil, einer Langbank, etc. Mit dem Kopf vornüber beugen, zwischen die Knie. Mit den Händen zwischen die Beine und von innen die Fußgelenke fassen. Dehnung durch Zug der Arme verstärken. Kopf locker hängen lassen.	
Ver-halten	Sinken lassen		
817	**Wandspagat**		
Inhalt	Hüfte innen	Wer kommt am tiefsten? Gesäß möglichst nahe an der Wand. Versuche, beide Füße auf gleicher Höhe möglichst weit nach unten zu drücken. Bleibe möglichst lange in dieser Stellung. Guter Beweglichkeitstest: Wandmarkierungen anbringen (Kreide oder Malerband). Üben und nach 1 Monat erneut messen.	
Ver-halten	Vergleichen		

Stretching-Basisprogramm  TOP TEN

10 Übungen für die wichtigsten Muskelgruppen

Nach Spring, H., 1986

Wie dehnen?
- Nehmen Sie die abgebildete Dehnstellung ein.
- Ändern Sie *langsam* die Position in Richtung der Pfeile, die Dehnung wird dadurch verstärkt.
- Vermeiden Sie ruckartige Bewegungen *(kein Wippen)*.
- Ein leichtes Ziehen im zu dehnenden Muskel ist normal.
- Halten Sie diese Stellung 15–30 Sekunden.
- Atmen Sie regelmäßig und ruhig, versuchen Sie, sich zu entspannen.

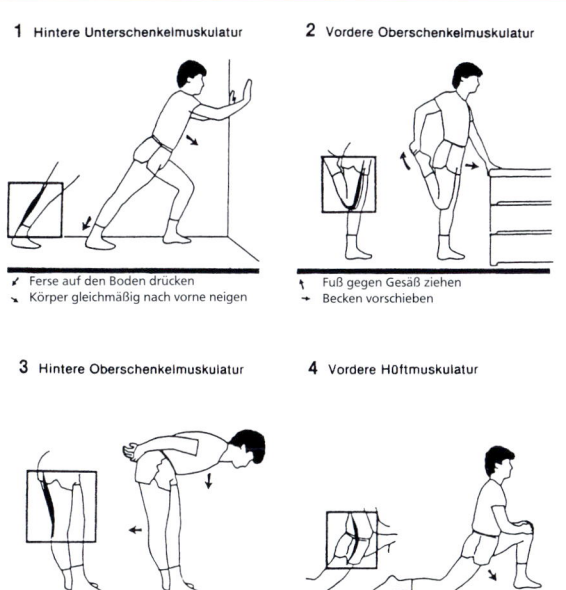

1 Hintere Unterschenkelmuskulatur
- Ferse auf den Boden drücken
- Körper gleichmäßig nach vorne neigen

2 Vordere Oberschenkelmuskulatur
- Fuß gegen Gesäß ziehen
- Becken vorschieben

3 Hintere Oberschenkelmuskulatur
- Knie strecken
- Oberkörper nach vorne neigen

4 Vordere Hüftmuskulatur
- Hüfte nach vorne abwärts drücken

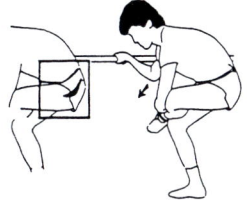

5 Hintere Hüftmuskulatur
- Oberkörper nach vorne neigen

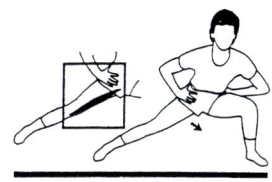

6 Innere Hüftmuskulatur
- Becken schräg nach unten schieben

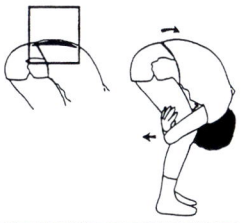

7 Rückenmuskulatur
- Knie strecken
- Rundrücken verstärken

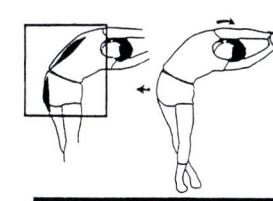

8 Seitliche Rumpfmuskulatur
- Hüfte seitwärts schieben
- Rumpf zur Gegenseite ziehen

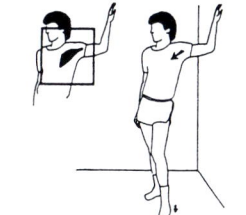

9 Brustmuskulatur
- Mit gleichseitigen Bein Schritt nach vorne
- Schulter nach vorne verlagern

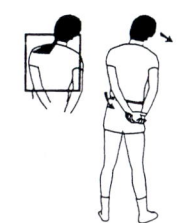

10 Schultergürtelmuskulatur
- Kopf zur Gegenseite neigen
- Arm nach unten ziehen

Kapitel 6
Koordinieren

Keine Praxis ohne Theorie! Keine Theorie ohne Praxis 204

6.1	**Ohne Material**	206
6.2	**Bälle**	208
6.2.1	Dribbeln	208
6.2.2	Werfen, Passen, Fangen, mit Bällen	213
6.2.3	Jonglieren und andere Kunststückchen	215
6.2.4	Übungen (vor allem) mit dem Medizinball	220
6.2.5	Kleine Spiele	221
6.3	**Springseil**	223
6.4	**Gymnastikreifen**	225
6.5	**Gymnastikstab**	226
6.5.1	Werfen, Fangen, Laufen mit dem Gymnastikstab ..	226
6.5.2	Balancieren und Tragen	228
6.6	**Spielband**	230
6.7	**Langbank**	231
6.8	**Sprossenwand**	232
6.9	**Geräte**	233

Keine Praxis ohne Theorie – keine Theorie ohne Praxis !

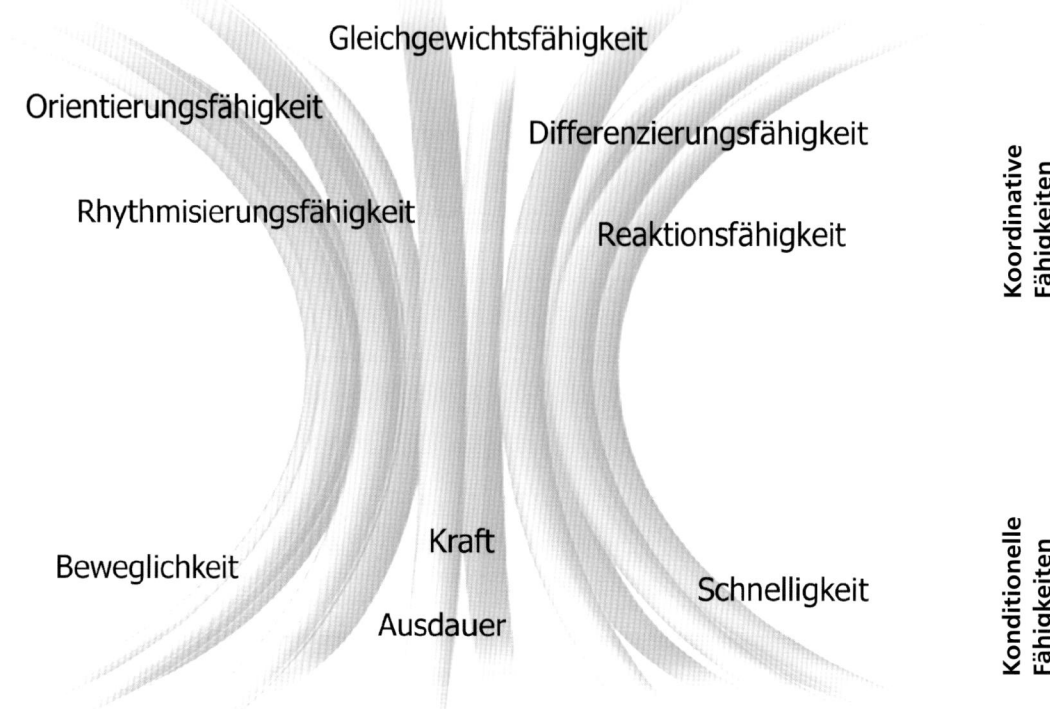

Konditionelle und koordinative Fähigkeiten sind gegenseitig voneinander abhängig.
Ohne ausreichende konditionelle Grundlagen können die koordinativen Fähigkeiten nicht optimal gefördert werden.
Beide gehören zusammen und sollten deshalb auch im Training immer wieder miteinander trainiert werden.

In der Folge sollen die einzelnen koordinativen Fähigkeiten definiert werden:

Orientierungsfähigkeit
Diese Fähigkeit ermöglicht es, sich in der Vielfalt von Positionen und Bewegungen (Zeit, eigener Körper, Gegner, Mitspieler, Ball, Spielfeld) zu orientieren. Sie beinhaltet die Antizipationsfähigkeit.

Differenzierungsfähigkeit
Sie erlaubt es, die eintreffenden Sinnes-Informationen auf das Wichtigste zu überprüfen (differenzieren) und die eigene Bewegungsantwort entsprechend zu dosieren.

Gleichgewichtsfähigkeit
Das Gleichgewicht halten oder nach Positionsänderungen schnell wieder einnehmen zu können, ist von dieser Fähigkeit abhängig.

Rhythmisierungsfähigkeit
Damit ist das Vermögen gemeint, einen Bewegungsablauf rhythmisch zu gestalten oder einen vorgegebenen Rhythmus zu erfassen.

Reaktionsfähigkeit
Die wichtigsten Informationen schnell aufnehmen, um eine zweckmäßige Bewegungsantwort auszuführen.

In den folgenden Übungs- und Spielformen werden diese Begriffe verwendet unter „INHALT". Dabei handelt es sich um Akzente, denn die einzelnen koordinativen Fähigkeiten lassen sich nicht scharf voneinander trennen. Sie sind gegenseitig sowie mit den konditionellen Fähigkeiten vernetzt.

In diesem Kapitel wird das Schwergewicht auf die Schulung und Verbesserung der koordinativen Fähigkeiten gelegt. Dabei ist es kaum möglich und auch wenig sinnvoll, einzelne koordinative Fähigkeiten völlig isoliert von anderen trainieren zu wollen. Wir haben versucht, Akzente (siehe INHALT) zu setzen.

6 Koordinieren 6.1 Ohne Material

Nr.	Name der Spielform / Ziele/Akzente	Idee/Beschreibung	Hinweise/Organisation
818	**Füßetreten**	Zu zweit. Beide versuchen, durch geschicktes Tupfen und Ausweichen den anderen auf die Füße zu treten. • Wer kann dem anderen auf die Unterschenkel schlagen? • Wer kann dem anderen auf die Wade schlagen? (Vorsicht vor dem Zusammenstoßen mit den Köpfen!)	
Inhalt	Reaktion		
Verhalten	Fair kämpfen		
819	**Partner-Rad**	A in Bauchlage, B schlägt über A hinweg ein Rad. Abwechselnd fortgesetzt. Folgende Varianten sind möglich: • Ein Arm setzt auf der rechten, der andere auf der linken Seite von A auf. • Beide Hände setzen „hinter" A auf (hinübergreifen!). • A in Bankstellung, B stützt hinter den Füßen von A auf. • A in Bückhalte. Geht es auch so?	BANKSTELLUNG BÜCKHALTE
Inhalt	Differenzierung		
Verhalten	Vertrauen		
820	**Drei für Zwei**	Während die Füße eine 2-Takt-Bewegung ausführen (z. B. Hampelmann oder Wechselhüpfen), machen die Arme gleichzeitig eine 3-Takt-Bewegung (z. B. vor – seit – hoch). • Verschiedene andere Kombinationen von Hüpfen und Armbewegungen, so z. B. mit Armkreisen o. Ä. • Wer kann: Arme Hampelmann, Beine Wechselhüpfen vw und rw, oder umgekehrt? Wer findet eigene „Kombinationsmöglichkeiten"?	1 2 3 ...
Inhalt	Rhythmus		
Verhalten	Konzentration Fantasie		
821	**Armkreisen**	Wer kann mit dem rechten Arm doppelt so schnell kreisen wie mit dem linken? Wer kann gleichzeitig noch marschieren, laufen, rückwärts gehen oder sogar (in verschiedenen Formen) hüpfen?	
Inhalt	Differenzierung		
Verhalten	Konzentration		
822	**Zappeltanz**	Im Stand. Arme in Seithalte (oder angewinkelt). Wer kann Hüftkreisen nach rechts (oder nach links) und gleichzeitig Schulterkreisen vorwärts oder rückwärts? Wer schafft es mit unterschiedlichen Tempi?	
Inhalt	Differenzierung		
Verhalten	Körperbeherrschung		

6.1 Ohne Material 6 Koordinieren

Nr.	Name der Spielform / Ziele/Akzente	Idee/Beschreibung	Hinweise/Organisation
823 Inhalt / Verhalten	**Uhrwerk** Differenzierung / Auch gegenseitig lernen!	Grätschstand, Arme in Tiefhalte. Li Arm heben zur Seithalte, dann in die Vorhalte führen und zur Tiefhalte senken. Der re Arm beschreibt den gleichen Weg, führt aber nur auf jede dritte Zählzeit eine Bewegung aus. Wem gelingt dies? Auch wieder in verschiedenen Geschwindigkeiten? Sprachlich rhythmisieren hilft (ta-ta-tam). Hinweis: Gegenseitig beobachten!	
824 Inhalt / Verhalten	**Gegengleich** Differenzierung / Konzentration	Grätschstand, Arme in Tiefhalte. 1 re Arm über die Seithalte in die Hochhalte heben. li Arm über die Vorhalte in die Hochhalte führen. 2 Senken: re Arm über die Seithalte, li Arm über die Vorhalte. Wer kann gleichzeitig noch laufen, hüpfen, springen?	
825 Inhalt / Verhalten	**Immer schön nacheinander** Orientierung / Konzentration	Grätschstand, Arme in Tiefhalte. 1 Arme heben über die Seit- in die Hochhalte. 2 Senken li. 3 heben li, senken re. 4 Senken li in die Ausgangsstellung. Wieder von vorne beginnen!	
826 Inhalt / Verhalten	**Zahnrad** Orientierung / Konzentration	Grätschstand, Arme in Seithalte. 1 Außenarmkreisen li (mit gestrecktem Arm), Unterarmkreisen re (mit angewinkeltem Arm). 2 Dito, aber gegengleich. Wechsel ohne Unterbruch.	
827 Inhalt / Verhalten	**Schuhplattler** Differenzierung / Spaß!	Im Hüpfen am Ort. 1 re Hand zu li Fuß vorne. 2 li Hand zu re Fuß vorne. 3 re Hand zu li Fuß hinten. 4 li Hand zu re Fuß hinten. Tempo steigern, natürlich auch zu „entsprechender Musik"!	

6 Koordinieren

6.2.1 Bälle (Dribbeln)

Nr.	Name der Spielform / Ziele/Akzente	Idee/Beschreibung	Hinweise/Organisation
828	**Ball haschen**	Ca. 10 Medizinbälle liegen in der Halle verstreut. Die Gruppe dribbelt um den Mittelkreis (oder frei im Raum). Auf Pfiff versucht jeder, dribbelnd (oder prellend, je nach Aufgabenstellung) einen Medizinball zu erhaschen. Wer keinen mehr erwischt, führt eine Startübung (z. B. mit einem Medizinball) aus, bevor er wieder mitspielt. • Mit einem zweiten Signal (2 Pfiffe): Andere Zusatzaufgabe!	
Inhalt	Orientierung		
Ver-halten	Rücksicht auf die Mitspieler!		
829	**Dribbel-Duo**	A und B stehen nebeneinander mit Handfassung. B prellt mit der freien Hand einen Ball. C steht A und B gegenüber und versucht, B den Ball regelgerecht (nach vorgängig vereinbarten Spielregeln) wegzuschnappen. A versucht, dies mit seinem Körper (ohne Einsatz seiner Arme) zu verhindern. • Auch C mit einem Ball. • Alle prellen einen Ball.	
Inhalt	Orientierung		
Ver-halten	Peripheres Sehen Kooperation		
830	**Teamarbeit**	Jeder besitzt einen Ball und einen Gymnastikreifen. Auf Kommando werden alle Reifen angedreht und die Klasse dribbelt frei in der ganzen Halle. Dabei muss die Klasse versuchen, alle „absterbenden Reifen" wieder neu anzudrehen, so dass immer alle Reifen in Bewegung bleiben. • Zwischen jedem „Andrehen" eine Zusatzaufgabe, z. B.: Dribbeln zur nächsten Wand.	
Inhalt	Orientierung		
Ver-halten	Konzentration Peripheres Sehen		
831	**Reifen-Antrieb**	Zu zweit oder zu dritt mit einem Reifen. Der Reifen wird angedreht und die Gruppe läuft mit den Bällen (dribbelnd, am Fuß führend, jonglierend ...) um den Reifen herum. Dabei müssen immer alle dafür sorgen, dass der Reifen in Bewegung bleibt. • Gleichzeitig versuchen, einen Ballon in der Luft zu „halten". • Der Drehsinn des „Kreisels" bestimmt die Laufrichtung. • Der Drehsinn des „Kreises" bestimmt die Hand: li oder re Hand!	
Inhalt	Orientierung		
Ver-halten	Peripheres Sehen Konzentration		
832	**Ball-Artist**	Jeder mit einem (Hand-)Ball und einem Tennisball. Mit der einen Hand den Ball prellen, mit der anderen Hand gleichzeitig den Tennisball hochwerfen und wieder fangen. Fortgesetzt. • Wer kann dasselbe in Bewegung (vw, rw, sw, usw.)? • Gleichzeitig versch. Positionen einnehmen (knien, sitzen, kauern).	
Inhalt	Differenzierung		
Ver-halten	Peripheres Sehen Konzentration		

6.2.1 Bälle (Dribbeln)   6 Koordinieren

Nr.	Name der Spielform / Ziele/Akzente	Idee/Beschreibung	Hinweise/Organisation
833	**Linienlaufen**	Ein (Tennis-)Ball darf nur den Linien entlang geprellt (gerollt) werden. Verschiedene Aufgabenstellungen.	
Inhalt	Differenzierung	• Der Ball soll die Linie jeweils berühren. • Der li oder re Fuß bleibt immer in Linienkontakt. • Verschiedene Linienfarben oder Linienformen bedeuten verschiedene Fortbewegungs- und Prellarten. • Wer kann dies auch mit zwei Bällen gleichzeitig?	
Verhalten	Konzentration		
834	**Verkehrspolizei**	Die Gruppe stellt sich in lockeren Reihen dem Verkehrspolizisten gegenüber auf und dribbelt einen Ball. Der Polizist zeigt mit den Armen die Richtung an, in der geprellt oder gedribbelt werden soll.	
Inhalt	Reaktion	• Rasch/langsame Wechsel von re, li, vw, rw, diagonal. • Verkehrt: Nach rechts zeigen heißt, nach links gehen und umgekehrt. Auch mit akustischen Signalen kombinieren!	
Verhalten	Peripheres Sehen Aufmerksamkeit		
835	**Im Stangenwald**	Möglichst viele Malstäbe werden in unregelmäßigen Abständen als „Wald" in der Halle aufgestellt. Verschiedene Aufgaben, z. B.:	
Inhalt	Orientierung	• Freies Dribbeln im Stangenwald, ohne zusammenzustoßen oder „Bäume" umzuwerfen. • Jeder „Baum" muss beim Vorbeilaufen mit der freien Hand an der „Wurzel" berührt werden. Laufend Handwechsel li/re.	
Verhalten	Rücksicht nehmen		
836	**Kunstprellen**	Zu zweit möglichst nahe gegenüber, jeder mit zwei Bällen. Nur prellen beide gleichzeitig im gleichen Rhythmus beide Bälle. Auf Kommando wechseln sie nun die Plätze und übernehmen ohne Unterbrechung die Bälle des Partners. Gelingt dies auch nur mit dem Wechsel eines Balles? (Verschiebung nicht um 180° wie oben beschrieben, sondern nur um 90°!).	
Inhalt	Rhythmus		
Verhalten	Freude, denn dies ist „zirkusreif"!		
837	**Wechselprellen**	A und B stehen sich gegenüber mit je einem Ball. Beide prellen im gleichen Rhythmus ihren Ball. Dann übergibt A seinen Ball an B, und B prellt beide Bälle nacheinander. Gelingt dies auch, wenn versucht wird, mit gekreuzten Armen zu prellen? Wer findet (und kann!) noch schwierigere Formen?	
Inhalt	Differenzierung		
Verhalten	Zu zweit etwas erreichen		

6 Koordinieren

6.2.1 Bälle (Dribbeln)

Nr.	Name der Spielform / Ziele/Akzente	Idee/Beschreibung	Hinweise/Organisation
838	**Taktmaschine**	Wer kann mit zwei Bällen wie folgt prellen. Mit der li Hand doppelt so schnell wie mit der re Hand und gleichzeitig sich dabei noch fortbewegen?	
Inhalt	Rhythmus	• Wer kann zu einem Walzer prellen? (re Hand = Metrum, li Hand = Takt, d. h. also: re 3er, li 1er).	
Ver-halten	Freude an Kombinationen	• Wer findet eigene Kombinationsmöglichkeiten heraus?	
839	**Motor starten**	Wer kann den auf dem Boden liegenden Ball durch „Klopfen" mit der Hand (oder mit dem Fuß) zum Prellen bringen?	
Inhalt	Differenzierung	• Wer kann den Ball mit dem Fuß (Fußsohle) prellen?	
Ver-halten	Ein Kunststück zum Vorzeigen		
840	**Beat-Finder**	Zu zweit mit einem Ball. A prellt mit dem Ball einen Rhythmus vor (z. B. 4x kurz, 2x lang). B übernimmt den Ball, ohne den vorherigen Rhythmus zu unterbrechen. Findet weitere Rhythmen und Folgen!	
Inhalt	Rhythmus	• Geht es auch zu viert mit zwei Bällen? Vielleicht sogar in der Fortbewegung?	
Ver-halten	Kooperation		
841	**Prellapparat**	Zu zweit mit zwei Bällen. A prellt gleichzeitig mit zwei Bällen einen Rhythmus z. B. auf 4/8-Zeiten. B übernimmt beide Bälle und versucht, den Rhythmus von A zu übernehmen. Der Rhythmus geht so lange hin und her, bis er sitzt. Dann wird gewechselt.	A B
Inhalt	Rhythmus	• Ist es möglich nach 4x/3x/2x schon ohne Stopp den Rhythmus zu wechseln?	
Ver-halten	Spaß zu zweit		
842	**Auf und ab ...**	Wer kann einen Ball prellen und sich dabei hinsetzen, hinlegen und wieder aufstehen, ohne dabei den Ball zu verlieren? Wer steht zuerst wieder? Wer braucht am wenigsten Ball-Boden-Kontakte?	
Inhalt	Differenzierung	• Pro Ball-Prellen muss versucht werden, eine neue Position einzunehmen, z. B.: Stehen – knien – sitzen – liegen – sitzen – knien ...	
Ver-halten	Konzentration		

6.2.1 Bälle (Dribbeln)   6 Koordinieren

Nr.	Name der Spielform / Ziele/Akzente	Idee/Beschreibung	Hinweise/Organisation
843	**Engpass**	Für jeden Spieler liegt ein Gymnastikreifen irgendwo in der Halle. Alle prellen (dribbeln) frei in der Halle und versuchen, durch die Reifen zu steigen, ohne dass der Ball dabei verloren geht. • Der Ball muss nicht durch den Reifen, d. h., den Ball z. B. vor dem Reifen einmal stark prellen, durch den Reifen steigen, weiter prellen. Oder aber: Der Ball muss durch den Reifen!	
Inhalt	Differenzierung		
Verhalten	Eigene Grenzen erleben		
844	**Kampf-Platz**	A und B stehen mit je einem Fuß in einem Gymnastikreifen und fassen die inneren Hände gegenseitig. Mit der äußeren Hand dribbeln beide einen Ball. Wer kann den anderen zum Abheben des Fußes „zwingen", ohne dabei selber den „Boden zu verlieren"? • Sobald A oder B den Reifen „verlassen" hat, starten beide zu einem Basketballkorb. Wer erzielt zuerst einen Treffer?	
Inhalt	Gleichgewicht Reaktion		
Verhalten	(Eigene) Spielregeln einhalten		
845	**Dunkelkammer**	Im Grätschsitz, Hürdensitz, Stand o. Ä. Wer kann mit geschlossenen Augen in diesen verschiedenen Körperstellen den Ball prellen, ohne diesen zu verlieren? Wer kann blind prellend von einer zur anderen Köperstellung wechseln. Gelingt es sogar, dass wir alle blind miteinander durch die Halle prellen, ohne aufeinanderzustoßen?	blind
Inhalt	Differenzierung		
Verhalten	Konzentration Vertrauen		
846	**Der Dirigent**	Die Spieler stellen sich im Kreis auf. Jeder hat einen Ball. Ein Spieler steht im Kreis. Die Kreisspieler bestimmen heimlich einen „Dirigenten", welcher laufend neue Dribbelarten, -rhythmen usw. mit dem Ball vorzeigen darf. Diese „neuen Formen" werden von den anderen Kreisspielern sofort übernommen, jedoch ohne zu verraten, wo sie diese Übung „abgeschaut" haben. Merkt der Spieler im Kreis, wer der Dirigent ist? Wenn ja, dann Wechsel der Aufgabe!	
Inhalt	Differenzierung		
Verhalten	Peripheres Sehen Spaß		
847	**Kettenprellen**	Zu viert auf einer Linie. A, B und C haben je zwei Bälle, D ohne Ball. Auf Kommando prellen A, B und C ihre Bälle 4x (8x) im gleichen Metrum, wechseln dann eine Platz nach li (re) weiter und übernehmen die Bälle des „Nachbarn". Das Metrum soll beibehalten werden. Der Äußerste läuft jeweils um die Kette herum und schließt auf der anderen Seite wieder an. Sind längere Reihen möglich?	
Inhalt	Rhythmus		
Verhalten	Miteinander!		

6 Koordinieren

6.2.1 Bälle (Dribbeln)

Nr.	Name der Spielform Ziele/Akzente	Idee/Beschreibung	Hinweise/Organisation
848	**Quadratprellen**	A und B stehen sich gegenüber. A besitzt zwei rote Bälle, B zwei weiße. Beide prellen ihre beiden Bälle im selben Metrum 4x und rücken danach um einen Ball weiter nach rechts (oder links). Somit prellen danach beide je zwei verschiedenfarbene Bälle, bevor sie wieder um einen Platz weiterrücken. Wie oft gelingt dies, ohne dabei die Bälle zu verlieren?	
Inhalt	Orientierung		
Ver-halten	Gute Zusammenarbeit		
849	**Basket-Finte**	Wer kann den Ball von der rechten in die linke Hand prellen, links aufnehmen und mit Schwung hinter dem Rücken wieder in die rechte Hand übergeben? Gegengleich! Auch als Wettbewerb!	
Inhalt	Orientierung		
Ver-halten	Nicht gleich aufgeben		
850	**Show-Dribbeln**	Gehen mit großen Schritten und gleichzeitig dribbeln. Versuche nun, während des Gehens zwischen den Beinen durchzudribbeln. Erster Schritt: 1x Prellen rechts Zweiter Schritt: 1x Prellen zwischen den Beinen nach links Dritter Schritt: 1x Prellen links usw.	
Inhalt	Beidhändigkeit		
Ver-halten	Immer wieder üben		
851	**Ball-Parcours**	Die Halle ist vollgestellt mit verschiedensten Geräten. Nun soll versucht werden, über und unter möglichst allen Geräten zu klettern, zu steigen, zu hangeln usw., und dabei immer mit dem Ball zu prellen. Wer verliert den Ball (beinahe) nie? • Zu zweit: A geht vor, B folgt nach und kopiert.	
Inhalt	Gleichgewicht		
Ver-halten	Ball und Spieler = eine „Einheit"		
852	**Zick-Zack-Prellen**	Hochstellung, den Ball vor dem Körper mit beiden Händen gefasst. Den Ball beidhändig zwischen den Beinen nach hinten zu prellen und dort den Ball wieder mit beiden Händen fassen. Nun soll der Ball von hinten wieder nach vorne geprellt werden. Fortgesetzt, auch als Wettbewerb, z. B.: Wer hat den Ball zuerst 10x geprellt, aber ohne Fehler!	
Inhalt	Orientierung		
Ver-halten	Konzentration		

6.2.2 Bälle (Werfen, Passen, Fangen) 6 Koordinieren

Nr.	Name der Spielform / Ziele/Akzente	Idee/Beschreibung	Hinweise/Organisation
853	**Floh-Spiel**	3 bis 6 Spieler stellen sich in einem Kreis auf. Ein weiterer Spieler befindet sich im Vierfüßlergang in der Mitte des Kreises. Die Kreisspieler rollen sich mit Händen oder Füßen einen Ball durch die Mitte zu und versuchen, den Mittelspieler so zu treffen. Dieser weicht aber durch geschicktes Hochschnellen dem Ball aus. Die Spieler können auf der Kreislinie stehen oder sich verschieben.	
Inhalt	Reaktion		
Verhalten	Spaß		
854	**Fuß-Kick-Ball**	Zu zweit mit einem Ball. Den Ball zwischen die Füße klemmen und auf verschiedene Arten dem Partner zuwerfen. Auch aus dem Hockstand. Flüchtiges Aufschwingen in den Handstand und dann den Ball über den Kopf zum Partner schleudern. Der Partner versucht, den Ball fußballtechnisch sauber anzunehmen.	
Inhalt	Orientierung		
Verhalten	Wer ist der bessere Akrobat?		
855	**Einwurf rückwärts**	Zwei Spieler stehen sich gegenüber mit einem Ball. A beugt sich weit zurück (Ball in Hochhalte) und versucht, den Ball zwischen seinen eigenen Beinen durch zum Partner zu prellen. B übernimmt den Ball irgendwie (nach Fußballregeln) und versucht seinerseits den „Einwurf rückwärts"!	
Inhalt	Differenzierung		
Verhalten	Wer kann es besser?		
856	**Doppeldecker**	A und B stehen sich im Abstand von 5 bis 10 m gegenüber. A hält beide Bälle und rollt, prellt oder wirft beide Bälle gleichzeitig (oder anfänglich kurz nacheinander) zu B. B versucht, beide Bälle zu fangen und sie genau gleich wieder zu A zurückzuspielen.	
Inhalt	Reaktion / Beidhändigkeit		
Verhalten	Kooperation		
857	**Hand-Fuß-Ball**	A und B stehen mit je einem Ball gegenüber. Ball 1 wird mit dem Fuß hin und her geschoben, während Ball 2 hin und her geworfen wird. • Sucht weiter Hin- und Her-Formen.	
Inhalt	Orientierung		
Verhalten	Konzentration / Peripheres Sehen		

6 Koordinieren

6.2.2 Bälle (Werfen, Passen, Fangen)

Nr.	Name der Spielform / Ziele/Akzente	Idee/Beschreibung	Hinweise/Organisation
858	**Hock-Wurf**	Jeder mit einem Ball. Grätschstand, Ball in Tiefhalte. Nun wird der Ball durch die Beine über Rücken und Kopf nach vorne geworfen und (wenn möglich) aufgefangen, ohne dass der Ball auf den Boden fällt. Wer kann vor dem Fangen des Balles noch eine halbe Drehung ausführen? • Wer kann den Ball mit dem Fuß „auffangen"?	
Inhalt	Orientierung		
Ver-halten	Eigene Grenzen erleben		
859	**Reaktionstest 1**	Zu zweit. A im Langsitz, Blick geradeaus. B steht hinter A und hält einen Ball in Vorhalte. Plötzlich lässt B den Ball los und A versucht, den Ball aufzufangen, sobald er ihn sieht. • A schließt die Augen und öffnet erst auf Zuruf von B. • Verschiedene Armpositionen von A. • Wer Erfolg hat sucht neue (schwierigere) Positionen.	
Inhalt	Reaktion		
Ver-halten	Spaß		
860	**Reaktionstest 2**	Zu zweit. A mit dem Rücken zu B, mit Blick zu einer Wand. B wirft A einen Ball zu und ruft: „Jetzt!" In diesem Augenblick darf sich A umdrehen und versucht, den Ball noch zu fangen (oder abzuwehren). • Das Zuspiel wird immer ungenauer. • Das Zuspiel ist so ungenau, dass es nur noch mit einem „Torhüter-Sprung" gefangen werden kann (Matten legen!).	
Inhalt	Orientierung Reaktion		
Ver-halten	Fairer Wettstreit zu zweit		
861	**Hocke-Fang**	Wer kann einen Ball hochwerfen und diesen in der Hocke zwischen den Unterschenkeln wieder auffangen, wobei die Arme um die Oberschenkel herumreichen und zwischen den Unterschenkeln hervorgestreckt werden? • Einfachere Version: Arme zwischen den Oberschenkeln.	
Inhalt	Differenzierung		
Ver-halten	Eigene Grenzen erleben		
862	**Liege-Fang**	Gleiche Idee wie oben. Doch jetzt wird nach dem Hochwerfen des Balles die Rückenlage eingenommen und versucht, in dieser Position den Ball zu fangen, bevor dieser auf den Boden fällt. Wirf nun den Ball etwas weiter weg. Gelingt es, den Ball noch vor dem Herunterfallen in einer „unmöglichen" Körperhaltung zu fangen, bevor dieser den Boden berührt? • 1x Aufprellen erlaubt.	
Inhalt	Orientierung Reaktion		
Ver-halten	Sich selbst herausfordern		

6.2.3 Bälle (Jonglieren und andere Kunststücke)   6 Koordinieren

Nr.	Name der Spielform / Ziele/Akzente	Idee/Beschreibung	Hinweise/Organisation
863	**T-Shirt-Wurf**	1 kl. Ball aufwerfen und im T-Shirt auffangen, Höhe variieren. • Den Ball einmal aufwerfen, dann mit dem Shirt mehrmals hochspicken. • Zu zweit: A wirft den Ball zu B, B fängt den Ball mit dem Shirt. • Wie oben, aber B versucht den Ball direkt aus dem Shirt zurückzuspielen.	
Inhalt	Differenzierung Orientierung		
Ver-halten	Grenzen ausloten Kooperation		
864	**Übers Kreuz**	Den Ball fortgesetzt übers Kreuz zur anderen Hand werfen, versuchen am Ort stehen zu bleiben und beide Seiten möglichst gleich zu werfen. • Mit 2 Bällen abwechselnd, zuerst nur werfen und zu Boden fallen lassen, dann den ersten Ball fangen, wenn das geht, auch den 2. • Nun re werfen, li werfen, re fangen, re werfen, li fangen, li werfen.	
Inhalt	Differenzierung		
Ver-halten	Konzentration		
865	**Säule**	Einen kl. Ball gerade aufwerfen und mit der gleichen Hand wieder fangen. • Auch mit der anderen Hand. • Kannst du dabei herumgehen und jemand anderen begrüßen? • 2 Bälle abwechslungsweise in der gleichen Hand hochwerfen, re u. li. • Wie oben und herumgehen, jemanden begrüßen, einen Ball am Fuß, etc.	
Inhalt	Differenzierung Orientierung		
Ver-halten	Grenzen ausloten Konzentration		
866	**Verfolgen**	Mit der re Hand einen Ball fortgesetzt aufwerfen und fangen. Mit der li Hand einen anderen Ball gleichzeitig den gleichen Weg führen (parallel). • Wie oben, aber den 2. Ball im Wechsel zum 1. führen (abwechslungsweise). • Säule mit 2 Bällen in der re Hand. Die li Hand führt einen Ball parallel zu einem der anderen Bälle.	
Inhalt	Differenzierung		
Ver-halten	Konzentration		
867	**Kreis**	Einen Ball so hochwerfen, dass er einen kleinen Kreis nach außen beschreibt. Wenn der Ball am höchsten ist, „jetzt" rufen. • 2 Bälle in einer Hand, den 2. Ball bei „jetzt" hochwerfen. • Wer kann das mit beiden Händen gleichzeitig? • Wer kann das mit beiden Händen abwechslungsweise = jonglieren mit 4 Bällen.	
Inhalt	Differenzieren		
Ver-halten	Konzentration		

6 Koordinieren 6.2.3 Bälle (Jonglieren und andere Kunststücke)

Nr.	Name der Spielform Ziele/Akzente	Idee/Beschreibung	Hinweise/Organisation
868	**Artistenwettbewerb**	Wer kann 2 (3) Bälle gleichzeitig jonglieren? Wer kann 2 Bälle mit einer Hand jonglieren (= nacheinander hochwerfen und wieder fangen, fortgesetzt)? Wer kann mit 2 (3) Bällen gegen eine Wand jonglieren? Wenn dies noch nicht geht, dann empfiehlt es sich, dasselbe zuerst mit Rollen gegen die Wand zu erproben. Beginne ganz langsam übers Kreuz!	
Inhalt	Orientierung		
Verhalten	Konzentration Spaß		
869	**Ball-Artist**	Arme in Seithalte. Auf jeder Hand liegt ein Ball. Beide Bälle gleichzeitig aufwerfen und wieder fangen? • Wer kann beide Bälle hochwerfen und vor dem Auffangen eine halbe oder sogar eine ganze Drehung ausführen? • Zwischen dem Aufwerfen und Fangen: Klatschen, hüpfen, jem. etwas zurufen, etc. • Unterschiedliche Bälle verwenden.	
Inhalt	Orientierung		
Verhalten	Mut zum Experimentieren!		
870	**Sprung-Fang**	Ball in Vorhalte. Wer kann durch einen Winkelsprung mit den Füßen den Ball in der Luft berühren? Wer kann den Ball im Sprung unter den Oberschenkeln durch auf die andere Seite übergeben? Wer kann ...? • Eigene Formen finden und vorzeigen.	
Inhalt	Differenzierung		
Verhalten	Mut zum Experimentieren!		
871	**Ballfang verkehrt**	Wer kann den Ball über dem Kopf in Bogenspannung halten, hinter dem Rücken fallen lassen und nach einer halben Drehung wieder auffangen? • Den Ball zwischen den gegrätschten Beinen auffangen. • Den Ball nur mit einer Hand fangen! • Den Ball mit dem Fuß „fangen"!	
Inhalt	Orientierung Reaktion		
Verhalten	Ausprobieren!		
872	**Ballschule**	Wer kann den Ball hochwerfen und vor dem Fangen: • 10x in die Hände klatschen? • 2x Armkreisen rw ausführen? • 1x schuhplattern? • Ein Rolle vw oder rw ausführen? • Sich hinsetzen und wieder aufstehen vor dem Fangen? Usw.!	"BALLSCHULE"
Inhalt	Orientierung		
Verhalten	Eigene Formen finden		

6.2.3 Bälle (Jonglieren und andere Kunststücke)   6 Koordinieren

Nr.	Name der Spielform / Ziele/Akzente	Idee/Beschreibung	Hinweise/Organisation
873	**Dreh-Fang**	Wer kann seinen Ball hochwerfen, beim Aufprellen überspringen (beidbeinig gleichzeitig abspringen zur Grätsche über den Ball) und den Ball nach einer halben Drehung wieder fangen, bevor dieser wieder den Boden berührt? Wenn es nicht gelingt, dann versuche erst einmal nur einbeinig über den Ball zu springen! Gelingt es evtl. zu zweit?	
	Inhalt: Orientierung, Reaktion		
	Verhalten: Eigene Lösung finden		
874	**Sprung-Ball**	Wer kann den Ball so hochprellen, dass er 2x, 3x oder sogar 4x unter dem springenden Ball durchkriechen kann? • Auch zu zweit: A wirft B den Ball. B versucht, so oft wie möglich unter dem prellenden Ball durchzulaufen, bzw. am Schluss zu „hechten". Wer schafft mehr? • Welche 2er-Gruppe schafft gemeinsam am meisten (je 1 Versuch)?	
	Inhalt: Orientierung, Reaktion		
	Verhalten: Lust am Experimentieren		
875	**Flipperkasten**	Wirf den Ball so gegen die Wand, dass du ihn überspringen kannst bevor er den Boden erreicht. • Nach dem Sprung eine halbe Drehung ausführen und versuchen, den Ball vor einem weiteren Bodenkontakt aufzufangen. • Der Partner wirft den Ball an die Wand. • Der Ball muss im Sitz, in Rückenlage gefangen werden!	
	Inhalt: Orientierung, Reaktion		
	Verhalten: Gemeinsam experimentieren		
876	**Fangen erschwert**	Wer kann den Ball von Gesichtshöhe aus fallen lassen, 1x unter, 1x über dem fallenden Ball klatschen und diesen wieder fangen, bevor er auf den Boden fällt? • Wie oben, aber der Ball wird nur mit einer Hand gehalten: Ball fallen lassen, 1 ganze Drehung ausführen und den Ball wieder auffangen. Anfänglich leicht hochwerfen, dann immer weniger hoch!	
	Inhalt: Reaktion		
	Verhalten: Mut zum Risiko!		
877	**Ball-Waage**	Arme in Seithalte, Handflächen nach oben. In einer Hand liegt ein Ball. Wer kann nun den Ball von der Hand über den Arm zur Schulter und wieder zurückrollen lassen, ohne dass der Ball auf den Boden fällt? • Wer kann den Ball von der Hand über den Arm und die Brust zur anderen Hand rollen lassen. Auch über die Schultern möglich! • Verschiedene Bälle ausprobieren.	
	Inhalt: Differenzierung		
	Verhalten: Wer findet heraus wie's geht?		

6 Koordinieren 6.2.3 Bälle (Jonglieren und andere Kunststücke)

Nr.	Name der Spielform Ziele/Akzente	Idee/Beschreibung	Hinweise/Organisation
878	**Rebounds**	Wer kann den Ball fortwährend an die Wand spielen, in der Luft fangen und direkt wieder an die Wand werfen vor dem Bodenkontakt mit den Füßen? • Zu zweit miteinander? • Zu zweit (abwechslungsweise) gegeneinander? • Als Gruppe? • Als Circuit-Station in einem Konditions- oder Spielparcours!	
Inhalt	Rhythmus		
Verhalten	Miteinander erproben		
879	**Hüpfball**	Grätschstand, Ball zwischen den Knien oder zwischen den Füßen. Schlusshüpfen vw, sw, rw. • Über und um kleine Hindernisse wie Langbänke o. Ä. • Mit Medizinbällen. • Als Wettbewerb zu zweit. Wer kann den Partner durch Ziehen und Stoßen dazu bringen, den Ball zu verlieren?	
Inhalt	Gleichgewicht		
Verhalten	Eigene Formen suchen		
880	**Überhol-Ball**	Den Ball nach vorne rollen, hinterherlaufen, den Ball überspringen und ihn nach einer halben Drehung aufnehmen. • Zu zweit. Jeder rollt dem anderen den Ball. • Tempo des Balles gegenseitig variieren.	
Inhalt	Reaktion Differenzierung		
Verhalten	Mit- und füreinander spielen		
881	**Schritt-Ball**	Fortgesetzte Ausfallschritte vw, bei jedem Schritt den Ball unter den Beinen auf die andere Seite übergeben. • Als Wettbewerb. Wer hat so zuerst eine bestimmte Strecke zurückgelegt? • Gelingt es auch mit geschlossenen Augen?	
Inhalt	Orientierung		
Verhalten	Spielregeln einhalten		
882	**Drall-Ball**	Versuche dem Ball einen vw-, rw-, sw-Drall zu geben. • Gerade hochwerfen. • Jemandem zuwerfen. • Ball über Kopf hochwerfen (wie Basketball-Korbwurf) einhändig/beidhändig. • Wer kann dem Ball einen solchen Drall geben, dass er auf dem Zeigefinger „tanzt".	
Inhalt	Differenzierung		
Verhalten	Konzentration		

6.2.3 Bälle (Jonglieren und andere Kunststücke)   6 Koordinieren

Nr.	Name der Spielform / Ziele/Akzente	Idee/Beschreibung	Hinweise/Organisation
883	**Jonglierstafette**	4er-Gruppen. Den Ball auf zwei Stäben transportieren und übergeben. Aufgabe: Drei verschiedene Bälle müssen von jedem Spieler 1x (2x) über eine bestimmte Strecke getragen werden. Als Erschwerung können zusätzlich kleine Hindernisse eingebaut werden, z. B. Langbänke, Kastenelemente usw.	
Inhalt	Differenzierung		
Verhalten	Konzentration		
884	**Schulterball**	Wer kann: • Im Winkelstand den Ball auf dem Nacken balancieren? • Dito, aber senken zur Bauchlage, ohne den Ball zu verlieren? • Den Ball leicht hochwerfen und diesen im Winkelstand auf dem Nacken „weich" auffangen? Für Könner: Auch mit einem kleinen Ball!	
Inhalt	Orientierung		
Verhalten	Körperbewusstsein		
885	**Lauerkatze**	Zu zweit mit zwei Bällen. A hält in jeder Hand auf Kopfhöhe einen Ball und lässt den einen plötzlich fallen. B steht gegenüber von A (Abstand höchstens 2 m) und versucht, den Ball aufzufangen (wenn nötig durch einen Hechtsprung), bevor der Ball auf den Boden fällt. Abstände individuell vergrößern, bis es nicht mehr geht.	
Inhalt	Reaktion		
Verhalten	Fairness Konzentration		
886	**Slalomläufe**	Zwei verschiedene Bälle sollen im Slalom um Malstäbe (Keulen, Hütchen usw.) gerollt werden. Je größer der Unterschied der beiden Bälle ist, desto schwieriger wird die Aufgabe. Versucht dies zuerst auch ohne Hindernisse! • 1 Ball im Slalom, 1 Ball gerade.	
Inhalt	Orientierung Differenzierung		
Verhalten	Nicht gleich aufgeben		
887	**Blind-Fang**	Den Ball vor dem Körper aufwerfen und in verschiedenen Körperstellungen hinter dem Körper wieder fangen (z. B. in der Hocke, einhändig, etc.). • Zu zweit. A wirft den Ball auf über B, und B versucht, den Ball hinter seinem Rücken zu fangen. Wie gelingt dies ohne Fangfehler?	
Inhalt	Orientierung		
Verhalten	Konzentration Kooperation		

6 Koordinieren

6.2.4 Bälle (mit Medizinball)

Nr.	Name der Spielform / Ziele/Akzente	Idee/Beschreibung	Hinweise/Organisation
888	**Prellball**	Zu zweit, B mit einem Medizinball, A mit einem Volleyball, Abstand ca. 3 m. A wirft den Ball zu B. B stößt den anfliegenden Ball mit dem eigenen Ball so zurück, dass ihn A wieder fangen kann. • Verschiedene Körperstellungen sowohl beim Hin- als auch beim Zurückstoßen ausprobieren!	
	Inhalt: Differenzierung		
	Verhalten: Spaß zu zweit		
889	**Ball-Tänzer**	Wer kann auf einem Medizinball möglichst lange stehen? Wer kann sich sogar auf einem Medizinball fortbewegen (Vorsicht!)? Zuerst mit Hilfe! • Als Wettbewerb. Auf LOS! stehen alle sofort auf ihren Medizinball (Mattenunterlage!). Wer bleibt länger oben? • Welches Paar kann sich in dieser „unbequemen Stellung" sogar noch einen Ball zuspielen und fangen?	
	Inhalt: Gleichgewicht		
	Verhalten: Vorsichtig die Grenzen erleben		
890	**Bein-Torwart**	A + B stehen hintereinander vor einer Wand. A rollt einen Ball durch die gegrätschten Beine von B gegen die Wand. B blickt zur Wand (Fairness!) oder vor sich auf den Boden und versucht, den Ball zu erhaschen, bevor dieser die Wand berührt. Zuspiel anfänglich langsam, dann variieren.	
	Inhalt: Reaktion		
	Verhalten: Konzentration Fairness		
891	**Zirkus-Nummer**	Rückenlage, Beine zur Senkrechten heben. Wer kann einen Medizinball auf den Fußsohlen balancieren? Schwierigkeit steigern, so z. B.: Leichtes Beugen und Strecken der Beine bis zum „Werfen" und „Fangen" des Balles mit den Fußsohlen! • Evtl. zu zweit. A = Akrobat, B = Assistent.	
	Inhalt: Orientierung Differenzierung		
	Verhalten: Höchste Konzentration!		
892	**Transport-unternehmen**	Zu zweit. Der Medizinball muss eine gewisse Strecke transportiert werden, darf aber den Boden nicht berühren. Zudem dürfen weder die Hände noch die Füße den Ball berühren. Beide müssen jedoch mit dem Medizinball in Kontakt bleiben. Welche Lösung ist die beste?	
	Inhalt: Orientierung		
	Verhalten: Kooperation Fantasie		

6.2.5 Bälle (Kleine Spiele)   6 Koordinieren

Nr.	Name der Spielform Ziele/Akzente	Idee/Beschreibung	Hinweise/Organisation
893	**Raubball**	Jeder zweite Spieler erhält einen (Basket-)Ball, mit dem er frei in der Halle herumdribbelt. Die anderen Spieler ohne Ball versuchen, dem dribbelnden Spieler den Ball (nach vorgängig vereinbarten Spielregeln) wegzuschnappen und diesen dann ihrerseits wiederum zu verteidigen.	
Inhalt	Orientierung		
Verhalten	Faires Spiel mit eigenen Regeln		
894	**Ballraub**	Alle Spieler dribbeln bzw. führen mit dem Fuß einen Ball. Jeder versucht, einem anderen den Ball korrekt wegzuspielen bzw. seinen eigenen nicht zu verlieren (Ball nur von unten wegschlagen!). Wer den Ball verliert, läuft dribbelnd eine Runde ums Spielfeld (oder wirft 5 Körbe usw.), und spielt danach wieder mit. Spezielle Regeln: Nur von vorne angreifen erlaubt.	
Inhalt	Orientierung		
Verhalten	Spielregeln einhalten		
895	**Königsprellen**	Alle beginnen im Feld 1 mit Prellen und versuchen, sich gegenseitig den Ball nach vereinbarten Spielregeln korrekt wegzuschnappen bzw. wegzuspielen. Wer den Ball verliert, verlässt das „Königsfeld", wechselt ins „Herzogfeld" und spielt dort weiter. Verliert man wieder, dann gehts weiter „abwärts", siegt man dagegen wieder, dann darf man wieder ins „Königsfeld". Wer ist am Schluss König?	
Inhalt	Dribbling Orientierung		
Verhalten	Fairness ohne Spielleiter		
896	**Seitenwechsel**	Jeder mit Ball dribbelnd. Seitenwechsel durch ein Tor, das immer enger wird, ohne Ballverlust (Körperkontakt je nach Sportart erlaubt oder verboten). Wer oder welche Partei sitzt zuerst mit dem Ball hinter der Grundlinie? • Wie oben, aber man darf sich dabei den Ball gegenseitig wegspielen. Wer bringt mehr „beschützte Bälle" wieder zurück?	
Inhalt	Dribbling Orientierung		
Verhalten	Fairness auch wenns eng wird!		
897	**Ausbrechen**	Gruppe A dribbelt in einem möglichst großen, markierten Kreis. Gruppe B dribbelt außerhalb und versucht, Spieler der Gruppe A, welche ausbrechen wollen, zu berühren. Welche Gruppe hat nach 2 Minuten mehr Ausbrecher? Nach geglücktem Ausbruch hat der Betreffende 2 Versuche, einen Korb zu erzielen. Welche Gruppe hat nach 2 Minuten mehr Körbe? Wer hat zuerst 10 Körbe?	
Inhalt	Dribbling		
Verhalten	Selber zählen … fair zählen!!		

6 Koordinieren

6.2.5 Bälle (Kleine Spiele)

Nr.	Name der Spielform Ziele/Akzente	Idee/Beschreibung	Hinweise/Organisation
898	**Nummerndribbling**	2 (oder 4) Gruppen. Jeder Spieler mit einem Ball. Jeder Spieler ist innerhalb der Gruppe nummeriert. Alle dribbeln frei in ihrem Feld (oder in der ganzen Halle). Auf Nummernruf müssen die entsprechenden Spieler möglichst schnell ins Feld des Gegners dribbeln und dort einen Korb erzielen (2-Takt- oder Standwurf). Die Gruppe der „Schnelleren" erhält 2 Punkte. Auch mehrere Nummern rufen!	
Inhalt	Reaktion Orientierung		
Ver- halten	Konzentration Fairness		
899	**Dribblingfang auf Zeit**	Halle in zwei Hälften aufgeteilt. 2 Gruppen je in einem Feld. Jeder Spieler dribbelt einen Ball (oder führt ihn am Fuß). Auf Signal schickt jede Gruppe einen Fänger in die gegnerische Hälfte, welcher 1 Minute Zeit hat, möglichst viele Gegner zu fangen. Nach 1 Minute werden die Erfolge der beiden Fänger verglichen und der entsprechenden Gruppe ein Punkt zugesprochen. Welche Gruppe hat nach 5 Durchgängen die meisten Punkte?	
Inhalt	Reaktion Dribbling		
Ver- halten	Richtung zählen = Fairness!!		
900	**Schwarzer Mann mit Dribbeln**	Der „Schwarze Mann" steht in der Hallenmitte ohne Ball. Die anderen Spieler versuchen, in ein gegenüberliegendes Freimal zu dribbeln (quer oder diagonal durch die ganze Halle). Der Schwarze Mann versucht, einen Ball regelrecht herauszuspielen, zu erhaschen. Gefangene legen ihren Ball weg und helfen dem Schwarzen Mann (oder wechseln mit ihm den Platz).	
Inhalt	Orientierung		
Ver- halten	Konzentration Spaß		
901	**Tag und Nacht mit Dribbling**	Zwei Gruppen (Tag/Nacht) gegenüber an der Mittellinie. Jeder dribbelt seinen Ball am Ort. Auf Kommando „Nacht" flieht die entsprechende Gruppe dribbelnd und die anderen versuchen, sie noch vor Erreichen der Grundlinie (nicht Wand/Gefahr!) zu berühren. • Kommando durch Spieler! • Verschiedene Startpositionen. • Ball haschen/Freimal aber im Rücken des Gegners!	
Inhalt	Reaktion Aktionsschnelligkeit		
Ver- halten	Konzentration Fairness		
902	**Volleyball-Jonglier-Fangen**	Jeder jongliert einen Ball (10-Finger-Pass). 3 bis 4 Fänger (evtl. mit einem anderen Ball) versuchen, durch einen genauen Pass den Ball eines Mitspielers zu treffen. Treffer = Rollenwechsel! Die Distanz der Werfer muss dem Können der Gruppe angepasst werden. Auch in Form von „Schwarzer Mann" möglich. Dabei muss die Strecke jonglierend zurückgelegt werden. Schwarzer Mann wirft den Ball!	
Inhalt	Orientierung		
Ver- halten	Gute Technik trotz Stress!		

6.3 Springseil   6   Koordinieren

Nr.	Name der Spielform / Ziele/Akzente	Idee/Beschreibung	Hinweise/Organisation
903 Inhalt Verhalten	Seil-Sprung-Tänzer Gleichgewicht Mut	Verschiedene Formen des Seilspringens auf erhöhter Unterlage (Dicke Matte, Kastenoberteile, Pferd, Trampolin, Langbank). Am Ort oder in Fortbewegung (vw, sw, rw usw.). Z. B.: Minitramp gegenseitig schräg gestellt. Seilspringen und nach jedem Seildurchschwung auf das andere Minitrampolin springen.	
904 Inhalt Verhalten	Seil-Ball-Artist Rhythmus Kooperation Spaß	A und B schwingen das Seil, C springt hinein und versucht, während des Springens einen Ball zu prellen, jonglieren, werfen und wieder fangen usw. • A und B haben je einen Ball und gemeinsam 1 Seil. Beide schwingen das Seil, und gleichzeitig wird im gleichen (oder in einem anderen) Rhythmus geprellt. Auch in Fortbewegung!	
905 Inhalt Verhalten	Hochseilrad Gleichgewicht Orientierung Wer könnte auf da hohe Seil ...?	Seil in einer Geraden auf dem Boden ausgelegt. Wer kann das Rad so gerade schlagen, dass es sowohl mit den Händen als auch mit den Füßen nicht vom Seil „fällt"? • Wer kann das auch auf seiner „schwächern Seite"? • Wer kann das einhändig?	
906 Inhalt Verhalten	Übergabe-Stafette Orientierung Halt die Hände zurück!	3er- bis 5er-Gruppen, Sitz hintereinander barfuß. Das Seil wird mit den Füßen rw über die Kerze übergeben und vom Nächsten mit den Füßen übernommen. Der Hinterste läuft mit dem Seil zur Spitze der Gruppe. Welche Gruppe hat zuerst 5 Durchgänge?	
907 Inhalt Verhalten	Mutsprung Schnellkraft Orientierung Eigene Grenzen akzeptieren!	Das Seil wird vierfach zusammengelegt. Das Seil wird mit beiden Händen so vor dem Körper gehalten. Wer kann nun über das Seil springen, ohne es loszulassen? Geht es vw <u>und</u> rw? Wer kann sogar fortgesetzt vw und rw springen? (Achtung: Das Seil so halten, dass man es im Notfall loslassen könnte). • Einfacher: Das Seil nur halbieren.	

6 Koordinieren 6.3 Springseil

Nr.	Name der Spielform / Ziele/Akzente	Idee/Beschreibung	Hinweise/Organisation
908	**Cowboy**	Seil doppelt gefasst. Wer kann das Seil als „Lasso" 1x über dem Kopf und 1x unter dem Gesäß durchschwingen? Wem gelingt dies mehrmals hintereinander? Hinweis: Zuerst nur 1x untendurch und dazwischen wieder einige Male obendurch. „Oben-Schwünge" immer verringern!	
Inhalt	Differenzierung		
Verhalten	Spaß … sobald es gelingt! Üben!		
909	**Ringelnatter**	Ein Spieler hält das Seil an einem Ende fest und führt damit schlängelnde Bewegungen auf dem Boden aus. Der andere versucht, das freie Ende zu erhaschen oder darauf zu stehen oder darüber zu springen, und dabei vom Seil nicht berührt zu werden. Entscheidet euch für eine Form, bzw. für eine Spielregel!	
Inhalt	Reaktion		
Verhalten	Spaß zu zweit / Eigene Regeln		
910	**Zehenartist**	Das Seil liegt über den Schultern, ohne Schuhe und Socken. Wer kann ohne Hilfe der Hände das Seil abschütteln, dann einen Knoten ins Seil binden (nur mit den Füßen und Zehen)? Wer schafft dies zuerst? • Eigene Aufgaben erfinden, die die anderen lösen müssen.	
Inhalt	Fußgeschicklichkeit		
Verhalten	Fantasie		
911	**Hampelmann**	Seil an beiden Enden gefasst, linke Hand in Hüfthöhe, rechte Hand über dem Kopf. Mit der rechten Hand das Seil um den Körper schwingen und nacheinander mit dem einen und dem anderen Bein darübersteigen, -hüpfen oder -springen.	
Inhalt	Orientierung		
Verhalten	Üben auch wenns nicht gleich klappt!		
912	**Double Dutch**	A und B schwingen je ein Seil mit der linken bzw. rechten Hand. C springt von seiner schwierigen Seite hinein (sobald das Seil auf seiner Seite hochkreist) und beginnt unverzüglich zu springen. Ausspringen auch nach der schwierigen Seite. Gelingt dies sogar in einer Gruppe von 2 und mehreren Springern?	
Inhalt	Rhythmus		
Verhalten	Nicht aufgeben, es ist schwierig!		

6.4 Gymnastikreifen — 6 Koordinieren

Nr.		Idee/Beschreibung	Hinweise/Organisation
913	**Hula-Hopp**	Wer kann einen Reifen um die Hüfte kreisen lassen? Wer dies beherrscht, kann zusätzlich einen Reifen am Handgelenk kreisen lassen? Noch nicht schwierig genug? Dann noch zusätzlich vw, rw oder sw laufen!	
Inhalt	Differenzierung		
Verhalten	Nicht gleich aufgeben!		
914	**Reifenjonglage**	Reifen einhändig (senkrecht) gefasst. Aus leichtem Anschwingen den Reifen hochwerfen und wieder auffangen. • Auch zu zweit. Jeder fängt den Reifen des anderen auf (re/li). • Sich den Reifen aus kleinen Entfernungen zuwerfen. • A wirft den Reifen zu B, während B seinen Reifen zu A rollt. • Weitere Formen erfinden und vorzeigen.	
Inhalt	Differenzierung		
Verhalten	Zu zweit etwas erproben		
915	**Reifentrio**	3 Spieler halten einen Reifen mit je einem Fuß. Welche Gruppe hüpft am längsten, ohne den Reifen zu verlieren? • Als Wettrennen über eine bestimmte Stecke. • Gegenseitige Behinderung durch „Anrempeln" gestattet.	
Inhalt	Gleichgewicht Kraft		
Verhalten	Kooperation Fairness		
916	**Balltransport**	Mit einem Reifen soll ein Ball (oder verschiedene Bälle) über eine bestimmte Strecke gezogen werden. • Frei in der Halle oder mit Raumbegrenzung. • Als Wettrennen über einen bestimmte Distanz. • 1 Reifen mit Ball in jeder Hand.	
Inhalt	Differenzierung		
Verhalten	Konzentration		
917	**Bumerang**	Jeder wirft seinen Reifen knapp über dem Boden nach vorne und gibt dem Reifen mit der Hand einen Rückwärtsdrall. Welcher Reifen rollt wieder zu seinem Werfer zurück? Wer kann den zurückrollenden Reifen mit einer Grätsche überspringen?	
Inhalt	Differenzierung		
Verhalten	Experimentieren		

6 Koordinieren 6.5.1 Gymnastikstab (Werfen, Fangen, Laufen)

Nr.	Name der Spielform / Ziele/Akzente	Idee/Beschreibung	Hinweise/Organisation
918	**Glitschiger Fisch**	Stab senkrecht in der re Hand an einem Ende gefasst, Arm in der Vorhalte. Griff lösen, so dass der Stab nach unten gleitet und versuchen, den Stab am anderen Ende so knapp wie möglich wieder aufzufangen. • In beiden Händen einen Stab halten, loslassen und wieder fangen. • Rechts halten, fallen lassen und links auffangen usw.	
	Inhalt: Reaktion		
	Verhalten: Mut zum Risiko		
919	**Heiße Kartoffel 1**	Stab waagerecht vor der Brust, Arme in Vorhalte. Den Stab loslassen und dicht über dem Boden wieder auffangen. • Mit Rumpfbeugen vw (Beine gestreckt). • Mit Rumpfsenken (in die Knie gehen). • Mit weiter und enger Handhaltung. • Mit Klatschen 1x über und 1x unter dem Stab. • Mit ...	
	Inhalt: Reaktion		
	Verhalten: Immer schwieriger		
920	**Roll-Stopp**	Arme in Vorhalte, der Stab liegt auf den Armen in Schulternähe. Arme leicht senken, so dass der Stab nach vorne bis über den Handrücken rollt. Den Stab rasch auffangen, bevor dieser auf den Boden fällt. • Fangen in verschiedenen Griffarten (Kamm-, Rist-, Zwiegriff). • Vor dem Auffangen 2x klatschen usw.	
	Inhalt: Differenzierung, Reaktion		
	Verhalten: Konzentration		
921	**Fang den Stab 1**	Stab in Hochhalte. Rückbeugen, den Stab hinter dem Rücken fallen lassen und nach einer schnellen halben Drehung wieder auffangen. Gelingt dies auch noch, wenn in dieser kurzen Zeit weitere „Zusatzaufgaben" ausgeführt werden müssen?	
	Inhalt: Orientierung, Reaktion		
	Verhalten: Spaß am Experimentieren		
922	**Fang den Stab 2**	A und B stehen einander gegenüber, rechter Arm in Vorhalte, Stab senkrecht in der rechten Hand am untersten Ende gefasst, freies Ende zeigt nach oben. Auf ein Zeichen lassen beide ihren Stab los und versuchen, denjenigen des Partners aufzufangen, bevor er auf den Boden fällt. Sobald A den Stab fallen lässt, lässt auch B „los"!	
	Inhalt: Reaktion		
	Verhalten: Miteinander immer schwieriger		

6.5.1 Gymnastikstab (Werfen, Fangen, Laufen) — 6 Koordinieren

Nr.	Name der Spielform / Ziele/Akzente	Idee/Beschreibung	Hinweise/Organisation
923	**Heiße Kartoffel 2**	Zu zweit mit einem Stab. A hält den Stab waagerecht in Vorhalte, B hält die Arme in Vorhalte über den Stab. Plötzlich lässt A den Stab los. B muss versuchen, den Stab aufzufangen, bevor er den Boden berührt. • A steht und hält den Stab auf Hüfthöhe (auf Brusthöhe von B, der in Rückenlage auf dem Boden liegt). Gehts auch so?	
Inhalt	Reaktion		
Verhalten	Kooperation Konzentration		
924	**Knallstab**	Jeder mit einem Stab. Den Stab senkrecht vor sich auf den Boden stellen. Eine vorher bestimmte Übung ausführen und den Stab wieder auffangen, bevor er auf den Boden fällt. • Eine ganze Drehung ausführen. • Re und li Bein über den Stab schwingen. • Hinter dem Rücken in die Hände klatschen. • Wer spurtet am weitesten, bis der Stab auf den Boden fällt?	
Inhalt	Reaktion		
Verhalten	Spaß am Experimentieren		
925	**Platzwechsel**	Zu zweit mit je einem Stab im Abstand von 3 bis 10 m gegenüber: Beide stellen ihren Stab senkrecht auf den Boden, lassen ihn auf ein Zeichen hin los und spurten zum Stab des Partners, um den Stab aufzufangen, bevor er zu Boden fällt. Welches Paar schafft die größte Distanz? • Mit mehreren Spielern im Kreis mit Seitwärtsverschiebung. • In einer Kolonne mit Hochwerfen und vw-Verschiebung.	
Inhalt	Reaktion Schnelligkeit		
Verhalten	Gemeinsam wetteifern		
926	**Flugzeit-Aufgabe**	Jeder mit einem Stab. Stab waagerecht hochwerfen und, nach Ausführen einer Zusatzaufgabe (= Flugzeit!), wieder fangen. • Mit beiden Händen, mit einer Hand, mit gekreuzten Händen. • Stand auf einem Bein, verschiedene Stellungen. • Eine ganze Drehung, Boden berühren. • Nach dem Wurf sitzen, in Rückenlage usw. Achtung: Jeder braucht genug Platz!	
Inhalt	Reaktion Orientierung		
Verhalten	Schwierigkeit steigern		
927	**Stabwechsel**	Zu zweit mit je einem Stab gegenüber. Auf ein Zeichen werfen beide ihren waagerecht gehaltenen Stab in die Luft, tauschen die Plätze und fangen den Stab des Partners auf. • Distanz vergrößern. Welches Paar schafft so die größte Distanz, aber immer mit der Bedingung, beide Stäbe fangen zu können! • Distanz kleiner, aber beide sitzen und wechseln die Plätze! Achtung: Genug Platz zwischen den Paaren!	
Inhalt	Reaktion		
Verhalten	Miteinander wetteifern		

6 Koordinieren 6.5.2 Gymnastikstab (Balancieren und Tragen)

Nr.	Name der Spielform / Ziele/Akzente	Idee/Beschreibung	Hinweise/Organisation
928	**Lastenträger**	Wer kann den Stab über die Schultern legen und so ohne Hilfe der Hände die Halle durchqueren? Wer kann sich auf diese Weise hinsetzen und wieder aufstehen? Wer kann den Stab auch auf dem Kopf tragen? Wer kann ...	
	Inhalt: Gleichgewicht		
	Verhalten: Konzentration		
929	**Fußjongleur**	Versuche, den Stab auf möglichst verschiedenen Körperteilen zu balancieren und dich gleichzeitig noch fortzubewegen. • Auf Signal sofort anhalten. • Mit Positionswechsel: Vom Stand in den Sitz, auf die Knie ... • Vom Fuß in die Hand wechseln durch Hochkicken. Hinweis: Korrigiere vorerst mit ganz schnellen, kleinen Schritten!	
	Inhalt: Gleichgewicht, Differenzierung		
	Verhalten: Freude am Experimentieren		
930	**Propeller**	Stab vertikal oder horizontal einhändig in der Mitte gefasst. Wer kann den Stab durch Griffwechsel in Drehung um die Querachse versetzen? • Wer kann jeweils nach einer Drehung des Stabes mit der einen Hand in die andere Hand wechseln, ohne aber den „Propeller-Rhythmus" zu verändern?	
	Inhalt: Differenzierung		
	Verhalten: Konzentration		
931	**Transportstafette**	2er- oder 4er-Gruppen. Diverse Gegenstände (z. B. verschiedene Bälle) müssen zu zweit mit zwei Stäben um ein Wendemal (oder durch einen Parcours) und zurück transportiert werden. Welche Gruppe hat zuerst 5 Durchgänge oder ist am schnellsten? • Welche Gruppe hat zuerst alle Bälle auf der anderen Seite? • Es können auch größere Gegenstände getragen werden oder ein Mitspieler.	
	Inhalt: Differenzierung		
	Verhalten: Nur miteinander geht es gut		
932	**Eisenbahn**	4 bis 10 Spieler laufen in einer Kolonne. Jeder hält in seiner re Hand einen Stab nach vorne und ergreift mit der li Hand das Stabende des hinteren Läufers. In dieser Formation können verschiedene Strecken durchlaufen und Hindernisse überstiegen werden. Auf ein Zeichen lässt jeder den Stab seines Vordermannes los und wechselt die Stellung der Arme (also mit re Hand den Stab des Hintermannes erfassen/langsam üben!)	
	Inhalt: Orientierung		
	Verhalten: Sind wir ein Team?		

6.5.2 Gymnastikstab (Balancieren und Tragen)   6 Koordinieren

Nr.	Name der Spielform / Ziele/Akzente	Idee/Beschreibung	Hinweise/Organisation
933	**Karussell**	Zu zweit gegenüber mit je einem Stab. Beide fassen die Enden der Stäbe, lehnen sich zurück und beginnen sich im Kreis zu drehen (erst ganz langsam, dann immer schneller). • Auch zu viert, Stäbe übers Kreuz gefasst. • Auch im Kreis zu viert.	
Inhalt	Orientierung Gleichgewicht		
Verhalten	Schwindelerregende Erlebnisse …		
934	**Giftschlange**	Zu zweit mit einem Stab. A in Rückenlage, B geht seitlich an A vorbei und führt einen Stab über dem Boden unter dem Körper von A durch. A muss nacheinander Beine, Rumpf, Rücken und Kopf heben, damit der Stab durchgezogen werden kann. Der Stab (Giftschlange!) darf dabei keinen Körperteil berühren. • In Bauchlage, mit oder ohne Hilfe der Arme.	
Inhalt	Orientierung Differenzierung		
Verhalten	Nicht mogeln!		
935	**Einsteigen bitte!**	Zu zweit gegenüber mit je einem Stab, Stäben in Tiefhalte gefasst. Beide Partner steigen von der gleichen Seite (für den eine ist dies links, für den anderen rechts!) mit einem Bein zwischen die Stäbe hinein, drehen sich nach außen, steigen mit dem anderen Bein heraus und drehen sich weiter bis zur Ausgangsposition. • Welche Zweiergruppe ist zuerst 5x ein- bzw. ausgestiegen?	
Inhalt	Orientierung		
Verhalten	Spaß miteinander		
936	**Stabwurf**	Wer kann mit zwei Stäben einen dritten hochwerfen und diesen wieder (mit den zwei Stäben) auffangen? • Wer kann den Stab nach einer Stab-Drehung in der Luft sogar wieder auffangen? • Höhe variieren.	
Inhalt	Orientierung Differenzierung		
Verhalten	Zirkusatmosphäre erleben!		
937	**Stabjongleur**	Wem gelingt es, mit zwei Stäben einen dritten möglichst lange in der mehr oder weniger senkrechten Stellung hin- und herzuwerfen, ohne dass dieser dritte Stab auf den Boden fällt? Hinweis: Stelle anfänglich den dritten Stab auf den Boden und versuche nun, mit den anderen beiden Stäben den dritten leicht hin- und herzuführen!	
Inhalt	Orientierung Differenzierung		
Verhalten	Zirkusreifen testen …		

6 Koordinieren   6.6 Spielband

Nr.	Name der Spielform Ziele/Akzente	Idee/Beschreibung	Hinweise/Organisation
938	**Knotenband**	Versuche, das Band auf verschiedenen Körperteilen zu tragen oder zu jonglieren.	
Inhalt	Orientierung Reaktion	• Auf Fuß, Knie, Handrücken, Oberarm, Kopf … mit zusätzlichen Bewegungsaufgaben wie Laufen, Hüpfen usw. • Hinter dem Rücken, über dem Kopf oder zwischen den Beinen loslassen, dann ½-Drehung ausführen und wieder fangen. • Mit der linken Hand fallen lassen, rechts auffangen usw.	
Ver- halten	Konzentration		
939	**Fallmaschine**	Band mit Knoten, zu zweit. Beide lassen gleichzeitig ihr Band li los und fangen dasjenige des Partners re auf.	
Inhalt	Reaktion	• Auf Kommando (Pfiff, Klatschen, Wort). • Mit Necken. Sobald A sein Band loslässt, muss auch B seines fallen lassen (Täuschungen erlaubt/nicht erlaubt). • Eigene Ideen?	
Ver- halten	Fairness		
940	**„Schafott"**	Das Band ist verknotet. A in Rückenlage, B hält das Spielband erst über dem Bauch, dann über der Brust und schließlich über dem Kopf (Steigerung). Nun lässt B das Spielband irgendwann los und A versucht, diesem „Fallbeil" durch schnelles Wegrollen zu entkommen.	
Inhalt	Reaktion Schnelligkeit	• Fallhöhe verkleinern, dann wird es wesentlich schwieriger. • Drehrichtung kurz vor dem Fall bestimmen, z. B.: „Links!"	
Ver- halten	Höchste Konzentration		
941	**Gordischer Knoten**	Barfuß. Wer kann in sein Band einen Knoten nur mit den Füßen (ohne Hände) machen?	
Inhalt	Differenzierung	• Wer kann den Knoten eines anderen wieder öffnen? • Zu zweit. Beide Bänder miteinander verknoten.	
Ver- halten	Geduld		
942	**Schneeflocke**	Wirf das Band möglichst hoch und versuche, dieses mit irgendeinem vorher bestimmten Körperteil aufzufangen.	
Inhalt	Orientierung Reaktion	• Zu zweit. Du wirfst mir, ich werfe dir. Wer aufwirft bestimmt zugleich, mit welchem Körperteil aufgefangen werden muss.	
Ver- halten	Spaß		

6.7 Langbank   6 Koordinieren

Nr.	Name der Spielform / Ziele/Akzente	Idee/Beschreibung	Hinweise/Organisation
943	**Bankviereck**	Zwei Bänke werden parallel zueinander aufgestellt, zwei andere an den Enden quer darauf, so dass ein Viereck entsteht. Die Spieler stellen sich in Doppelreihen auf und führen im Strom Übungen aus. • Im Slalom: Tiefe Bank überspringen, hohe Bank unten durchkriechen. • Hochwenden über die hohen und niederen Bänke. Synchronsprünge zu zweit: A bestimmt den Rhythmus, B übernimmt • A führt B, welcher die Augen schließt, oben und unten durch!	
Inhalt	Je nach Aufgabenstellung		
Verhalten	Miteinander Fantasie		
944	**Balljojo**	Wechselhüpfen sw über die Langbank und dabei einen Ball immer auf der rechten (li) Seite der Bank prellen. Gegengleich. • Den Ball der Langbank prellen und sw Wechselhüpfen. • Andere Kombinationen von Prellen und Hüpfen erarbeiten lassen. Dann einige dieser Formen gemeinsam durchspielen.	
Inhalt	Differenzierung		
Verhalten	Linke und rechte Hand vergleichen		
945	**Wegrecht 1**	Zu zweit auf der Schmalkante gegenüber. Wer zwingt den anderen durch Stoßen und Ziehen zuerst zum „Verlassen" der Langbank? • Als Einzelwettbewerb: Der Verlierer bleibt bei seiner Bank, der Sieger wechselt zur nächsten Bank. • Als Gruppenwettkampf: Welche Partei holt in 5 Durchgängen am meisten Punkte?	
Inhalt	Gleichgewicht		
Verhalten	Taktik Fairness		
946	**Wegrecht 2**	Wie „Wegrecht 1", aber man darf sich nur noch mit den Füßen aus dem Gleichgewicht bringen. Auch als Gruppenwettkampf. Auf je einer Langbank stehen sich die beiden Mannschaften gegenüber. Die Gruppenmitglieder fassen sich gegenseitig um die Schultern. Welche Gruppe muss zuerst absteigen oder reißt zuerst auseinander? Spielregeln, wie gestoßen oder gezogen werden darf vereinbaren!	
Inhalt	Gleichgewicht		
Verhalten	Fairness		
947	**Team-Klettern**	A befindet sich in irgendeiner Stellung auf der Langbank. B versucht, A ohne Berührung und ohne herunterzufallen zu übersteigen. • Gelingt es A, durch die gegrätschten Beine von B zu kriechen, ohne B zu berühren und ohne zu fallen? • Gelingt es A und B, gleichzeitig auf der Bank zu kreuzen, ohne dass einer von beiden fällt?	
Inhalt	Gleichgewicht		
Verhalten	Zueinander Sorge tragen!		

6 Koordinieren   6.8 Sprossenwand

Nr.	Name der Spielform Ziele/Akzente	Idee/Beschreibung	Hinweise/Organisation
948 Inhalt Verhalten	**Klettervarianten** Orientierung Konzentraion	Wir steigen vorlings und rücklings auf und ab, mit kleinen oder mit möglichst großen Schritten. Wir klettern auf gleicher Höhe die ganze Sprossenwand vorlings hin und rücklings wieder zurück. • Zu zweit. A steigt auf und ab, und B versucht, parallel zu A immer dieselben Schritte sofort nachzumachen. Aufgabenwechsel. • Versucht auch, blind zu klettern!	
949 Inhalt Verhalten	**Free Style** Orientierung Sicherheit vor Risiko	Sucht verschiedene Möglichkeiten des Kletterns und Steigens. • Vorlings und/oder rücklings. • Wie weit kommt ihr mit den Füßen voran? • Mit einem „verletzten" Arm oder Bein? • Zu zweit, wobei einer die Sprossen nur mit den Händen, der andere nur mit den Füßen berühren darf? (Gegenseitig helfen!)	
950 Inhalt Verhalten	**Gegenverkehr** Orientierung Fairness Spaß	Die ganze Gruppe ist an der Sprossenwand. Nur beginnt ein emsiges Klettern in alle Richtungen: Aufwärts, seitwärts, über- und untereinander durch. Regel: Wer von rechts und/oder von unten kommt, hat Vortritt! Oder: Bei jedem Treffen einigt man sich, wer von beiden Vortritt hat.	Sprossenwand
951 Inhalt Verhalten	**Goldschmuggler** Orientierung Abenteuerstimmung	Verschiedene Geräte müssen über die ausgeschwenkte Sprossenwand geschmuggelt werden (z. B. Medizinbälle, kleine Bälle, Keulen, Malstäbe usw.) • Ganze Gruppe: Eine Matte (= Panzerschrank) sorgfältig auf die andere Seite schmuggeln.	
952 Inhalt Verhalten	**Gefängnisflucht** Orientierung Differenzierung Abenteuerstimmung	Wer kann mit zusammengebundenen Händen und/oder Füßen über die Gefängnismauer klettern? • Wer schafft dies sogar bei Nacht (verbundene oder geschlossenen Augen)?	

6.9 Geräte

6 Koordinieren

Nr.	Name der Spielform / Ziele/Akzente	Idee/Beschreibung	Hinweise/Organisation
953	**Abfahrtsrennen**	Die Beine eines „Pferdes" werden in verschiedener Länge eingestellt. A rüttelt an diesem wackligen Pferd, während B stehend oder in der Hocke versucht, möglichst lange oben zu bleiben. B darf bestimmen, wie „wild" sein Pferd ist. • Wer schafft dies sogar einbeinig möglichst lange? (Matten legen/Verletzungsgefahr!)	
Inhalt	Gleichgewicht		
Verhalten	Trotz allem Fairness		
954	**Raumschiff**	Sucht Stellungen an den Geräten ... • Bei denen der Kopf unten ist. • Die einen (kleinen) Hüftwinkel beinhalten. • Bei denen gehangen, gestützt wird. • Bei denen der Rücken parallel zum Boden und der Körper in der Luft ist ... usw.	
Inhalt	Orientierung		
Verhalten	Körper- und Raumerfahrungen		
955	**Hochseetest**	Ein Ende einer Langbank wird an einem tief hängenden Ringpaar gut befestigt. Versuche, auf das Boot zu steigen ohne zu fallen. A steht „auf Deck", B und C bestimmen den Seegang (und sichern gleichzeitig). A darf die Windstärke selber bestimmen!	
Inhalt	Gleichgewicht		
Verhalten	Riskieren – helfen sichern		
956	**Rollen-Tänzer**	Halte dich mit beiden Händen an der Sprossenwand und versuche, vorsichtig auf das Brett zu stehen. Suche nun das Gleichgewicht durch schnelle, kleine Gewichtsverlagerungen in den Füßen. Wichtig: Der Schwerpunkt muss immer genau über der Rolle sein. Wenn dies gelungen ist, dann kannst du versuchen, auf das Brett zu springen und sofort das Gleichgewicht zu suchen. Am Anfang mit Hilfe! Rohr: ca. 15 cm Durchmesser. Brett: ca. 60 x 35 cm.	
Inhalt	Gleichgewicht		
Verhalten	Erfolgserlebnis nach dem Üben!		
957	**Schlittschuhlaufen**	Unter beiden Füßen sind gut gleitende Lappen (Filzschuhe, Jutesäcke o. Ä.). Links und rechts werden Geräte als Abstoßwiderstände befestigt (z. B. eine Seite ist die Wand, die andere ein Reckpfosten oder eine gut befestigte Langbank/hochgestellt). Versuche nun, im gleichmäßigen Rhythmus hin und her zu laufen! (Evtl. gleichzeitig mit Stock und Puck jonglieren li/re).	
Inhalt	Gleichgewicht Rhythmus		
Verhalten	Das macht Spaß!		

Kapitel 7
Kooperieren

7.1	**Ohne Material**	236
7.1.1	Akrobatik zu zweit	243
7.1.2	Akrobatik zu zweit, dritt und viert	246
7.2	**Bälle**	248
7.3	**Springseil**	251
7.4	**Gymnastikstab**	252
7.5	**Langbank**	253
7.6	**Sprossenwand**	254
7.7	**Geräte**	255
7.8	**1015 weitere Anregungen**	256

7 Kooperieren 7.1 Ohne Material

Nr.	Name der Spielform / Ziele/Akzente	Idee/Beschreibung	Hinweise/Organisation
958	**Schwebender Reiter** **Inhalt:** Koordination, Kraft **Verhalten:** Mut zum Risiko	Zu zweit. A im Knieliegestütz vorlings. B steht auf dem Rücken von A (1 Fuß in Schulterhöhe, 1 Fuß auf der Höhe des Steißbeines). Pferd und Reiter versuchen nun, sich gemeinsam so fortzubewegen. • Die Reiter versuchen auch, Platzwechsel vorzunehmen und auf ein anderes Pferd umzusteigen, ohne den Boden zu berühren. Wichtig: Das „Pferd" muss den Rücken spannen!!	
959	**Reiterkampf** **Inhalt:** Koordination und Kraft **Verhalten:** Mut, Vertrauen	Wie oben, aber der Reiter steht auf zwei Pferden. Wer kann andere Reiter zum Absteigen zwingen?	
960	**Lebende Mauer** **Inhalt:** Muskelspannung halten **Verhalten:** Helfen, Vertrauen	Zwei Gruppen. Gruppe A baut sich zu einer stabilen, „lebenden" Mauer auf (mit gegenseitigem Kontakt). Gruppe B versucht, diese Mauer zu überwinden (ohne Schaden anzurichten). Als „Gerüst" darf die mauerbildende Gruppe ein Gerät (Barren, Reck) benutzen, ebenso darf die andere Gruppe eine „Leiter" suchen (Sprungbrett ...).	
961	**Gruppenpuzzle** **Inhalt:** Tanzen, Laufen **Verhalten:** Gestalten	Gruppen von 5 bis 10 tanzen oder laufen frei in der Halle. Auf Kommando finden sich die Gruppen zusammen und stellen eine vorgegebene Zahl, einen Buchstaben oder eine Figur mit ihren Körpern dar. • Als Darstellungsfolgen (1., 2. Akt ...) zu bestimmten Themen (Märchen, Geschichten).	
962	**Improvisation** **Inhalt:** Differenzierung **Verhalten:** Gestalten	Lieddarstellung. Kleingruppen (2 bis 6 Personen) versuchen, den Inhalt eines Liedes durch Bewegungen so darzustellen, dass die anderen erraten können, welches Lied gemeint ist.	alle Vögel sind schon da...

7.1 Ohne Material 7 Kooperieren

Nr.	Name der Spielform / Ziele/Akzente	Idee/Beschreibung	Hinweise/Organisation
963	**Fresken**	Eine Gruppe formiert sich zu einem Fresko und stellt dabei etwas Bestimmtes dar, das die anderen herausfinden sollen. Z. B. Stellt ein Turngerät, ein Schlachtgemälde, ein Tier etc. dar! • Mit Bewegung: Stellt einen Fuß dar, einen rauschenden Wald, einen Marktplatz …	
Inhalt	Muskelspannung halten		
Verhalten	Körpersprache bewusst machen		
964	**Sportpantomime**	Die Spieler sollen als Gruppe eine Sportpantomime z. B. mit dem Thema „Basketball" aufführen. Dabei sollen nicht nur die Basketballspieler, sondern auch Trainer, Schiedsrichter, Zeitnehmer, Zuschauer … dargestellt werden. Weniger das genormte Basketballspiel soll im Mittelpunkt stehen, sondern eher lustige, tragische, komische Basketballspielsituationen werden erfunden und parodiert.	
Inhalt	Je nach Sportart		
Verhalten	Körpersprache bewusst erleben		
965	**Pyramidenbau**	Gruppen von 6 bis 10 sollen versuchen, eine möglichst stabile/originelle/ästhetische etc. Pyramide zu bilden, an der alle beteiligt sind. • Mit möglichst wenig Bodenkontakt. • Jeder muss mit mind. 4 Spielern Kontakt haben. • Fortbewegung in der Pyramide muss möglich sein.	
Inhalt	Körperspannung halten		
Verhalten	Gestalten		
966	**Doppelrolle**	A in Rückenlage, Beine senkrecht in die Luft gestreckt, B steht hinter A und fasst die Fußgelenke von A. A ergreift die Gelenke von B. B macht Rolle vw (A muss die Füße nahe bei seinem Gesäß aufsetzen). B zieht A durch das Rollen zum Stand. Die Doppelrolle lässt sich auch zu dritt ausführen.	
Inhalt	Koordination Rollen		
Verhalten	Vertrauen Mut		
967	**Übersprungrolle**	A im Grätschsitz, Arme in Hockhalte, B steht hinter A, stützt sich auf die Hände von A und überhockt ihn. Ohne die Hände loszulassen, schließt B an seiner Hocke eine Rolle vw zum Grätschsitz an, durch welche A in den Stand gezogen wird.	
Inhalt	Rhythmus		
Verhalten	Vertrauen		

7 Kooperieren 7.1 Ohne Material

Nr.	Name der Spielform / Ziele/Akzente	Idee/Beschreibung	Hinweise/Organisation
968	**Übergrätsch-Rolle**	A und B stehen sich in 2 bis 3 m Entfernung gegenüber. A führt eine Rolle vw aus, B springt mit einem Grätschsprung über den rollenden A. Danach führen beide eine halbe Drehung aus und A überspringt die Rolle von B.	
Inhalt	Koordination		
Verhalten	Vertrauen		
969	**Wechselrolle**	B und C steht hintereinander, A steht den beiden in 2 bis 3 m Entfernung gegenüber. B macht eine Rolle vw zu A, A überspringt B mit einem Grätschsprung und schließt eine Rolle vw zu C an, C überspringt A und B macht eine halbe Drehung usw.	
Inhalt	Rhythmus		
Verhalten	Vertrauen		
970	**3er-Rolle sw**	A, B und C liegen nebeneinander (Abstand ca. 1 m) auf dem Bauch. A rollt von der Mitte zur Seite und B überhechtet den rollenden A zur Mitte hin. Von der Mitte rollt B sofort weiter nach außen und C überhechtet ihn zur Mitte und rollt weiter zur Seite.	
Inhalt	Stütz- und Schnellkraft Arme		
Verhalten	Gruppenrhythmus		
971	**Partner überspringen**	Vorübung: A in Rückenlage, Arme in Vorhalte, B stütz sich von hinten auf die Arme von A und macht mit gehockten und gestreckten B einen einen Winkelstütz. Überspringen: A in Rückenlage, B steht hinter ihm und ergreift seine Hände, B hockt zwischen seinen Händen über den Oberkörper von A und landet in Grätschstellung bei den Hüften von A, ohne Loslassen der Hände zieht er A in den Stand.	
Inhalt	Stützkraft Arme		
Verhalten	Vertrauen in den „Stütz-Partner"		
972	**Tatzelwurm**	4 bis 10 Spieler stehen im Liegestütz vorlings hintereinander, die Füße liegen auf den Schultern des Hinteren. • Arme beugen und strecken. • Vw-Bewegung über eine bestimmte Strecke. • Auch im Liegestütz rücklings versuchen. • Gemeinsam eine Rolle sw und wieder in die Liegestütz.	
Inhalt	Stützkraft Arme Körperspannung		
Verhalten	Spaß		

7.1 Ohne Material   7 Kooperieren

Nr.	Name der Spielform / Ziele/Akzente	Idee/Beschreibung	Hinweise/Organisation
973	**Lindwurm**	4er- bis 6er-Gruppen. Jede Gruppe soll versuchen, mit möglichst wenig Bodenkontakten eine bestimmte Strecke zurückzulegen. Die Gruppe muss dabei immer Körperkontakt untereinander haben. Z. B.: • Als Tausendfüßler (1 Paar Beine am Boden). • Sw rollend, die Hände fassen die Füße des Hinteren (keine Füße am Boden). • etc.	z.B.
Inhalt	Differenzierung		
Verhalten	Spaß Fantasie		
974	**Fuß-Fließband**	Die Spieler bilden zwei Reihen auf dem Rücken liegend, möglichst nahe gegenüber, Beine senkrecht in die Luft gestreckt. Ein Spieler legt sich bäuchlings gespannt am einen Ende der Reihe auf die Füße der Mitspieler und wird von diesen (mit den Füßen) vw bis ans andere Ende der Linie befördert. • Evtl. Helfer auf der Seite.	
Inhalt	Stützkraft Beine Spannung		
Verhalten	Getragen werden!		
975	**Hand-Fließband**	Zwei Reihen versetzt in Rückenlage, Kopf auf Schulterhöhe des Nebenspielers. Ein Spieler wird mit den Händen weitergereicht (spannen!).	
Inhalt	Stützkraft Arme Körperspannung		
Verhalten	Nur fliegen ist schöner!		
976	**Fischwerfen**	Zwei Reihen stehen mit gefassten Händen gegenüber. Der Fisch legt sich mit dem Rücken auf die Arme der anderen und macht sich steif. Durch gemeinsames Vor-hoch-Schleudern wird es durch die Reihe bis ans Ende geworfen. Die Fische werden immer größer und schwerer.	
Inhalt	Kraft Arme Körperspannung		
Verhalten	Gemeinsam einem anderen „helfen"		
977	**Zielscheibenfangen**	3 Spieler geben sich die Hände im Kreis und bestimmen einen von ihnen als Zielscheibe. Ein Fänger muss von außen versuchen, der Zielscheibe, welche sich mit dem Kreis verschiebt und ausweicht, auf den Rücken zu schlagen. Dabei darf er nicht durch den Kreis reichen. Auch größere Gruppen möglich.	
Inhalt	Reaktion Schnelligkeit		
Verhalten	Helfen		

7 Kooperieren 7.1 Ohne Material

Nr.	Name der Spielform / Ziele/Akzente	Idee/Beschreibung	Hinweise/Organisation
978	**Puzzle-Lauf** Inhalt: Ausdauer Verhalten: Eigene Spielregeln finden	Eine Gruppe hat eine Strecke (1 bis 3 km) zurückzulegen. Die Gruppenmitglieder teilen die Strecke unter sich beliebig auf. • Mit Vorgabe einer Mindeststrecke. • Mit Hindernissen. • Jeder läuft mindestens 3x ein Teilstück.	
979	**Aufstand** Inhalt: Schnelligkeit Verhalten: Spaß	Mannschaften zu 4 bis 6 Spielern setzen sich jeweils in einem Außenstirnkreis hinter die Startlinie und laufen auf Pfiff um ein Wendemal und zurück (oder durch einen Parcours). Dabei darf der Kreis nie auseinanderbrechen, auch beim Aufstehen nicht. Welcher Kreis sitzt zuerst wieder hinter der Linie?	
980	**Puppentransport** Inhalt: Kraft Arme – Beine, Körperspannung Verhalten: Geteilte Last ist halbe Last!	Zu dritt. A und B stehen nebeneinander, C steht zwischen ihnen, hakt bei beiden Partnern die Arme ein und hockt die Beine an (oder streckt sie waagerecht nach vorne). • C legt seine Arme auf die Schultern von A und B. • C hält die Arme gespannt in Seithalte, A und B tragen ihn an den Oberarmen und Handgelenken im „Kreuzhang".	
981	**Schulter-Hocksprung** Inhalt: Stütz- und Sprungkraft Verhalten: Vertrauen	Zu dritt. A und B stehen nebeneinander und geben sich die Hände. C stützt sich von hinten auf die Schultern von A und B und überhockt deren Arme. Fortgesetzt vw und rw. • Mit mehreren Gruppen in der Kolonne mit Fortbewegung.	
982	**Hochtransport** Inhalt: Körperspannung Verhalten: Gegenseitiges Vertrauen nötig!	A und B stehen hintereinander in der Hocke, C steht zwischen ihnen und stützt sich mit den Armen auf den Schultern von B ab (Liegestütz). B hebt die Beine von C in die Hochhalte und A und B richten sich auf zum Abtransport von C. • Auch als Stafette (mit oder ohne Hindernisse) mit Rollenwechsel. • Evtl. noch ein Träger (hält die Hüfte von C).	

7.1 Ohne Material

7 Kooperieren

Nr.	Name der Spielform Ziele/Akzente	Idee/Beschreibung	Hinweise/Organisation
983	**Tausendfüßler**		
Inhalt	Beweglichkeit Gruppen-Koordination	Die Spieler stehen Rücken an Rücken in zwei Linien versetzt. Die Spieler beider Linien grätschen die Beine, beugen den Oberkörper vw, kreuzen die Arme und fassen zischen den Beinen hindurch die Hände der beiden seitlich hinter ihnen stehenden Spieler. In dieser Haltung soll versucht werden, eine bestimmte Strecke zurückzulegen, ohne dass der Tausendfüßler zerreißt. Die Laufrichtung kann in Richtung der Linien oder senkrecht dazu festgelegt werden. • Als Mannschaftswettlauf mit zwei oder drei Tausendfüßlern. • Jede Linie innerhalb des Tausendfüßlers spielt als Mannschaft und versucht, die gegnerische Linie über die eigene Standlinie zu ziehen.	
Verhalten	Aufeinander Rücksicht nehmen Spaß		
984	**Zweier-Hüpfstafetten**		
Inhalt	Kraftausdauer Beine	Hüfen vw, rw, sw oder im Kreis herum in verschiedenen Stellungen. Z. B.: • Innere Hände gefasst, das innere Bein von hinten über die Arme hängen und hüpfen bis ins Ziel. • Mit der inneren Hand des seitgespreizte Bein des anderen fassen. • Der Hintere gibt dem Vorderen ein Bein in die Hand, der Vordere hüpft auf einem Bein. • Der Vordere spreizt ein Bein rw, der Hintere hält es und hüpft auf einem Bein. • Kombination: Der Vordere spreizt das li Bein rw, der Hinter das re Bein vw.	
Verhalten	Gegenseitig angleichen		
985	**Dreier-Hüpfstafetten**		
Inhalt	Koordinaton	Die meisten dieser Stellungen lassen sich auch in der 3er-Gruppe ausführen. • Neue Formen erfinden und vorführen. • Geht das auch mit der ganzen Klasse/Gruppe?	
Verhalten	Spaß		

7 Kooperieren

7.1 Ohne Material

Nr.	Name der Spielform Ziele/Akzente		Idee/Beschreibung	Hinweise/Organisation
986	**Kanonengeschoss**		Zu viert. A in Rückenlage, Beine angewinkelt in der Luft, B setzt sich auf die Füße von A und gibt den beiden Helfern C und D je eine Hand. Durch rasches Beinstrecken stößt A B in die Luft, C und D sorgen für eine sichere Landung.	
	Inhalt	Schnellkraft Beine		
	Verhalten	Helfen – sichern Vertrauen – Spaß		
987	**Handstand zu viert**		A steht hinter B mit gestreckten Armen. B fasst A an den Unterarmen, bückt sich und zieht A so in den Handstand. C + D helfen A, indem sie die Unterschenkel fassen und A vollständig in den Handstand führen. Mit Matte: Handstandabrollen (mit Hilfe)/ohne Matte: A so sichern, dass er nicht rückwärts fällt und A geht zurück auf die Füße.	
	Inhalt	Kraft Körperspannung		
	Verhalten	Vertrauen		
988	**Wechsel-Handstand**		Zu zweit in raschem Wechsel in den Handstand schwingen und sich gegenseitig stützen. • A schwingt auf den Fußristen von B in den Handstand und hängt seine Knie über die Schultern von B, vw-Bewegung möglich?	
	Inhalt	Anwendung und Training Handstand		
	Verhalten	Helfen		
989	**Karussell in Bauchlage**		Zu dritt. A und B gegenüber mit Handfassung. C legt sich vorlings auf ihre Arme. A und B drehen den gespannten C im Kreis herum. • Nach dem „Karussell" laden A und B C langsam über den Handstand ab.	
	Inhalt	Körperspannung Orientierung		
	Verhalten	Vertrauen ins „Karussell"		
990	**Karussell in Rückenlage**		Gleiche Hilfestellung von A und B wie bei „Karussell in Bauchlage", aber C legt sich nun in Rückenlage auf die Arme von A und B. Nun darf C das Dreh-Tempo bestimmen (C nicht im Hohlkreuz!). Danach wird C langsam über den Handstand rw (= langsamer Überschlag rückwärts) „abgeladen". Wichtig: Gute Körperspannung, Hände zur Landung vorbereiten!	
	Inhalt	Spannung (C) A + B: Gerader Rücken		
	Verhalten	Vertrauen		

7.1.1 Ohne Material (Akrobatik zu zweit) — 7 Kooperieren

Nr.	Name der Spielform / Ziele/Akzente	Idee/Beschreibung	Hinweise/Organisation
	Akrobatische Übungen können ganz vielseitig eingesetzt werden	• Zur Kräftigung. • Zur Förderung von Kooperation (es funktioniert nur in einem guten Team!). • Bin ich zuverlässig? Kann ich vertrauen? • Wo sind meine Grenzen? Was kann ich besser, was der andere? • Finden wir eigene Formen (Kreativität)? Akrobatische Übungen kann man als größeres Thema anbieten, d. h., auf eine Aufführung hin (Zirkus, Pyramiden, etc.) und dementsprechend an den Figuren „herumfeilen" bis sie sicher sind und auch das Zusammenbauen der Figuren zur Vorführung gehört. Mit einfachen Figuren beginnen und zunehmend schwieriger werden. Am Anfang sollten mit zusätzlichen Helfern die Figuren gesichert werden (bis die Sicherheit und das Vertrauen aufgebaut sind).	
991	**Zweierpaket**		
Inhalt	Gleichgewicht	A in Bankstellung. B legt sich mit dem Rücken auf den Rücken von A und hält sich mit den Armen an A fest.	
Verhalten	Begegnung		
992	**Leiter**		
Inhalt	Gleichgewicht	A in Bankstellung. B steht rücklings auf A, die Füße auf den Schultern von A, die Hände auf der Hüfte. Je „steifer" A steht, umso leichter ist es für B.	
Verhalten	Nicht wackeln		
993	**Waage**		
Inhalt	Kraft Körperspannung	A und B Rücken an Rücken. B stützt mit den Händen am Boden und sitzt rücklings auf A. A hält die Unterschenkel von B. B richtet sich langsam auf.	
Verhalten	Schritt für Schritt		

7 Kooperieren
7.1.1 Ohne Material (Akrobatik zu zweit)

Nr.	Name der Spielform Ziele/Akzente		Idee/Beschreibung	Hinweise/Organisation
994	**Standwaage**		A in Rückenlage, die Arme senkrecht in die Höhe gestreckt. B macht eine Standwaage auf den Händen und Füßen von A. • Ganz langsam auf und ab, zuerst nur B, dann auch A und schließlich sogar beide gleichzeitig!	
	Inhalt	Gleichgewicht Stützkraft		
	Ver- halten	Mut Vertrauen		
995	**Liegewaage**		Wie oben bei „Standwaage", aber B legt sich bäuchlings auf die Füße von A. Geht es auch frei schwebend, also ohne Handfassung von B?	
	Inhalt	Gleichgewicht Stützkraft		
	Ver- halten	Mut Vertrauen		
996	**Kniewaage**		Wie oben bei „Standwaage", aber B versucht nun eine Kniestandwaage mit Stütz auf den Knien von A. Langsam und gemeinsam ab und auf!	
	Inhalt	Gleichgewicht Stützkraft Arme		
	Ver- halten	Mut zum Experimentieren		
997	**Knie-Schulterstand**		A in Rückenlage mit gebeugten Beinen, die Fußsohlen auf dem Boden flach und fest aufgestützt. B stützt sich auf den Knien von A, und A stützt B an den Schultern. B schwingt (vorsichtig) auf zum Schulterstand.	
	Inhalt	Gleichgewicht Stützkraft		
	Ver- halten	Mut Vertrauen		
998	**Knie-Langsitz**		A in Rückenlage, Hüft- und Kniewinkel bei 90° fixiert. B macht einen Winkelstütz auf den Knien von A, A stütz B an dessen Fußgelenken. • Von dieser Position ausgehend, die Lage weiter verändern (z. B.: A öffnet die Beine leicht, B führt Liegestütz rücklings aus).	
	Inhalt	Stützkraft rücklings Gleichgewicht		
	Ver- halten	Gemeinsam die Grenzen erleben		

7.1.1 Ohne Material (Akrobatik zu zweit)

7 Kooperieren

Nr.	Name der Spielform / Ziele/Akzente	Idee/Beschreibung	Hinweise/Organisation
999	**Liegehang**	A in Rückenlage, Beine senkrecht. B macht Liegehang an den Füßen von A. Dabei kann A durch Stützen an den Schultern helfen, bzw. sichern. • B lässt sich rw hinunter und zieht sich wieder hoch. A hilft dabei.	
Inhalt	Stütz- und Zugkraft Arme		
Verhalten	Vertrauen		
1000	**Doppeldecker-kniestand**	A in Knieliegestütz vorlings, ein Bein nach hinten hochgestreckt („Kniestandwaage"). B führt nun seinerseits ebenfalls eine Kniestandwaage auf dem Rücken von A aus. Für B: Vorsichtig mit dem Knie abstützen, sonst schmerzt es bei A!	
Inhalt	Gleichgewicht Kraft		
Verhalten	Wie findet ihr das Gleichgewicht?		
1001	**Schulterkniestand**	Wie bei „Doppeldecker-Kniestand", aber nun stützt B mit den Händen vor A auf dem Boden und mit einem Knie auf den Schultern von A. • Beide versuchen, die gestreckten Beine gleichzeitig in alle Richtungen zu bewegen (auf- und abwärts, kreisen usw.).	
Inhalt	Gleichgewicht		
Verhalten	Aufeinander abgestimmt		
1002	**Knie-Hochstand**	A in Bankstellung rücklings, B steht balancierend auf den Knien von A. Könnt ihr miteinander so vw laufen? • Evtl. mit einem Helfer für B.	
Inhalt	Gleichgewicht		
Verhalten	Harmoniert ihr miteinander?		
1003	**Knie-Handstand**	A im Einbeinkniestand, ein Bein aufgestellt, so dass der Oberschenkel waagerecht steht. B schwingt sich auf dem Oberschenkel von A in den Handstand. A hilft beim Aufschwingen und Stützen. Anfänglich empfiehlt es sich, einen weiteren Helfer C einzusetzen!	
Inhalt	Gleichgewicht		
Verhalten	Mut Vertrauen		

7 Kooperieren

7.1.2 Ohne Material (Akrobatik zu zweit, dritt und viert)

Nr.	Name der Spielform / Ziele/Akzente	Idee/Beschreibung	Hinweise/Organisation
1004	**Fuß-Handstand**	A im Kniestand, Arme in Hochhalte. Nun schwingt B auf den Fesseln von A (also „hinter A") in den Spreizhandstand. A versucht, das hintere Bein von B zu fassen. Hinweis: Langsam in den Handstand schwingen! (Evtl. mit einem zusätzlichen Helfer).	
Inhalt	Differenzierung		
Verhalten	Mut Vertrauen		
1005	**Seitenwagen**	A und B im einbeinigen Seitliegestütz gegenüber versetzt, so dass beide mit der freien Hand das in der Luft gestreckte Bein des anderen halten können. Könnt ihr so vw marschieren?	
Inhalt	Gleichgewicht		
Verhalten	Den Partner „spüren"		
1006	**Schulter-Brücke**	A und B in Bankstellung voreinander, die Hände über die Schultern des anderen gelegt. Nun stellt sich C mit je einem Fuß auf die Rücken von A und B und sucht das Gleichgewicht. • Gelingt dies gut, dann versuchen A und B, sich leicht zu bewegen. Kann C trotzdem noch auf den Rücken stehen, ohne zu fallen?	
Inhalt	Gleichgewicht Kraft		
Verhalten	Kräfte des anderen spüren		
1007	**Wasserbett**	Ausgangsstellung von A und B wie bei „Schulter-Brücke". Aber jetzt legt sich C rücklings auf die Rücken von A und B. A und B versuchen durch leichtes, gemeinsames Bewegen C vom Rücken zu werfen.	
Inhalt	Orientierung		
Verhalten	Spaß am Experimentieren		
1008	**Im 3. Stockwerk**	A und B in Bankstellung eng nebeneinander. C in Bankstellung auf den Rücken von A und B. Gelingt es nun D, auf dem Rücken von C stehend zu balancieren, ohne zu fallen? • Kann sich das ganze Reitergespann langsam vorwärts bewegen, ohne den Artisten D zu verlieren? Wer kann am längsten stehen?	
Inhalt	Gleichgewicht		
Verhalten	Dosierung des anderen spüren		

7.1.2 Ohne Material (Akrobatik zu zweit, dritt und viert)   7   Kooperieren

Nr.	Name der Spielform / Ziele/Akzente	Idee/Beschreibung	Hinweise/Organisation
1009	**Familienzelt**	A in Bankstellung, B steht aufrecht auf dem Rücken von A. C und D gehen links und rechts von A und B in Liegestütz. B versucht, die Füße von C und D zu halten. Anfänglich C und D langsam nacheinander, schließlich C und D miteinander!	
Inhalt	Stützen und Spannen		
Verhalten	Gemeinsam im Gleichgewicht		
1010	**Hand-Kniestand**	A und B in Rückenlage gegenüber. Kopf an Kopf, Arme in Vorhalte. C macht eine Kniestandwaage (oder beidbeinige Bankstellung) auf den Händen von A und B. Gelingt es A und B sogar, C wie in einem Lift langsam zu heben und zu senken? • C bestimmt: Auf! ... Ab! ... Stopp! ... usw.	
Inhalt	Stützkraft Arme Gleichgewicht		
Verhalten	Spaß im Krafttraining		
1011	**Hand-Kniestand im 2. Stock**	A und B im Kniestand gegenüber, Arme in Hochhalte. C macht eine Kniestandwaage (oder beidbeinige Bankstellung) auf den Händen von A und B. Funktioniert auch bei dieser Form der Lift (siehe oben)? • Gelingt dies auch, wenn A und B stehen? Vorsicht bei A und B: Gut spannen, gerader Rücken!	
Inhalt	Stützkraft Arme Kraft Rumpf		
Verhalten	Arbeit „teilen" Sehr gut spannen		
1012	**Oberschenkel-Handstand**	A in leichter Hocke (evtl. gegen eine Wand). B steht auf die Oberschenkel von A und wird von A um die Hüften gehalten. C schwingt nun gegen B in den Handstand und wird von B gehalten. Welche Pyramide steht am schnellsten, am längsten?	
Inhalt	Spannung Gleichgewicht		
Verhalten	Helfen Unterstützen		
1013	**Baugerüst**	A in Grätschstellung, Gewicht auf dem rechten Bein. Der rechte Oberschenkel steht beinahe waagerecht. Nun steigt B auf den rechten Oberschenkel von A und wird gleichzeitig von A gehalten. Schließlich schwingt C in den Handstand und wird von B gehalten. Zirkusreif?	
Inhalt	Gleichgewicht Kraft		
Verhalten	Vertrauen		

7 Kooperieren

7.2 Bälle

Nr.	Name der Spielform Ziele/Akzente	Idee/Beschreibung	Hinweise/Organisation
1014	**Spezialtransport**	3er- bis 6er-Gruppen. Je einer der Gruppe soll 3 bis 5 verschiedene Bälle ins Ziel tragen und dabei von den Mitspielern selbst getragen werden. Die Stafette ist fertig, wenn jeder der Gruppe die Bälle 1x getragen hat. Fällt ein Ball zu Boden, muss die Gruppe mit allen Bällen zurück zum Start. • Nur die zwei Leichtesten müssen getragen werden.	
	Inhalt: Kraft, Koordination		
	Verhalten: Spaß		
1015	**Ballspicker**	Vierergruppen, jeder mit einem Medizinball und pro Gruppe ein Gymnastikball (o. Ä.). Der Gymnastikball soll mit den Medizinbällen durch Schlagen und Stoßen möglichst lange innerhalb der Gruppe in der Luft gehalten werden. Welche Gruppe schafft die meisten Zuspiele? Welche Gruppe macht in 60 Sek. die wenigsten Fehler? • Mit Volleyball und 1 Ballon.	
	Inhalt: Koordination		
	Verhalten: Schaffen wir es gemeinsam?		
1016	**Blubber-Ball**	Jeder hat einen Ball und prellt diesen am Ort. Auf „Los" verlassen alle ihren Ball und stehen außerhalb des Spielfeldes. Sobald ein Ball (in der Nähe) nicht mehr hochspringt, läuft einer hin, „kickt" den Ball wieder an und rennt wieder aus dem Feld. Auch als Wettbewerb.	
	Inhalt: Reaktion, Aktionsschnelligkeit		
	Verhalten: Peripheres Sehen		
1017	**Kreisprellen**	Alle Spieler bilden einen Innenfrontkreis, jeder prellt im gleichen Rhythmus den Ball: 2x kurz, 1x lang. Bei 1x lang gibt es eine Verschiebung um einen Platz nach re. Jeder übernimmt dort den Ball des Partners und dribbelt im gleichen Rhythmus (ohne Unterbrechung) weiter.	
	Inhalt: Rhythmus, Koordination		
	Verhalten: Eine Aufgabe gemeinsam lösen		
1018	**Rhythmusbande**	Jeder Spieler prellt seinen Ball frei am Ort oder in der Fortbewegung. Prellend versucht die Klasse, ein gemeinsames Metrum zu finden. • Auch mit einfachen Rhythmen, z. B. kurz-kurz-lang. • Wer setzt „seinen" Rhythmus durch?	
	Inhalt: Rhythmus		
	Verhalten: Auf andere hören und reagieren		

7.2 Bälle

7 Kooperieren

Nr.	Name der Spielform / Ziele/Akzente	Idee/Beschreibung	Hinweise/Organisation
1019	**Förderband**	Ein Spieler legt sich auf 2 bis 3 hintereinanderliegende Medizinbälle und rollt darauf vw. Ein oder zwei Helfer tragen rasch die hinten frei werdenden Bälle nach vorne, damit der Spieler weiterbefördert werden kann.	
Inhalt	Gleichgewicht		
Verhalten	Jeder hilft dem andern – Spaß		
1020	**Kontaktpunkt 1**	Zweigruppen, Rücken an Rücken. Ein Medizinball klemmt in Hüfthöhe zwischen den beiden Partnern. Beide drehen sich um die eigene Achse, einer nach li, der andere nach re. Der Ball darf nicht zu Boden fallen. • Mit verschiedenen Bällen (bis Tennisball). • Mit Fortbewegung oder mit Lageveränderungen.	
Inhalt	Orientierung		
Verhalten	Druck und Gegendruck spüren		
1021	**Kontaktpunkt 2**	A und B klemmen einen Ball zwischen ihre Bäuche (oder Rücken). Nach Vorgabe werden mit dem eingeklemmten Ball Figuren, Zahlen oder Buchstaben in den Raum „gezeichnet", ohne dass der Ball dabei herunterfällt.	
Inhalt	Orientierung Differenzierung		
Verhalten	Druck geben und aufnehmen		
1022	**Kopfballtransport**	Zu zweit gegenüber im Liegestütz, einen Ball zwischen die Köpfe geklemmt. Welches Paar kann so eine bestimmte Strecke zurücklegen, ohne den Ball zu verlieren? • Auch über leicht Hindernisse.	
Inhalt	Stützkraft Körpergefühl		
Verhalten	Druck und Gegendruck spüren		
1023	**Ball treffen**	Jeder dribbelt frei in der Halle mit seinem Ball. Kommt ein Mitspieler entgegen, werfen beide ihren Ball so gegeneinander, dass die Bälle sich treffen und wieder zurückprallen. • Nur rechts, nur links, beidhändig werfen erlaubt! Wer schafft am meisten Treffer?	
Inhalt	Orientierung Timing		
Verhalten	Fairness auch ohne Schiedsrichter!		

7 Kooperieren 7.2 Bälle

Nr.	Name der Spielform / Ziele/Akzente	Idee/Beschreibung	Hinweise/Organisation
1024	**Schutzball**	Ein bis drei Fänger ohne Ball versuchen, die übrigen Spieler (Hasen) zu berühren. Die Hasen haben 1 bis 3 Bälle, die sie sich zupassen können. Wer den Ball besitzt, kann nicht gefangen werden.	
Inhalt	Peripheres Sehen Taktik im Zuspiel		
Verhalten	Spieler und Ball beobachten		
1025	**Ball-Stafette**	Pro Gruppe 6 bis 8 Teilnehmer, jeder mit einem Medizinball. A läuft zur anderen Seite, legt seinen Ball nieder und läuft zurück. Dann laufen A und B gemeinsam, B legt seinen Ball ab – zurück … Es wird immer ein „Wagen" mehr angehängt. Welche Gruppe hat zuerst alle Medizinbälle hinter der Linie?	
Inhalt	Kraftausdauer		
Verhalten	Taktik		
1026	**Medizinball-Stafette**	Aufgabe wie oben, aber welche Gruppe hat aus den Bällen zuerst eine (höchste) Pyramide aufgetürmt? Die Pyramide muss 3 Sek. lang frei stehen können. Je nach Abmachung darf die Wand als Stütze miteinbezogen werden.	
Inhalt	Kraft- und Schnelligkeitsausdauer		
Verhalten	Nach gemeinsamer Taktik kämpfen		
1027	**Medizinball-transport**	2er- oder 3er-Gruppen. Jede Gruppe soll versuchen, einen Medizinball durch die Halle zu transportieren. Dabei dürfen während des Transportes weder der Ball noch die Fußsohlen des Ballträgers den Boden berühren. Der Ball muss zusammen mit den Trägern am Ziel ankommen. Bewertung: Auf Zeit oder Originalität.	
Inhalt	Je nach Lösung der Aufgabe!		
Verhalten	Fantasie		
1028	**Ball-Lauf**	A im Liegestütz rücklings. B legt erst einen Ball unter den linken Fuß von A, dann einen zweiten unter den rechten Fuß. Nun hebt A seinen linken Fuß und B legt den Ball etwas weiter vorne hin. A stützt wieder auf den Ball, hebt seinen rechten Fuß, B legt den Ball etwas weiter vorne unter den rechten Fuß von A usw. Welcher Zweiergruppe gelingt dies über eine gewisse Strecke? • Auch zu dritt.	
Inhalt	Stützkraft Arme		
Verhalten	Gutes Teamwork!		

7.3 Springseil

7 Kooperieren

Nr.	Name der Spielform Ziele/Akzente	Idee/Beschreibung	Hinweise/Organisation
1029	**Mehrfachseil-springen**	Verschiedene Formen von Seilspringen zu zweit oder zu dritt. Siehe im Kapitel „Springen".	
Inhalt	Rhythmus	• Z. B.: 3er-Gruppen mit drei Seilen nebeneinander. Jeder hält je ein eigenes und ein fremdes Seilende. Versucht so miteinander zu springen!	
Ver-halten	Sich dem Partner anpassen können		
1030	**Kniffliger Zweier**	A und B halten je ein Seil gemeinsam in der re und eines gemeinsam in der li Hand. Jetzt wird abwechslungsweise geschwungen und gehüpft. Zuerst nur mit einem Seil schwingen und hüpfen auf beiden Seiten. Dann beide Seile nehmen und nur schwingen. Dann schwingen und 1x/2x/3x etc. hüpfen.	
Inhalt	Rhythmus Orientierung		
Ver-halten	Nicht locker lassen	• Evtl. Endform zeigen (Zeichnung) und selber erarbeiten lassen.	
1031	**Doppelseilsprung**		
Inhalt	Rhythmus	A + B schwingen ein Schwungseil. C versucht den Schwung so auszunutzen, dass er seilspringend zwischen A + B kommt.	
Ver-halten	Gemeinsam etwas erproben		
1032	**Seilschwung-Tor**	Bevor ein Sprung (Pferdsprung, Hochsprung, Weitsprung, Minitramp-Sprung o. Ä.) ausgeführt wird, muss durch ein schwingendes Seil gelaufen werden.	
Inhalt	Orientierung Rhythmus		
Ver-halten		• Mehrere schwingende Seile müssen vor dem Sprung durchlaufen werden.	
1033	**3er-Wechsel**	A und B schwingen das Seil. C springt im Seil. C springt aus dem Seil, übernimmt das Seilende von B, B springt hinein usw. Auch als Wettbewerb!	
Inhalt	Rhythmus	• Alle müssen immer im Metrum hüpfen und zudem sollte das Seil immer geschwungen werden. Wie lange schafft ihr es?	
Ver-halten	Spaß		

7 Kooperieren 7.4 Gymnastikstab

Nr.	Name der Spielform / Ziele/Akzente	Idee/Beschreibung	Hinweise/Organisation
1034 Inhalt Verhalten	**Stabwechsel** Orientierung Konzentration	8 bis 10 Spieler bilden einen Kreis. Jeder hält seinen Stab in der re Hand. Auf Kommando werden die Stäbe in einer Richtung gleichzeitig weitergeworfen (oder weitergereicht). „Hopp" = nach re, „Hipp" = nach li. Die Aufgabe besteht darin, den Stab auf die eine Seite zu werfen und auf der anderen zu fangen, ohne dass ein Stab zu Boden fällt.	
1035 Inhalt Verhalten	**Hipp Hopp** Reaktion Konzentration	Die Stäbe werden nicht geworfen oder übergeben, sondern senkrecht auf den Boden gestellt. Auf „Hipp" oder auf „Hopp" lässt jeder seinen Stab los und versucht, denjenigen seines Nachbarn noch zu erwischen, bevor der Stab zu Boden fällt. • Stabwechsel in freier Aufstellung. Auf Zeichen muss jeder seinen Stab loslassen und zu einem anderen Stab wechseln.	
1036 Inhalt Verhalten	**Fechten** Geschicklichkeit Reaktion Spaß	A und B machen einen Fechtkampf gegeneinander, führen aber alle Schläge in Zeitlupentempo aus. • Eine feste Schlagfolge in Zeitlupe einüben: Ausweichen, drucken, überspringen, abblocken ... • Diese Folge wird zur Musik rhythmisiert. • Wenn die Folge gut beherrscht wird, wird das Tempo verdoppelt.	
1037 Inhalt Verhalten	**Stangenwaage** Körperspannung Kraft Arme (Helfer) Vertrauen	A + B halten 2 Stäbe. C legt sich „steif wie ein Brett" auf die Stäbe. A und B versuchen, C immer im Gleichgewicht zu halten. C erschwert dies, indem er die (gespannte) Körperlage, z. B. durch Anziehen eines Armes o. Ä. laufend verändert.	
1038 Inhalt Verhalten	**Stab-Überschlag** Schulung Handstand-Überschlag Vertrauen	A und B halten 2 Stäbe senkrecht übereinander. C führt einen Handstand aus und lässt sich von A und B mittels der Stäbe langsam „überschlagen". (Anfänglich nur mit dem oberen Stab, die freie Hand der Helfer fasst an den Schultern von C).	

7.5 Langbank   **7 Kooperieren**

Nr.	Name der Spielform / Ziele/Akzente	Idee/Beschreibung	Hinweise/Organisation
1039	**Laufstafetten**	Laufstafetten mit einem oder mehreren Hindernissen (Bänke) und verschiedenen Aufgaben, die gruppenweise gelöst werden müssen. Z. B.: • Die Gruppenmitglieder sind durch Sprungseile oder Bänder miteinander verbunden (Schlange). • Ein Gruppenmitglied muss getragen werden. • Über die erste Bank laufen, die zweite hinter die Startlinie tragen und sich daraufstellen.	
Inhalt	Schnelligkeit		
Verhalten	Spaß in der Gruppe		
1040	**Transportstafette**	Die Gruppen stehen hinter der Grundlinie der Hallenlängsseite. Auf der gegenüberliegenden Seite jeder Gruppe steht je eine Bank. Auf Zeichen laufen die Gruppen zu ihrer Bank, führen eine bestimmte Übung an der Bank aus (z. B. Überspringen, Durchkriechen, Überlaufen), dann wird die Bank gemeinsam auf die andere Seite getragen und alle stehen auf die Bank. • Mit verschiedenen Fortbewegungsarten.	
Inhalt	Kraft Schnelligkeit		
Verhalten	Gemeinsam fair wetteifern		
1041	**Bank heben**	Mehrere Spieler gleicher Größe hintereinander im Querstand neben der Bank. Hebt die Bank über eure Köpfe und stellt sie auf der anderen Seite sorgfältig wieder ab! Wie müsst ihr die Bank ergreifen, wenn ihr die Ausgangsstellung nicht ändern wollt? • Auch fortgesetzt mit Überspringen der Bank, ohne Frontwechsel oder die Bank loszulassen.	
Inhalt	Kraft – Arme Rumpf		
Verhalten	Wer gibt das Kommando?		
1042	**Klebebank**	3 bis 4 Spieler gleicher Größe tragen die Bank in der Hochhalte. Setzt euch, kniet euch nieder, legt euch auf den Rücken, ohne dass die Bank den Boden berührt! Findet ihr weitere Formen?	
Inhalt	Kraft Arme Rumpf		
Verhalten	Spaß am Fitnesstraining		
1043	**Ägyptisches Transportrennen**	Pro Gruppe 4 bis 6 Spieler. Eine umgedrehte Langbank, auf der ein „König" sitzt, wird mittels 6 Stäben zum anderen Ende der Halle befördert. Die freigewordenen Stäbe werden laufend wieder nach vorne gebracht. Die Bank darf den Boden nie berühren. Jeder soll einmal transportiert werden. Welche Gruppe ist zuerst fertig?	
Inhalt	Koordination Dosierte Kraft		
Verhalten	Spaß		

7 Kooperieren 7.6 Sprossenwand

Nr.	Name der Spielform / Ziele/Akzente	Idee/Beschreibung	Hinweise/Organisation
1044	**Platzwechsel**	Zu zweit auf gleicher Höhe an der Sprossenwand. Wechselt eure Plätze!	
Inhalt	Orientierung	• Mit Hilfe der Füße (Abstützen erlaubt/nicht erlaubt).	
Verhalten	Aufeinander Rücksicht nehmen	• Gelingt dies auch, wenn drei Spieler sich kreuzen? • Oder sogar eine ganze Gruppe?	
1045	**Kaminklettern**	Zu zweit. Innen am Partner hinunter- und außen über den Partner wieder hinaufklettern. Auch umgekehrt.	
Inhalt	Differenzierung Orientierung	• Als Zweier-Gruppenwettbewerb: Wie oft könnt ihr während zwei Minuten über- bzw. untereinander durchklettern?	
Verhalten	Einander Sorge tragen		
1046	**Schwebeklettern**	Ein Mitglied der Gruppe wird über den Köpfen der Helfer sw transportiert. Dieser „schwebende Kletterer" hält sich mit den Händen an der Sprossenwand und „wandert" seitwärts.	
Inhalt	Körperspannung Orientierung	• Der Kletterer wird nur auf den Füßen der Helfer, welche in Rücklage die Füße hochhalten, „getragen".	
Verhalten	Gegenseitiges Vertrauen ist alles!		
1047	**Mutiger Bergsteiger**	Wem gelingt es, sich an der Sprossenwand um 360° zu drehen. Anfänglich mit Hilfe der Partner, die sichern, stützen, drücken. Geht es auch alleine?	
Inhalt	Kraft Arme Orientierung		
Verhalten	Mut und Vertrauen		
1048	**Falltür**	Einer steht auf der untersten Sprosse und lässt sich (ganz gespannt) rw fallen. Die anderen (2–4) Helfer fangen den Fallenden sicher auf.	
Inhalt	Körperspannung		
Verhalten	Etwas riskieren Viel vertrauen		

7.7 Geräte

7 Kooperieren

Nr.	Name der Spielform Ziele/Akzente	Idee/Beschreibung	Hinweise/Organisation
1049	**4-Wände-Lauf**	Gruppen zu 4 bis 6 Spieler sitzen je um ein Gerät (z. B. um eine Matte) herum im Schneidersitz. Die Arme sind gekreuzt und halten mit der rechten Hand den linken Fuß des Nebenmannes fest. Auf Signal starten alle, berühren alle vier Wände der Halle und setzen sich wieder in die Ausgangsposition. Welche Gruppe ist zuerst wieder am alten Platz?	
Inhalt	Reaktion Schnelligkeit		
Ver- halten	Regeln einhalten Gut absprechen		
1050	**Gruppenbild**	3er- oder 4er-Gruppen laufen frei zur Musik durch die Halle. Bei Musikstopp (ohne Musik bei Signal) erstarrt die Gruppe sofort auf einem Gerät zu einem (vorgängig abgesprochenen und eingeübten) Gruppenbild. Sobald die Musik wieder ertönt weiterlaufen, bis zu diesem Moment bleiben aber alle erstarrt bis zu den Fingerspitzen!	
Inhalt	Körperspannung Orientierung		
Ver- halten	Gegenseitig absprechen		
1051	**Mattenball- schleudern**	4er-Gruppen mit je zwei Matten versuchen, einen Ball über eine bestimmte Distanz zu schleudern und wieder aufzufangen. Gelingt dies, so spielen sich die Paare den Ball gegenseitig zu und versuchen wiederum, den Ball der anderen Gruppe zu fangen. • Als Endloskette: A und B schleudern den Ball zu C und D und überholen C und D. Dann werfen C und D den Ball zu A und B usw.	
Inhalt	Kraft		
Ver- halten	Schleuderrhythmus vereinbaren		
1052	**Mattentransporter**	2er-(4er-)Gruppen: Die Gruppen sollen verschiedene Bälle auf einer Matte gleichzeitig durch einen kleinen Parcours (um die anderen Geräte herum etc.) oder über eine bestimmte Strecke transportieren. Heruntergefallene Bälle müssen einzeln mit der Matte ins Ziel getragen werden (und dürfen nur mit dem Fuß auf die Matte befördert werden).	
Inhalt	Kraftausdauer		
Ver- halten	Taktik des Tragens besprechen		
1053	**Bob fahren**	Zwei Spieler laufen in einem Kastenteil („Bob") über eine vorgeschriebenen Strecke (evtl. mit Hindernissen). • Frei durch die Halle. • Als Stafette hin und zurück, evtl. mit Platzwechseln nach der Hälfte der Strecke. • Verschiedene Fortbewegungsarten vorgeschrieben: vw, rw, hüpfen, etc.	
Inhalt	Schnelligkeits- ausdauer		
Ver- halten	Zweier-Bob ist Teamwork!		

7 Kooperieren 7.8 1015 weitere Anregungen

Wer nach weiteren Koordinationsformen sucht, findet im Band „1015 Spiel- und Kombinationsformen in vielen Sportarten" verschiedene Anregungen. Dieser Band versteht sich als Experimentierfeld im Bereich des Sportfächer übergreifenden Sportgedankens. Er regt an, Sport umfassender, Sportarten übergreifend, zu verstehen. So werden bekannte Übungsformen verschiedener Sportarten miteinander verbunden, vernetzt. Die eine wird als Schwerpunkt-, die andere als Ergänzungssportart verstanden. Dabei wird das (Lern-)Ziel auf zwei Sportarten aufgeteilt. Dadurch entstehen zum Teil völlig neue Spiel- und Übungsformen, vielleicht sogar neue Sportarten. Denn irgendeinmal kam jemand doch auf die Idee, Sportarten miteinander zu kombinieren. Nur so ist es zu erklären, dass Sportarten wie: Wasser-Ball, Eis-Hockey, Rad-Ball, Wasser-Ski, Kunst-Radfahren, Synchron-Schwimmen usw. entstanden.

All diese Spiel- und Übungsformen (oder Kombinationssportarten) fordern ein hohes Maß an Koordinations- aber auch an Kooperationsfähigkeit!

Symbolisches Modell der Idee „1015 Spiel- und Kombinationsformen in vielen Sportarten".

Der Sport(-unterricht) braucht Impulse. Neue Spiel + Fitnessgeräte sind zwar faszinierend, doch entscheidend ist unsere Einstellung zur Bewegung, unser Verständnis von Sport!

Deshalb: Nicht (nur) Sportaren lernen, sondern mit Hilfe von Sportarten SPORT treiben!

Kapitel 8
Organisationsformen zum Aufwärmen, einmal anders

8 Organisationsformen zum Aufwärmen, einmal anders

Name der Organisationsform Ziele/Akzente	Idee/Beschreibung	Hinweise/Organisation

Einlaufen, aufwärmen ... wie organisieren?

Kleine Änderungen in der Organisation des Aufwärmens können (und sollen!) dazu beitragen, die Bereitschaft zum Mitmachen zu steigern. Mit den folgenden – vielleicht nicht alltäglichen – Organisationsformen möchten wir zeigen, wie ins Aufwärmen ein „roter Faden" gebracht werden kann. Viele der Spiel- und Übungsformen aus den vorangegangenen Kapiteln lassen sich in einer der folgenden Organisationsform „verpacken". Oft würde es schon genügen, die Sozialform leicht zu verändern, um eben das Aufwärmen attraktiver zu gestalten. Wie wär's?

Einlaufen mit Würfeln

Vor allem für Formen des Laufens oder Hüpfens in der Gruppe.

4er-Gruppen, jede Gruppe mit einem Würfel, einem Papier und einem Bleistift ausgerüstet. Auf Pfiff laufen alle Gruppen eine bekannte (oder neu ausgesteckte) Runde (ca. 200 m, je nach den gegebenen Platzverhältnissen). Danach darf jedes Gruppenmitglied einmal würfeln und seine Zahl zum bereits Gewürfelten dazuzählen. Darauf wird wieder eine Runde gelaufen und anschließend gewürfelt.
Welche Gruppe erreicht zuerst 100 Punkte?
Welche Gruppe erreicht zuerst genau 100 Punkte?
- Bei dieser Form wird so lange gewürfelt (bzw. gelaufen und danach gewürfelt), bis die Zahl 100 genau erreicht wird.
  Beispiel: 98, dann würfelt jemand 5 = 103, dann jemand 3 = 100 ... fertig!

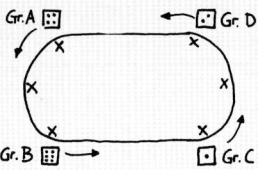

Der Würfel bestimmt

Als Variation zu verschiedenen Lauf- und Hüpfformen.
Der Zufall spielt mit!

3er-, 4er- oder 5er-Gruppen mit je einem Würfel ausgerüstet.
Die gewürfelte Zahl bestimmt, wie die nächste Runde (oder Strecke) gelaufen oder gehüpft werden muss. Die jeweilige Aufgabe wird von allen ausgeführt, z. B.:

Beispiele:
1er: Auf einem Bein hüpfen
2er: Auf zwei Beinen hüpfen (gleichz.)
3er: Auf zwei Beinen und einer Hand
4er: Auf allen vieren laufen
5er: Ganze Gruppe läuft als Kreis
6er: Ein Mitglied wird getragen usw.

8 Organisationsformen zum Aufwärmen, einmal anders

Name der Organisationsform Ziele/Akzente	Idee/Beschreibung	Hinweise/Organisation
Würfelparcours Je nach Übungsauswahl kann das Ziel ein gesamtes Aufwärmen sein oder ein Teil daraus (z. B. nur Kräftigungsübungen).	Gruppenweise oder einzeln. Die gewürfelte Zahl bestimmt, welche Übung als nächste geturnt wird, z. B.: 1er: 2 Runden traben 2er: 10x Liegestütz 3er: 20x Rumpfheben aus der Rückenlage (Beine angezogen) 4er: 40x Seilspringen (40 Durchzüge) 5er: Beliebige Stretchingposition einnehmen und (leise) die 12er-Reihe aufsagen (1 x 12 = 12/2 x 12 = 24 ...) 6er: Eine Breite Froschhüpfen Das ganze „Programm" kann auch mit zwei Würfeln gespielt werden. Somit muss die Übungsauswahl auf 11 erhöht werden. Es ist ferner möglich, einen Joker einzubauen. Dieser Joker (z. B. die Zahl 2 x 6, also 2 Sechser mit einem Wurf) berechtigt zu einer freien Übung (oder zum Ausführen!). • Wer hat zuerst das ganze Programm durch usw.!	
Kreis-Improvisationen Alle denken und machen mit, Hemmungen überwinden lernen.	Die Spieler stehen in einem möglichst großen Innenfrontkreis. Ein Spieler beginnt, indem er bis zur Mitte des Kreises und wieder zurück eine Bewegungsart vorzeigt, welche die anderen Spieler, ebenfalls bis zur Mitte und wieder zurück, gemeinsam nachmachen. Dann kommt der nächste, etc. • Dito, aber in einem zweiten Teil werden vorwiegend gymnastische Übungen vorgezeigt usw.	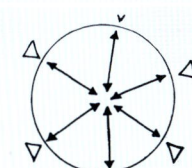
Partnerübungen im Doppelkreis Mögliche Ziele: Dehn- und Kräftigungsgymnastik, Kampf- und Raufspiele. Fördern der Sozialbezüge: Miteinander und gegeneinander!	Die Spieler stellen sich im Doppelkreis zu zweit gegenüber auf. Es werden verschiedene Partnerübungen ausgeführt: Dehnen, Kräftigen, Partner-Kampfspiele ... Nach jeder Übung werden die Partner gewechselt. Der innere Kreis bleibt stehen, der äußere verschiebt sich um eine Position nach rechts und es beginnt von neuem. • Der Leiter bestimmt die Übungen. • Ein Teilnehmer beginnt. Danach (nach dem Wechsel) darf dieser einen neuen „Oberturner" bestimmen.	

8 Organisationsformen zum Aufwärmen, einmal anders

Name der Organisationsform Ziele/Akzente	Idee/Beschreibung	Hinweise/Organisation
Lotto 1 Je nach Zielsetzung und Belastungsmaß ergeben sich daraus entsprechende Übungen. Fairness … auch ohne Kontrolle	Grundidee wie beim Würfelparcours. Jede Zahl bedeutet eine bestimmte Übung. Jeder Spieler erhält zu Beginn einen „Lottoschein" und versucht, möglichst rasch alle Zahlen auf diesem Schein durchzustreichen. Würfelt z. B. ein Spieler eine Drei, so streicht er die Drei auf seinem Lottozettel, führt die entsprechende Übung aus und darf dann wieder würfeln. Würfelt er nun aber eine Zahl, die er bereits gestrichen hat (z. B. in unserem Fall wiederum eine Drei), so muss er Übung drei trotzdem ausführen, kann aber über der bereits gestrichenen Zahl einen Punkt anbringen. Sieger ist, wer zuerst alle Zahlen auf dem Lottoschein gestrichen oder über einer (gestrichenen!) Zahl drei Punkte angezeichnet hat (d. h.: Diese Übung wurde 4x gewürfelt … und somit auch 4x ausgeführt!).	
Lotto 2 Verschiedene Variationen wie bei Lotto 1!	Diese Form läuft gleich wie Lotto 1, aber der Lottozettel ist etwas komplizierter (und lässt dementsprechend mehr Möglichkeiten zu). Würfelt ein Spieler z. B. eine Eins, so streicht er alle 1er auf dem Zettel durch und führt Übung 1 aus. Ziel ist es, möglichst rasch alle Zahlen einer Kolonne durchzustreichen. Dabei gelten: • Alle waagerechten Kolonnen oder • Alle senkrechten Kolonnen oder • Die Diagonalen. Wer zuerst alle Zahlen einer Kolonne gestrichen hat oder über einer Zahl 3 Punkte machen konnte, hat gewonnen. • Spiel mit zwei Würfeln. Der Lottoschein muss nun Zahlen von 2–12 aufweisen. Entsprechend müssen 11 Übungen (anstatt 6 bei einem Würfel) ausgedacht werden!	

8 Organisationsformen zum Aufwärmen, einmal anders

Name der Organisationsform Ziele/Akzente	Idee/Beschreibung	Hinweise/Organisation
Das Los bestimmt! Ganzes Aufwärmprogramm möglich! Akzente, Ziele und Belastungsmaß auf die Trainingsgruppe abstimmen!	In einer Schachtel befinden sich Lose mit – dem Könnensstand der Teilnehmer angepassten – Aufgaben. Die Spieler ziehen einzeln, paarweise oder in kleinen Gruppen ein Los, führen die entsprechende Übung aus und ziehen das nächstes Los. Sind alle Lose gezogen, ist das Aufwärmen beendet. Es ist von Vorteil, auf den Losen auch anzugeben, wo die entsprechenden Übungen geturnt werden sollen (z. B. große Skizzen auf Packpapier oder Tafel). Damit kann im Freien das ganze Areal ausgenützt werden. Zudem kommen die Spieler somit zwischen den einzelnen Übungen (je nach Streckenlänge) zum Laufen. • Das Gleiche kann auch mit einer (oder mehreren) Lottokarte(n) durchgeführt werden. Die Kärtchen werden nacheinander (in freier Reihenfolge) aufgedeckt und entsprechende Übung geturnt. Hat eine Gruppe alle Kärtchen aufgedeckt, ist das Aufwärmen beendet. Welche Gruppe ist zuerst fertig?	
Zehnerlei Akzente, Ziele beliebig wie bei „Das Los bestimmt"	Dieses Einlaufen besteht aus 10 Übungen, welche nacheinander von der ganzen Gruppe geturnt werden, und zwar die erste Übung mit 10 Wiederholungen, die zweite mit 9 usw. bis zur letzten Aufgabe, welche jeder 1x ausführt. Beispiel: 10x: Eine kleine Runde laufen (50–100 m) 9x: An der Sprossenwand im Hang rücklings die Beine anheben (Knie zu den Ohren) 8x: Liegestütz rücklings, ½ Drehung zum Liegestütz vorlings usw. 7x: Im Grätschsitz: Rumpfbeugen vw (links – Mitte – rechts = 1x) 6x: 10 m Froschhüpfen 5x: Eine Länge Seil springen 4x: Gegen die Wand in den Handstand schwingen, im Handstand ruhig auf 4 zählen = 1x 3 x: usw. • Die Spieler bringen die 10erlei-Aufgaben!	1. = 10x 2. = 9x 3. = 8x 4. = 7x 5. = 6x 6. = 5x 7. = 4x 8. = 3x 9. = 2x 10. = 1x

8 Organisationsformen zum Aufwärmen, einmal anders

Name der Organisationsform Ziele/Akzente	Idee/Beschreibung	Hinweise/Organisation
Nonstop-Lauf Ganzes Aufwärmprogramm mit Schwerpunkt LAUFEN	4er-Gruppen bestreiten ein genau festgelegtes Einlaufprogramm mit Dehn- und Kräftigungsübungen. Diese Übungen sind allen bestens vertraut. Einer der Gruppe muss immer auf der Rundbahn am Laufen sein. Die Läufer können sich in frei gewählten Abständen ablösen. Bei Beginn des Einlaufens wird die Zeit bekannt gegeben.	
Pyramiden-Lauf Ganzes Aufwärmprogramm mit Schwerpunkt LAUFEN	Die ganze Gruppe turnt gemeinsam ein. Nach jeder (oder jeder zweiten) gymnastischen Übung werden Runden zu ca. 100 m gelaufen, und zwar nach der ersten Übung 1 Runde, nach der zweiten 2 Runden usw. bis 4 Runden. Ab der vierten Runde wird die Rundenzahl wieder verringert. Die Streckenlänge und das Tempo soll dem Trainingszustand der Gruppe angepasst werden.	
Miteinander Ganzes Aufwärmprogramm mit verschiedenen Schwerpunkten möglich. Immer mit Partnerbezug!	Die Gruppe stellt sich paarweise auf den gegenüberliegenden Längs- oder Querseiten auf. Die Partner laufen aufeinander zu, führen in der Mitte eine vorgegebene Übung gemeinsam aus und laufen zur anderen Hallenseite zurück. • Jede Zweiergruppe denkt sich (zu einer vorgegebenen Zielsetzung wie z. B. Kräftigung der Bauchmuskulatur) eine Übung aus. Wer findet (k)eine?	
Beinahe wie üblich! Ein „übliches" Aufwärmprogramm wird in ein Spiel oder in eine Spielform integriert.	Wir spielen z. B. Schnappball, Fußball o. Ä. in kleinen Gruppen. Nach einem bestimmten Zeitintervall oder nach einem Torerfolg der einen oder anderen Mannschaft wird eine vorgegebene Übung ausgeführt. Die ausgewählten Übungen sollen einen Bezug zum folgenden Hauptteil der Sportstunde haben.	Mögliche Organisationsform: Die Mannschaft, welche ein Tor erzielt hat, darf die Übung bestimmen oder: Die Mannschaft, welche ein Tor „erhalten" hat, muss die Übung in doppelter Zahl ausführen.

8 Organisationsformen zum Aufwärmen, einmal anders

Name der Organisationsform Ziele/Akzente	Idee/Beschreibung	Hinweise/Organisation
Aufwärmen mit und an Geräten Je nach Fertigkeiten werden entsprechende Aufgabenstellungen ausgedacht.	Exemplarisch soll hier hier am Beispiel Reck gezeigt werden, wie sich sehr einfache, aber nicht weniger wirksame Aufwärmprogramme gestalten lassen. Es werden 6 Recke auf drei verschiedenen Hüfthöhen aufgebaut. Die Spieler stellen sich in drei Kolonnen hinter die ihrer Größe entsprechenden Stangen. Die Kolonnen laufen möglichst dicht hintereinander zur 1. Stange, führen dort nacheinander die geforderte Übung aus, laufen zur Wand und zur 2. Stange, turnen dort die gleiche Übung nochmals und stellen sich wieder auf ihre Übung nochmals und stellen sich wieder auf ihre Ausgangsposition (siehe Skizze). Übungsbeispiele: • Stange frei überwinden. • Stange überqueren ohne Hilfe der Beine. • Stange überqueren ohne Hilfe der Arme. • Stange überspringen und mit einem Fuß abstoßen zur weichen Landung (Hände auf den Boden!). • Hockwende über die Stange (Zwiegriff). • Flanke über die Stange (Reck nur mit einer Hand gefasst). • Stange überhocken, Übergrätschen mit Partnerhilfe. • Über die Stange balancieren (Rumpf stabil halten, nur mit den Händen das Gleichgewicht suchen). • Zu zweit auf der Stange balancieren: Wer bleibt von beiden länger oben? Welche Zweiergruppe bleibt am längsten im Gleichgewicht?. • Liegehang: Liegestütz „verkehrt". • Liegestütz auf der Stange: Arme beugen und strecken. Der Partner hält die Füße (... und geht gleichzeitig immer auch in die Knie). • Liegehang: Im Päckchen mit den Füßen zwischen den Armen durchschlüpfen. • Seitwärts über die Stange stützeln. • Verschiedene Dehnübungen lassen sich an der Stange sehr gut ausführen, z. B.: Grätschwinkelstand, Stange in Hockhalte gefasst: Arm- und Brustmuskulatur dehnen. • Verschiedene Formen von Gruppenwettbewerben.	

8 Organisationsformen zum Aufwärmen, einmal anders

Name der Organisationsform Ziele/Akzente	Idee/Beschreibung	Hinweise/Organisation
Aufwärmen im Geräteparcours Je nach Alter und Fertigkeiten werden entsprechende Aufgaben gestellt. Vor allem bei Kindern bis 12 Jahren können alle möglichen Tummelformen dazu verhelfen, Spaß an und mit Geräten zu erleben und sich nach eigenem Können darin, darüber und darum herumzubewegen. Aber auch größere Kinder und Erwachsene können so bereits erworbene Ängste an Geräten abbauen und die Freude daran zurückgewinnen. Je nachdem, welchen Geräteparcours man für den Hauptteil benötigt, werden die Geräte aufgestellt. Ein kleiner Parcoursplan kann helfen, diesen schnell und selbstständig aufzubauen. Solche Parcours mehrmals benützen und evtl. für nachfolgende Stunden stehen lassen (in Absprache mit dem nachfolgenden Spielleiter).	Die Spieler laufen frei zwischen den Geräten, umkreisen, überklettern diese je nach Lust und Laune. Aufgabe zwischen den Geräten: - Verschiedene Fortbewegungsarten wie: Laufen, hüpfen, gehen, hinken, stolpern, schleichen, kriechen, seitwärts, rückwärts, auf allen vieren, etc. - Möglichst langer/kurzer Weg zwischen den Geräten. - Groß/klein sein zwischen den Geräten. - Wie ein Motorrad, Auto, Traktor, Velo, Trotti, etc. - Wie ein Bär, eine Echse, ein Affe, ein Hase, ein Vogel, etc. - Nach jedem Überqueren eines Gerätes ein Hütchen/Malstab/eine Wand berühren. - Zwischen jedem Gerät eine andere Fortbewegungsart (keine Wiederholungen). Mit Musik. Bei Musikstopp: - Auf ein Gerät sitzen, stehen, liegen, stützen, knien, an ein Gerät hangen, sich verstecken, etc. - Statuen machen (keine Bewegung während der Musikpause). - Zu zweit auf ein Gerät (jedes Mal mit einem anderen Partner). - Unter ein Gerät, neben ein Gerät liegen. - Auf eine Hallenlinie liegen, auf eine Ecke knien. - Eine Dehn-Kräftigungsübung ausführen, allein oder A zeigt vor B, macht nach.	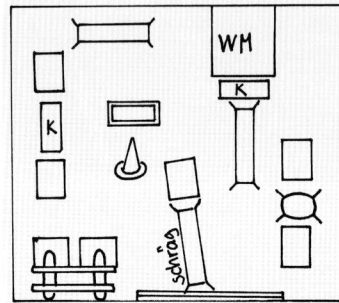 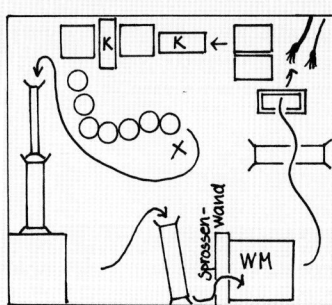

Bleib auf dem Teppich!
Auf S. 266 folgt ein Vorschlag für ein lustvolles, intensives Aufwärmprogramm

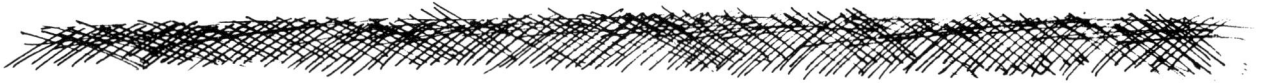

8 Organisationsformen „Bleib auf dem Teppich"

Nr.	Name der Spielform Ziele/Akzente		Idee/Beschreibung	Hinweise/Organisation
1054	**Tretrollerfahren**		Wir fahren Tretroller: • Durcheinander • Hin und her • In kleinen Wettbewerbsformen hin und her in der Breite der Sporthalle. • Diese oder ähnliche Übungen können auch mit den folgenden kombiniert bzw. „gemischt" werden.	Material: Teppich – Resten (Musterstücke o. Ä.)
	Inhalt	Laufen Kreislauf anregen		
	Ver- halten	Alle in Bewegung Spaß		
1055	**Boden reinigen**		Kniestand, Hände auf den Teppich aufgestützt. Nun den Teppich langsam nach vorne schieben und wieder zurückziehen. Immer weiter vw und rw, immer mehr drücken („reinigen"!). • „Staubsauger": A hebt die Beine von B und stößt bzw. zieht B in der ganzen Halle. Gegengleich! • Auch als Gruppenwettbewerb.	
	Inhalt	Dehnen – Kräftigen: Rücken – Bauch		
	Ver- halten	Erproben etwas riskieren		
1056	**Wasserskifahren**		A steht in der Hocke auf dem Teppich. B zieht A wie ein Motorboot. Wechsel. • Gelingt dies auch, wenn A auf nur einem Bein steht („Mono-Ski")? • Wer findet eigene „Wasserski-Formen"?	
	Inhalt	Kraft Beine Gleichgewicht		
	Ver- halten	Spaß zu zweit Vertrauen		
1057	**Surfbrett-Start**		Lege den Teppich in einem Abstand von ca. 5 m auf den Boden. Laufe (schnell) an und „lande" mit beiden Füßen (evtl. kurz nacheinander, denn so ist es einfacher!) auf dem Teppich. Versuche nun, möglichst eine lange Strecke zu gleiten. Steigere das Anlauftempo. Wer kann so am weitesten gleiten? • Wer legt eine vorgegebene Strecke mit möglichst wenigen Surf-Starts zurück?	
	Inhalt	Koordination Kraft Beine		
	Ver- halten	Mut zum Risiko		
1058	**Raupe**		A und B bilden eine Zweier-Gruppe (Raupe). Ausgangslage: Liegestütz, Hände und Füße auf je einem Teppich-Stück. Wir versuchen nun zu „robben". Nach fünfmaligem Robben mit Händen und Füßen (nacheinander) wird gewechselt. Welche Zweier-Gruppe hat zuerst eine vorgegebene Strecke (z. B. Hallenbreite) zurückgelegt?	
	Inhalt	Kraft Bauch Koordination		
	Ver- halten	Fröhlicher Wettstreit Regeln!		

9 (Meine) Top-Aufwärm-Programme

	Zielgruppe, Anlage, Material, Dauer, usw.	(Nummern-)Reihenfolge der Aufwärmprogramme aus dem Buch „1000 Spiel- und Übungsformen zum Aufwärmen"					
1059	9. Schuljahr/18 Knaben/Hartplatz oder Halle/Handbälle/15 Min.	86	601	615	754	857	267
1060	5. Schuljahr/25 Mädchen/Halle/Reifen/ca. 20 Min.	147	779	780	629	633	149	631
1061	Freizeitsportler/ca. 16/Halle mit glattem Boden/20 Teppichstücke 40 x 40 cm/20 Min.	1054	1055	1056	1057	1058		
1062	usw.						
1063							
1064							
1065							
1066							
1067							
1068							
1069							
1070							
1071							
1072							
1073							

9 (Meine) Top-Aufwärm-Programme

Zielgruppe, Anlage, Material, Dauer, usw.	(Nummern-)Reihenfolge der Aufwärmprogramme aus dem Buch „1000 Spiel- und Übungsformen zum Aufwärmen"
1074	
1075	
1076	
1077	
1078	
1079	
1080	
1081	
1082	
1083	
1084	
1085	
1086	
1087	
1088	

9 Eigene Ideen (evtl. mehrfach fotokopieren und als Lektionspräparation verwenden)

Nr.	Name der Spielform Ziele/Akzente	Idee/Beschreibung	Hinweise/Organisation
	Inhalt		
	Ver- halten		
	Inhalt		
	Ver- halten		
	Inhalt		
	Ver- halten		
	Inhalt		
	Ver- halten		
	Inhalt		
	Ver- halten		

9 Eigene Ideen (evtl. mehrfach fotokopieren und als Lektionspräparation verwenden)

Nr.	Name der Spielform Ziele/Akzente	Idee/Beschreibung	Hinweise/Organisation

Kapitel 10

KLEINES ABC
DES
AUFWAERMENS

10 Kleines ABC des Aufwärmens

Buchstabe	Absicht/Akzent	Didaktische Überlegungen und Konsequenzen	Leitidee
	Anregung von Atmung, Herztätigkeit, Blutzirkulation	• Sofort alle in Bewegung setzen. • Einfache, evtl. zum Teil bekannte Formen. • Alle machen (gerne) mit. Also Wahl einer motivierenden (Lauf-)Form. • Anfänglich nicht zu intensive, schnelle Formen (alters- und trainingsabhängig).	Sport für alle
	Anpassen an die Gegebenheiten	• Wie kommen die Teilnehmer in die Stunde? Aufgeschlossen? Fröhlich? Verärgert? • Was war kurz vorher? (Z. B. eine Prüfung?) • Wie ist die Stimmung? (Z. B. 1. Morgenstunde) • Drängt sich eine kurzfristige Umstellung auf?	Den „Puls" fühlen
	Animiern	• Die ersten Worte, die ersten (Spiel-)Formen, die Art und Weise des Auftretens, der Blick, der Ton, die Sprache, die eigene Ausstrahlung usw. All dies entschiedet häufig über das (gute) Gelingen einer Sportstunde. • Es lohnt sich, immer wieder an diese Dinge zu denken, bzw. sich diesbezüglich zu bemühen.	Anfang gut – vieles gut
	Außentemperatur	• Hohe Außentemperaturen verkürzen die Aufwärmzeit. • Regnerisches Wetter und Kälte verlängern das Einlaufen. • Zweckmäßige Kleidung gleicht klimatische Unterschiede etwas aus. • Besser zu warm als zu kalt angezogen.	Wetterkarte

10 Kleines ABC des Aufwärmens

Buchstabe	Absicht/Akzent	Didaktische Überlegungen und Konsequenzen	Leitidee
B	Beweglichkeit	• Dehnen der großen Muskelgruppen, vor allem im Hinblick auf die nachfolgenden Belastungen. • Grundsatz: Erst nach dem Aufwärmen mit Dehnübungen beginnen. • Langsam und gefühlvoll dehnen.	Langsam und gezielt dehnen
	Bezug zum Hauptteil	• Der „rote" Faden sollte schon beim Aufwärmen spürbar und transparent werden.	Wozu?
	Bekannte Formen	• Bedeutung der Regelmäßigkeit und der Wiederholung (Trainingseffekt) erwähnen. • Ohne (zu) lange Erklärungen sollte sofort begonnen werden.	Altes in neuem Gewand
	Beidseitigkeit	• Alle Übungen, vor allem beim Aufwärmen, sollten links und rechts (sowohl mit den Händen wie mit den Füßen) ausgeführt werden. Dies wäre ein wesentlicher Beitrag zur Förderung der Koordinationsfähigkeit.	Vielseitig heißt auch beidseitig!
	Bauchmuskeltraining	• Durch ihre Struktur (phasische Muskulatur) und zugleich durch die „Unterforderung" im Alltag (wir sitzen zu viel), neigt die Bauchmuskulatur dazu, schwächer zu werden. Deshalb muss diese Muskelgruppe in jeder Sportstunde gezielt gefördert, d. h. trainiert werden. Dabei ist besonders darauf zu achten, dass nicht die Hüftbeuger, sondern wirklich gezielt die Bauchmuskulatur trainiert wird!	Kein schlaffer Bauch

10 Kleines ABC des Aufwärmens

Buchstabe	Absicht/Akzent	Didaktische Überlegungen und Konsequenzen	Leitidee
	Bewegungsmangel	• Wer nichts für seine Gesundheit tut, riskiert, an ihr Raubbau zu treiben, sie zu verlieren: Gesundheit ist leichter verloren als wiedergewonnen! • Durch die meist sitzende Arbeitsweise treten immer mehr Haltungs- und Bewegungsprobleme auf. Wenn in jedem Aufwärmprogramm gezielte Bewegungs- und Haltungsübungen durchgeführt werden, dann kann dadurch zu einem regelmäßigen, täglichen Haltungstraining angeregt werden.	Nichts tun ist Raubbau am Körper! Wer rastet, der rostet!
	Begründen	• Einblick geben in die Notwendigkeit spezifischer Zweckgymnastik. Wozu sind welche Übungen (nicht) gut. Welches Belastungsmaß? Hinweis zu individuellen Übungen (z. B. bei starkem Längenwachstum; nach Verletzungen; bei Rückenschmerzen; bei Mangel an spezieller Kraft usw.). • Anregungen geben für Bewegungs-Hausaufgaben!	Wozu? Warum? Wie?
	Chance	• Immer wieder auf die Wichtigkeit der regelmäßigen Gymnastik, der Haltung usw. hinweisen. • Hausaufgaben. • Trainingsfortschritte beobachten lernen (z. B. Zunahme der größeren Beweglichkeit vor bzw. nach dem Aufwärmen). • Individuelle Trainingstipps geben (z. B.: „Du solltest diese Übung jeden Tag ausführen, denn Deine Beweglichkeit ist nicht gut!"). • Nicht Zwang, sondern Einsicht motiviert! Wozu tun wir das so? Welches ist die Absicht? Wie sollte die Übung (nicht) durchgeführt werden? usw.	Steter Tropfen höhlt den Stein!

10 Kleines ABC des Aufwärmens

Buchstabe	Absicht/Akzent	Didaktische Überlegungen und Konsequenzen	Leitidee
	Dehnen	• Vor allem verspannte Muskelgruppen (wie z. B. die Rückenmuskulatur) sollten vor dem Kräftigen gezielt gedehnt werden. (Siehe auch Kapitel „Wo dehnen!", „Wo kräftigen!") • Keine übertriebenen schwunghaften Bewegungen (wippen), denn die Muskulatur wehrt sich dagegen. • Dehnen braucht Zeit (10–20 Sek. pro Dehnstellung). • Bei jedem Aufwärmen Akzente setzen, denn es ist im Normalfall zeitlich nicht möglich, alle Muskelgruppen optimal zu dehnen. • Die Dehnfähigkeit ist im Kindesalter am größten, nimmt jedoch mit zunehmendem Alter ab. • Warme, gut durchblutete Muskeln und Bänder lassen sich besser dehnen; deshalb vor dem Dehnen durch Laufen, Hüpfen, Springen, die ganze Muskulatur aufwärmen und „betriebsbereit" machen.	Alles mit der Ruhe! Grünholz! Warmlaufen! „Betriebsbereitschaft"
	Disziplin	• Ein minimales Maß an Disziplin ist zwingend. Durch die Auswahl der Übungen im Verlauf des Aufwärmens kann sich der Leiter die Arbeit schwer(er) oder etwas leicht(er) machen. • Bei Klassen oder Gruppen, die man noch nicht gut kennt, empfiehlt es sich, mit einfachen Formen zu beginnen und diese im Verlauf der Zeit zu „steigern". • <u>Zu</u> lustbetonte Übungen zu Beginn einer Sportstunde sind schon mancher Lehrperson bezüglich Disziplin zum Verhängnis geworden. • Es ist nicht ratsam, bei einer disziplinarisch schwierigen Sportgruppe gleich mit Partnerübungen zu beginnen! • Das notwendige Maß der disziplinarischen Maßnahmen richtet sich immer nach der entsprechenden Sportgruppe: Hinhören … beobachten … entsprechende (disziplinarische) Konsequenzen ziehen!	Mut zur Disziplin!

10 Kleines ABC des Aufwärmens

Buchstabe	Absicht/Akzent	Didaktische Überlegungen und Konsequenzen	Leitidee
E	Einstimmen	• Durch stufengemäße Übungswahl, vor allem zu Beginn des Aufwärmens, versuchen, eine gute Unterrichtsatmosphäre zu schaffen.	Spaß + Freude
	Einbewegen	• Während Kinder und Jugendliche ohne Probleme sofort zu schnellem Laufen aufgefordert werden können, ist mit zunehmendem Alter diesbezüglich Vorsicht am Platz. Also: Je älter, desto langsamer beginnen.	Warmlaufen ist altersabhängig
	Erlebnisorientiert	• Den Alltag vergessen, sich lösen von vorausgegangenen Beschäftigungen! Das Engagement, das Auftreten und die Kunst des Animierens durch den Leiter sind in dieser Phase entscheidend wichtig.	Weichen stellen
	Einfache Übungen	• Schon einfache Übungen machen Spaß; die Frage ist nur, wie sie angeboten und durchgeführt werden. Zu lustbetonte Formen verfehlen oft den Zweck. Zu komplizierte Formen brauchen lange Erklärungen. Einfache Übungen vergisst man weniger!	Einfach
	Erfolgserlebnisse	• Auch beim Aufwärmen ist es schon möglich, kleine Erfolgserlebnisse zu vermitteln, z. B. beim Vergleich der Beweglichkeit heute und vor einigen Wochen, bei Koordinationsübungen, die vor einiger Zeit noch nicht ausgeführt werden konnten und nun, dank wiederholtem Üben, mühelos vollzogen werden.	Erfolg motiviert

10 Kleines ABC des Aufwärmens

Buchstabe	Absicht/Akzent	Didaktische Überlegungen und Konsequenzen	Leitidee
F	Förderung der Durchblutung	• Die Umstellung von Ruhe auf Arbeitsbereitschaft braucht seine Zeit. Deshalb zu Beginn der Sportstunde erst einmal 3–5 Minuten laufen, hüpfen, springen. Wenn möglich in einer Form, die allen Spaß macht (Variationen!).	Hoher Puls!
	Fröhlich	• Oft kann die Auswahl der Übungen diesbezüglich entscheidenden Einfluss haben. Das vorliegende Buch soll dazu anregen.	Sport ist eine Form des Spiels; also auch das Aufwärmen
	Fairness	• Schon einfachste Wettbewerbsformen beim Einlaufen können einen Beitrag zur Fairness-Erziehung leisten, z. B. • seine Übungszahl selber zählen, • einfachste Spielregeln einhalten.	Wir wollen fairen Sport
G	Geschicklichkeit und Gewandtheit	• Der Schwierigkeitsgrad ist entscheidend für die Motivation der Teilnehmer. Alle sollten möglichst <u>ihre</u> Schwierigkeitsstufe wählen können.	Wer kann ...?
	Gemeinsam erarbeiten	• Anregungen genügen oft, um einen Denkprozess anzukurbeln. Es sollte immer wieder versucht werden, mit den Teilnehmern neue Formen zu erarbeiten.	Miteinander!

10 Kleines ABC des Aufwärmens

Buchstabe	Absicht/Akzent	Didaktische Überlegungen und Konsequenzen	Leitidee
	Gruppenweise	• Oft macht es mehr Spaß, in der Gruppe etwas zu tun.	Gemeinsam statt einsam!
	Gruppenbildung	• Häufig variieren nach Alter, Geschlecht, Größe, Interesse, Neigung, Können, Numerieren, Wählen, durch Zufall; Haarfarbe; Kleider-Farbe, usw.	Häufig die Art der Gruppenbildung ändern

	Haltungsförderung	• Durch die sitzende Lebens- und Arbeitsweise laufen wir Gefahr, auch die Haltungsmuskulatur verkümmern zu lassen. Durch die verschiedenen Muskelstrukturen ist ein Teufelskreis die Folge:
		Die Bauchmuskulatur erschlafft wegen mangelnder Beanspruchung. Die Rückenmuskulatur – eine tonische Muskelart – neigt durch Abschwächung noch kürzer zu werden. Durch dieses Ungleichgewicht der beiden großen Haltemuskelgruppen kommt es zu Verspannungen.
		• Als Regel: In jedes Aufwärmprogramm gehören
		  • Übungen zur Kräftigung der Bauchmuskulatur,
		  • Übungen zur Kräftigung, aber immer auch zur Dehnung der Rückenmuskulatur.
		(Siehe auch Kapitel „Wo dehnen?", „Wo kräftigen?").
			Muskuläre Dysbalance ...
			... muss nicht sein

	Hausaufgaben	• Schüler, die irgendeine Übung im Aufwärmprogramm nicht können (z. B. eine einfache Koordinationsübung, eine Kraftübung, usw.), sollten animiert werden, dies zu Hause zu üben! • Kleine Übungsfolge als Trainings-Hausaufgaben empfehlen.	Sport-Hausaufgaben

10 Kleines ABC des Aufwärmens

Buchstabe	Absicht/Akzent	Didaktische Überlegungen und Konsequenzen	Leitidee
	Instruktion	• „Ein Bild sagt mehr als tausend Worte!" Oft ist Vormachen – Nachmachen während des Aufwärmens am einfachsten. Wenn dies nicht möglich ist, dann muss die Information kurz und klar sein.	Mir nach! Vorbildwirkung
	Intensität	• Das „A und 0" des Aufwärmens ist die richtige Dosierung, das richtige Maß. Was für die eine Gruppe zu wenig, ist für eine zweite Gruppe zu viel und für eine dritte gerade recht. • Hören (z. B. Atemgeräusche), Sehen (z. B. Gesichtsausdrücke während den Übungen) und Fühlen (z. B. wie ist die Stimmung, sind noch alle voll mit dabei), all dies sind Signale, die den weiteren Verlauf bezüglich Belastung mitbestimmen sollen.	Wie (fast) bei allem: Allein die Dosis macht's!
	Jedermann	• Alle sollen sich bewegen. Vor allem bei Fang- und Laufspielen kann durch eine entsprechende Organisationsform (z. B. mehrere Fänger, mehrere Gruppen) das Herumstehen vermieden, bzw. unmöglich gemacht werden.	Alle sind in Bewegung!
	Kräftigen	• Während des Aufwärmens kann kaum mit einem großen Trainingsreiz im Bereich Kraft gerechnet werden; dazu ist die Zeit zu knapp. Trotzdem sollen in jedem Aufwärmprogramm Kräftigungsübungen vor allem von jenen Muskelgruppen durchgeführt werden, die zur Abschwächung neigen, so z. B. die Bauchmuskulatur. Anregung zu einem Verhaltensmuster, damit häufiger Kräftigungsübungen durchgeführt werden. Dies wäre im Alltag häufig möglich: Im Stehen, beim Sitzen, oder beim täglichen Gymnastik-Programm!	Bauch rein! Alltagstraining!

10 Kleines ABC des Aufwärmens

Buchstabe	Absicht/Akzent	Didaktische Überlegungen und Konsequenzen	Leitidee
	Kräftigen (Forts.)	• Wie beim Dehnen unterscheidet man auch beim Kräftigen zwischen statischen und dynamischen Formen: Bei der statischen Trainingsform kontrahiert sich der Muskel, ohne dass eine Bewegung im Gelenk stattfindet. Diese Form wird vor allem in der Rehabilitation nach Verletzungen, aber auch in der Haltungsschulung (z. B. Kräftigung der Bauch- und/oder Gesäßmuskulatur) verwendet. Bei der dynamischen Trainingsform ist immer Bewegung mit im Spiel. Dadurch wird – im Gegensatz zur statischen Form – auch die Koordination gefördert. (Siehe auch Kapitel „Wo dehnen?", „Wo kräftigen?")	
	Koordinieren	• Jede einfache Variation einer Übung kann einen Beitrag zur Verbesserung der Koordinationsfähigkeit leisten; schon beim Aufwärmen und jedem Alter.	Was Hänschen nicht lernt, lernt Hans viel mühsamer!
	Kooperieren	• Viele Formen des Aufwärmens eignen sich ausgezeichnet zur Förderung der Kooperationsbereitschaft. „Im Sport und im Spiel kommt man sich näher", heißt es. Aber nur dann, wenn der Unterricht – also auch das Einlaufen – diesbezüglich angeboten wird.	Miteinander!
	Kreativität	• Oft genügt nur eine Anregung, ein gutes Beispiel, und schon (er)finden die Teilnehmer neue Formen.	Wer hat noch eine Idee?

10 Kleines ABC des Aufwärmens

Buchstabe	Absicht/Akzent	Didaktische Überlegungen und Konsequenzen	Leitidee
	Korrigieren	• Schon beim Aufwärmen kann und soll ab und zu die Bewegungsqualität im Zentrum stehen, z. B. Laufschulung, korrekt ausgeführte Dehn- und Kräftigungsübungen verlangen.	Mut zur Qualität!
	Keine Fehlbelastungen!	• Kein unkontrolliertes Kopfkreisen, keine zu großen Nackenbelastungen, wie Kopfstand o. Ä. • Keine zu großen Belastungen mit sehr langen Hebelwirkungen. • Keine zu schnellen Bewegungen in Hohlkreuzstellung. • Keine übertriebenen schwunghaften Bewegungen in Dehnstellungen (also kein schnelles Wippen). • Keine Kniebelastungen bei Beugewinkeln unter 90°, z. B.: Kosakentanz in zu tiefer Hocke.	Die 5 K's!
	Laufen	• Laufformen bringen am schnellsten die gewünschte Aufwärmung. Die Wahl der Laufform sollte den Voraussetzungen der Trainingsgruppe angepasst werden. Während bei Kindern und Jugendlichen alle Fangspielformen bezüglich Fehl- oder Überlastung unproblematisch sind, empfiehlt es sich, bei „älteren" Trainingsteilnehmern, insbesondere bei Erwachsenen, mit eher „gemütlichen" Lauf- und Hüpfformen zu beginnen und diese dann bezüglich Belastung allmählich zu steigern.	Angepasste Belastung!
	Lustbetont	• Alles was Lust und Spaß macht, macht man lieber. Es sollte immer wieder versucht werden, aus einer Übung, aus einer Laufform, eine spielerische, lustbetonte Formen zu gestalten, ohne dabei jedoch die klare Zielsetzung zu ändern!	Spaß!

10 Kleines ABC des Aufwärmens

Buchstabe	Absicht/Akzent	Didaktische Überlegungen und Konsequenzen	Leitidee
M	Motivieren	• Dies ist beim Aufwärmen oft sehr schwierig, vor allem, wenn die Klasse in den Sportunterricht gehen „muss". Das eigene Verhalten des Leiters, die Auswahl der Übungen, die Wahl des Sportgerätes, das Belastungsmaß; all das sind Faktoren, die zu einem guten Gelingen des Aufwärmens beitragen. Es lohnt sich in jedem Fall, den Einstieg (also das Aufwärmprogramm) gut vorzubereiten.	Komm, mach mit!
	Muskuläre Dysbalance (= Ungleichgewicht)	• Einzelne Muskelgruppen (z. B. die Lendenmuskulatur) haben die Tendenz, durch fehlende Belastungsreize oder durch Fehlbelastungen, sich zu verkürzen. Andere neigen aus denselben Gründen eher zur Abschwächung (z. B. Bauch- und Gesäßmuskulatur). Das natürliche Gleichgewicht des ganzen Muskelapparates am menschlichen Körper kann dadurch erheblich gestört werden. Deshalb sollte auch im Aufwärmprogramm ganz gezielt gedehnt bzw. gekräftigt werden. (Siehe auch Kapitel „Wo dehnen?", „Wo kräftigen?").	Muskuläres (Un-)Gleichgewicht
	Mindestzahl	• Einmal ist keinmal; zweimal nicht viel … Als Faustregel gilt: Jede Übung mindestens 10 bis 15x ausführen (je nach Voraussetzungen). Grundsätzlich gilt: Erst dann, wenn eine Belastung leicht „schmerzhaft" spürbar wird, setzt ein Trainingsreiz ein. Oder allgemein: wenn die ersten einer Trainingsgruppe eine Übungsform nicht mehr ausführen mögen, dann soll die Übung abgebrochen werden, denn während des Aufwärmens sollte die Grenze der Belastung (noch) nicht erreicht werden.	Einmal ist keinmal …

10 Kleines ABC des Aufwärmens

Buchstabe	Absicht/Akzent	Didaktische Überlegungen und Konsequenzen	Leitidee
	Modellwirkung	• Saubere Demonstrationen motivieren mehr als theoretische Erläuterungen. Also: Zeig vor!	Lernen am Modell
	Musik	• Musik ist in den meisten Fällen ein guter Motivator, sollte aber gezielt eingesetzt werden; nämlich als rhythmische Unterstützung einer Übung und nicht nur als Geräuschkulisse!	Mit Musik geht's leichter
	Material	• Ist das Material bereit? Die Bälle gepumpt? Genügend Spielbänder vorhanden? Die Schränke und Türen offen? Der „Spick" (= Merkwörter) im Sack?	Material bereitstellen
	Normalprogramm	• Als Normalprogramm bezeichnen wir ein normales Aufwärmen vor dem eigentlichen Hauptteil der Lektion, also: 1. Einstimmen (2–4 Min.; 1–2 Formen) Lauf-, Hüpf-, Springformen, Fangenspielarten usw. mit dem Ziel, dass alle sofort in Bewegung und somit gut aufgewärmt sind. 2. Einbewegen (5–8 Min.; 4–5 Formen, je 15x) Dehnen, Kräftigen und Lockern der drei großen Muskelpartien Rumpf, Arme – Schultern, Beine, dazwischen Lockerungsübungen. Als Abschluss, bzw. Überleitung zum Hauptteil, einfache Formen des (friedlichen) Wettstreites allein, zu zweit, in Gruppen.	Faustregel

10 Kleines ABC des Aufwärmens

Buchstabe	Absicht/Akzent	Didaktische Überlegungen und Konsequenzen	Leitidee
	Normalprogramm (Forts.)	• Solche Programme können durchaus mehrmals durchgeführt werden. Gewisse Standard-Übungen sollten sich wiederholen (z. B. Kräftigungsübungen für die Bauchmuskulatur; Dehnübungen für die Lendenmuskulatur, usw.).	Öfter mal was Bekanntes!
	Organisieren	• Qualität und Intensität des Aufwärmens hängen weitgehend von einer entsprechend guten Organisation ab. So erfüllt eine Fangenspielform mit nur einem Fänger die Forderung einer guten Einstimmung ebenso wenig wie ein Spiel mit nur einem Ball bei einer großen Klasse.	Was? Wie? Wer? Wo? Was nachher?
	Partnerübungen	• Diese Organisationsform eignet sich gut für das Aufwärmen. In gewissen Klassen und Übungsgruppen sind sie aber nicht unproblematisch. Es empfiehlt sich, häufig die Zweiergruppen zu wechseln.	Miteinander geht's (meistens) besser
	Qualität und Quantität	• Es empfiehlt sich, die Aufwärmphase zu gewichten. Es soll Stunden geben, wo es vor allem um die Qualität geht (z. B. bei Übungen zur Haltungsschulung) oder eben um die Quantität (z. B. im Hinblick auf den Hauptteil der Trainingsstunde; gutes Aufwärmen an Geräten mit vielen Formen als Vorbereitung auf den folgenden Schulungsteil). (Siehe auch „Spezialprogramm").	Akzente setzen!

10 Kleines ABC des Aufwärmens

Buchstabe	Absicht/Akzent	Didaktische Überlegungen und Konsequenzen	Leitidee
	Rhythmisieren	• „Mit Musik geht's leichter!" Dies trifft in vielen Fällen zu. Häufig genügen jedoch ganz einfache Formen des Rhythmisierens, wie Klatschen, Stampfen, Trommeln usw., sowohl die Qualität als auch die Quantität einzelner Übungen zu erhöhen.	Tam-ta-tam!
	Raumaufteilung	• Für die ersten Formen des Aufwärmens empfiehlt es sich, möglichst den ganzen zur Verfügung stehenden Raum zu nutzen. Dadurch wird die gewünschte Intensität durch Laufen, Hüpfen und Springen eher gewährleistet. Bei gezielten gymnastischen Übungen ist es ratsam, die Teilnehmer übersichtlich zu verteilen, so dass einerseits keine gegenseitige Behinderung stattfindet, andererseits Korrekturen durch die Lehrperson gut möglich sind.	„Raumplanung"
	Spezialprogramm	• Als Spezialprogramm verstehen wir ein auf den Hauptteil der Sportstunde ausgerichtetes, gezieltes Aufwärmen. 1. <u>Einstimmen</u> (2–4 Min.; 1–2 Formen) Gleiche Zielsetzung wie im Normalprogramm, aber bereits mit dem Gerät, an dem in der Folge geübt oder trainiert wird. 2. <u>Zweckgymnastik</u> (5–8 Min.) Hier werden vor allem jene Muskelpartien aufgewärmt, gekräftigt und gedehnt, welche in der Folge besonders trainiert, bzw. gefordert werden. Dies erfolgt in der Regel bereits mit oder am entsprechenden Gerät.	Zweckgymnastik Von Anfang an ein ROTER FADEN

10 Kleines ABC des Aufwärmens

Buchstabe	Absicht/Akzent	Didaktische Überlegungen und Konsequenzen	Leitidee
	Spezialprogramm (Forts.)	• Solche Formen des Aufwärmens sollten die Teilnehmenden anleiten, auch außerhalb der Sportstunde sich jeweils gezielt aufzuwärmen vor einer sportlichen Tätigkeit (z. B. Tennis, Skilaufen, usw.).	Erst aufwärmen, dann Sport treiben!
	Stretching	• Sportwissenschaftliche Untersuchungen beweisen, dass ruckartige Dehnungsformen das Ziel verfehlen. Durch ruckartiges Dehnen reagiert der Muskel sogar entgegengesetzt: Durch einen Schutzreflex zieht er sich zusammen. Richtig stretchen heißt demnach: Langsam dehnen! Dem Muskel Zeit geben; den Dehnreflex weitgehend ausschalten. Es gibt verschiedene Arten des Dehnens! Dehnen gehört nicht nur ins Aufwärmprogramm, sondern sollte auch nach körperlichen Belastungen konsequent durchgeführt werden.	Stretchen ohne Stress!
	Schwunggymnastik	• Diese Gymnastikform hat im Sinne eines guten Aufwärmens durchaus weiterhin seine Berechtigung, ist aber dort fehl am Platz, wo ein Muskel gezielt gedehnt werden soll.	(Auch) mit Schwung durch's Leben!
	Selbst Vor- und Mitmachen	• Das Vorbild des Leiters kann oft entscheidend sein. Es wirkt motivierend(er), wenn die Lehrperson am Anfang selber mitmacht, gewisse Übungen vorzeigt.	Vorbild!

10   Kleines ABC des Aufwärmens

Buchstabe	Absicht/Akzent	Didaktische Überlegungen und Konsequenzen	Leitidee
	Selbst Vor- und Mitmachen (Forts.)	• Vor allem Kinder erwarten, dass die Lehrperson nicht nur organisiert, sondern eben auch mitmacht. Mit steigendem Alter und Können der Teilnehmenden verlagert sich die Erwartungshaltung in Richtung Organisation, Trainingsgestaltung, usw.	Vor- und Mitmachen!
	Spielerisch	• „Spielerisch" sollte die Grundhaltung jeglichen Sporttreibens sein. Sport soll Spaß machen, nicht (nur) ernst gemeint sein. Das, was man tut, sollte man gerne tun – und nicht tun müssen. Ob das gelingt, hängt einerseits von der Übungsauswahl, aber vor allem von der Darbietung des Leiters ab.	Spaß!
	Trainieren	• Das eigentliche Trainieren sollte erst nach dem Aufwärmen beginnen. Die Belastungshöhe sollte deshalb während des Aufwärmens noch nicht den Grenzbereich der persönlichen Leistungsfähigkeit erreichen. Aufwärmen heißt vorbereiten, und erst in zweiter Linie trainieren.	Aufwärmen heißt vorbereiten!
	Tageszeit	• Ein Aufwärmen sollte am Morgen langsamer beginnen und länger dauern als am Nachmittag oder am Abend, denn die körperliche Leistungsfähigkeit nimmt im Verlauf des Tages zu.	Alles zu seiner Zeit!

10 Kleines ABC des Aufwärmens

Buchstabe	Absicht/Akzent	Didaktische Überlegungen und Konsequenzen	Leitidee
	Umstellen	• Umstellen, umschalten! – Alle Teilnehmenden einer Sportstunde haben unmittelbar davor die verschiedensten Erlebnisse – positive und negative – gehabt. Nun gilt es, möglichst alle in kurzer Zeit zu „vereinen", sie ein- bzw. umzustimmen auf die bevorstehende Sportstunde. Dies erfordert oft viel Geschick und Gespür! Deshalb: Halte die Augen und Ohren offen vor der Sportstunde. Was fällt auf? Wie kommt die Klasse? Was geschah vorher?	Umschalten!
	Vielseitig	• Routine ist – auch im Sport – nicht besonders motivierend, sowohl für die Lehrperson als auch für die Teilnehmenden. Schon kleinste Varianten bringen „neues Leben" in die Sportstunde. Vielseitig heißt aber nicht immer etwas Neues, etwas anderes! Vielseitig sollen jedoch die Akzente bezüglich Belastung, Aufgabenstellung, usw. sein.	Altes in neuem Gewand Variation
	Verletzungsprophylaxe	• Ein aufgewärmter und gut durchbluteter Muskel lässt sich besser dehnen. Ein bereits gedehnter Muskel erträgt Belastungen besser als ein ungedehnter Muskel. Also: Erst aufwärmen, dann dehnen und erst danach stärker belasten!	Vorbeugen ist besser als ...

10 Kleines ABC des Aufwärmens

Buchstabe	Absicht/Akzent	Didaktische Überlegungen und Konsequenzen	Leitidee
W	Wetteifern	• Kleine Wettbewerbe gegen sich selbst oder gegen andere eignen sich gut als Abschluss oder Abrundung eines Aufwärmprogrammes. Dabei sollte wiederum darauf geachtet werden, dass möglichst wenige organisatorische Vorkehrungen getroffen werden müssen; dass möglichst alle (ohne Ausscheiden oder lange Wartezeiten) intensiv daran teilnehmen, und dass der materielle Aufwand bescheiden bleibt.	Einer soll gewinnen!
X	„Xundheit"	• Zwar „Schweizerdeutsch", doch allen verständlich. Gesundheit allein ist – vor allem bei Kindern und Jugendlichen – (noch) kein zwingendes Motiv für lebenslangen Sport. Trotzdem sollte der Leiter, gerade beim Aufwärmen, immer wieder auf allgemein gültige Trainingshinweise und Trainingsgrundsätze aufmerksam machen.	Treib Sport – Bleib gesund!
Y	Young (engl.: jung)	• Kinder und Jugendliche sind viel schneller „startbereit" als Erwachsene und Senioren. Dies hat für die Auswahl der Spiel- und Übungsformen, jedenfalls zu Beginn der Sportstunde, entsprechende Konsequenzen. Faustregel: Je jünger, desto schneller; je älter, desto gemächlicher.	Die „Startbereitschaft" ist altersabhängig!

10 Kleines ABC des Aufwärmens

Buchstabe	Absicht/Akzent	Didaktische Überlegungen und Konsequenzen	Leitidee
	Zu zweit	• Viele Formen machen zu zweit viel mehr Spaß! Der Partner kann motivieren, animieren, aber auch korrigieren. Er kann mein Partner, aber auch mein Gegner sein.	Miteinander geht's besser!
	Zeit	• Geben wir unserem Körper ab und zu genügend Zeit, sich auf die bevorstehenden „Belastungsproben" einzustellen. Wenn wir dies zum Beispiel durch ein ungenügendes Aufwärmen nicht tun, so schlägt er Alarm. Im schlimmsten Fall mit einer Verletzung (z. B. Zerrung)! In vielen Sportstunden – so scheint es – hat man zu wenig Zeit, sich aufzuwärmen. Viele haben dies schon oft zu spät und schmerzlich eingesehen!	Aufwärmen „kostet" Zeit!
	Ziel	• Wird aufgewärmt, um vorbereitet zu sein z. B. • für einen Wettkampf, • für ein Training, • für eine Schulturnstunde. Als Konsequenz dieser Fragestellung ergeben sich Unterschiede bezüglich Umfang, Intensität und Übungsauswahl.	Aufwärmen soll zielgerichtet sein!

Verwendete und weiterführende Literatur

Bucher, W. (Hrsg.)
Reihe Spiel- und Übungsformen

1001… im Schwimmen; 1002 … im Tennis; 1003 … in der Leichtathletik; 1005 … im Volleyball; 137 Basisspiele; 1007 … im Eislaufen und Eishockey; 1008 … im Gerätturnen; 1009… im Fußball; 766 … für den Fußballtorhüter; 1020 … im Kinderfußball; 1010 … mit Behinderten; 1011 … im Badminton; 1012 … in der Freizeit; 1013 … für Senioren; 1014 … im Tischtennis; 1015 … Kombinationsformen; 1016 … mit Zukunft; 1017 … für den Schneesport; 1018 … auf Rollen und Rädern; 1019 … mit dem Gymball; 741 … Bewegtes Lernen 1.–4. Schuljahr; 814 … Bewegtes Lernen 4.–6. Schuljahr; 1070 … Bewegtes Lernen ab 9. Schuljahr; 999 … zum Ringen, Raufen und Kämpfen

Schorndorf 1985–2011

Bucher, W. (Projektleiter) u. a. (1998–2009). Schweizerische Lehrmittel Sporterziehung, Bände 1–6.

Hegner, J. (2006). *Training fundiert erklärt.* Ingold/Baspo.
Jenny, E. et al. (1990). *Yoga Grundkurs für Anfänger.* München: Gräfe und Unzer.
Schneider, W. et al. (1989). *Beweglichkeit.* Stuttgart: Thieme.
Spring, H. et al. (2005). *Dehn- und Kräftigungsgymnastik.* Stuttgart: Thieme.
Spring, H. et al. (1990). *Kraft.* Stuttgart: Thieme.
Stewart, M. et al. (1994). *Kinder spielen Yoga.* München: Kösel.

www.sportfachbuch.de

AUF DIE PLAETZE

FERTIG

LOS

Gutes Aufwärmen ist nicht alles...

Preise und weitere
Informationen finden
Sie unter
sportfachbuch.de

Steinwasenstraße 6–8 · 73614 Schorndorf · Telefon (07181) 402-125 · Telefax (07181) 402-111
E-Mail: bestellung@hofmann-verlag.de · www.hofmann-verlag.de
Bezug in der Schweiz: bupro@bluewin.ch / Buchhandel

...aber alles ist nichts ohne gutes Aufwärmen!

Bücher Probelesen ist möglich unter
www.sportfachbuch.de

Steinwasenstraße 6–8 · 73614 Schorndorf · Telefon (07181) 402-125 · Telefax (07181) 402-111
E-Mail: bestellung@hofmann-verlag.de · www.hofmann-verlag.de
Bezug in der Schweiz: bupro@bluewin.ch / Buchhandel

www.sportfachbuch.de